Uta Hellrung
Sprachentwicklung und Sprachförderung

Uta Hellrung

Sprachentwicklung und Sprachförderung

beobachten – verstehen – handeln

HERDER

FREIBURG · BASEL · WIEN

Umschlagkonzeption und -gestaltung: SchwarzwaldMädel, Simonswald
Umschlagfoto: © Corbis Photography – Veer.com
Fotos im Innenteil: Hartmut W. Schmidt, Freiburg
Satz und Gestaltung: Susanne Lomer, Freiburg

Herstellung: Graspo CZ, Zlín
Printed in the Czech Republic

ISBN 978-3-451-32662-2

Inhalt

Vorwort

Noch vor zehn Jahren, bei der Arbeit an der ersten Auflage dieses Buches, war nicht abzusehen, welche Bedeutung das Thema »Sprachförderung« in der bildungspolitischen Diskussion, aber auch im Alltag von Erzieherinnen und Sozialpädagoginnen* erhalten würde.

Kinder lernen in wenigen Jahren die Bedeutung vieler tausend Wörter. Sie lernen, wie diese Wörter nach den Regeln ihrer Muttersprache ausgesprochen werden müssen, und sie eignen sich Wissen darüber an, wie man diese Wörter zu Sätzen kombiniert. Kinder lernen aber auch, Sprache zu verstehen und je nach Situation und Gesprächspartner angemessen zu benutzen. Ich bin immer wieder neu fasziniert davon, wie mühelos die meisten Kinder diese gewaltige Aufgabe bewältigen. Das gelingt wohl vor allem deshalb so gut, weil genetische Voraussetzungen, die die Kinder bereits mit auf die Welt bringen, und das intuitive Verhalten ihrer Bezugspersonen perfekt zusammenpassen.

Über viele dieser intuitiven Verhaltensweisen verfügen auch die pädagogischen Fachkräfte, die professionell mit Kindern umgehen und ihre Sprachentwicklung begleiten. Da sie im Kindergarten aber mit vielen Kindern gleichzeitig zu tun haben und auch auf Kinder treffen, die sich nicht so leicht mit dem Spracherwerb tun oder Deutsch als zweite Sprache lernen, kommt es darauf an, sprachförderndes Verhalten bewusst einzusetzen.

Erzieherinnen und Sozialpädagoginnen, die die Sprachentwicklung von Kindern begleiten, sollen in diesem Buch Informationen
* zum ein- und mehrsprachigen Spracherwerb,
* zu den Entwicklungsbereichen, die eng mit dem Spracherwerb zusammenhängen,
* und zu behandlungsbedürftigen Sprachentwicklungsstörungen finden.
Außerdem gibt es viele Anregungen, um das eigene sprachfördernde Verhalten den Kindern gegenüber zu reflektieren und weiter zu professionalisieren. Das bedeutet vor allem, die Dialogangebote der Kinder aufzugreifen und so mit ihnen in einen kommunikativen Austausch zu kommen. Dabei ist mir besonders wichtig, dass die Freude an Sprache und Kommunikation im Vordergrund der Sprachförderung steht – bei allen Beteiligten.

Uta Hellrung

---

* Der besseren Lesbarkeit halber wurde bei den pädagogischen und therapeutischen Berufsgruppen die weibliche Form gewählt. Männliche Kollegen sind natürlich ebenfalls gemeint.

Wie sich Kommunikation und sprachliche Fähigkeiten entwickeln

1

In diesem Kapitel erfahren Sie:

- was uns mit Sprache alles möglich ist
- wie die Sprachverarbeitung funktioniert
- auf welchen Ebenen man Sprache betrachten kann
- wie schon ganz kleine Kinder mit ihren Bezugspersonen kommunizieren
- wie Kinder Sprache erwerben und welche Fähigkeiten sie dafür mitbringen
- wie sich Bezugspersonen von Kindern im Spracherwerb verhalten
- wie Kinder zwei oder noch mehr Sprachen erwerben können.

Betrachtet man ein Kindergartenkind im Hinblick auf seine sprachlichen Fähigkeiten, so muss man darüber staunen, welch enorme Leistung es bis zu diesem Zeitpunkt bereits bewältigt hat. Es hat eine riesige Menge an Wörtern erworben und kann diese in entsprechenden Situationen verstehen und benutzen. Es kann die meisten dieser Wörter richtig aussprechen. Dazu muss es alle Laute bilden können und wissen, wie diese in unserer Sprache kombiniert werden. Es hat gelernt, wie Wörter zu Sätzen kombiniert werden und dabei Regeln und Ausnahmen unserer Grammatik kennengelernt. Und schließlich arbeitet es daran, seine Gedanken in flüssige Sprache umsetzen zu können. Ganz entscheidend aber ist, dass das Kind begriffen hat, welche Möglichkeiten ihm die Sprache eröffnet. Mit der Sprache kann es eigene Wünsche und Vorstellungen differenziert äußern, neues Wissen über die Welt erwerben und den Kontakt mit seinen Bezugspersonen aktiv gestalten.

Kinder lernen Sprache »nebenbei«

Den meisten Kindern scheint diese gewaltige Aufgabe recht mühelos zu gelingen. Die Regeln unserer Sprache müssen Kinder nicht *explizit* lernen, ganz im Gegensatz zu Erwachsenen, die sich eine Fremdsprache oft mühsam aneignen müssen. Kinder lernen ihre Muttersprache und sogar mehrere Sprachen *implizit*. Würde man sie nach den zugrunde liegenden Regeln fragen, könnten sie keine einzige in Worte fassen. Trotzdem können sie sie ständig anwenden und machen erstaunlich wenige Fehler dabei. Ganz ohne Anstrengung gelingt es ihnen auch, eine riesige Zahl neuer Wörter zu lernen. Eine solche Menge an Vokabeln könnte kein Erwachsener in einer Fremdsprache in so kurzer Zeit erwerben.

Kinder sind bereits von Geburt an mit Fähigkeiten ausgestattet, die ihnen den Zugang zur Sprache eröffnen und diesen riesigen Lernerfolg ermöglichen. Schon lange bevor ein Kind seine ersten Wörter äußert, erweitert es ständig sein Wissen über den Klang und die Struktur unserer Sprache und über die Bedeutung der Wörter.

Ganz wichtig für den weiteren Spracherwerb sind auch die kommunikativen Erfahrungen, die Kinder im ersten Lebensjahr machen. Sie lernen, dass sie mit ihren Lauten die Aufmerksamkeit der Bezugspersonen auf sich lenken können und dann bestimmte Wünsche und Bedürfnisse erfüllt werden, und sie lernen, dass Sprechen und Kommunizieren an sich etwas ist, das Spaß macht und viele Möglichkeiten für neue Spiele eröffnet.

1.1 Was ist Sprache und Kommunikation?

Mit anderen in Kontakt treten

Kommunizieren bedeutet vor allem, mit anderen in Kontakt zu treten. Wenn wir kommunizieren, können wir andere auffordern, etwas Bestimmtes zu tun, sie über ein Ereignis informieren, ihnen unsere Pläne oder Überlegungen mitteilen, etwas über ein Erlebnis erzählen oder über eine Geschichte, die wir gehört haben. Wir können Gedanken und Gefühle ausdrücken, von Erfahrungen berichten, Wünsche und Ideen kundtun oder Streitigkeiten lösen und Kompromisse aushandeln (vgl. Funk et al. 2010). Um Kommunikationsprozesse zu erklären, wurden verschiedene Modelle entwickelt. Ein gängiges Kommunikationsmodell ist das »Nachrichten«-Modell, in dem eine Nachricht vom Sender zum Empfänger geschickt wird. Es werden also Informationen zwischen den Gesprächspartnern übermittelt. Dabei geht es zum einen um Inhalte, die übermittelt werden sollen. In jeder Nachricht stecken aber auch Anteile, die die Beziehung zwischen Sender und Empfänger betreffen.

Zeichen und Symbole

Zur Übermittlung von Inhalten brauchen wir Zeichen und Symbole. Die meisten Menschen verwenden die Zeichen und Symbole der Lautsprache, nämlich gesprochene Wörter. Aber wir können uns auch mithilfe der Schriftsprache verständigen. Viele Menschen kommunizieren auch über die Gebärdensprache. Sprachliche Symbole sind willkürlich. Ferdinand de Saussure, ein Schweizer Sprachwissenschaftler (1857-1913), prägte dafür den Begriff der »Arbitrarität«. Dass sprachliche Zeichen »arbiträr« sind bedeutet, dass die Beziehung zwischen dem *Bezeichnenden,* also z.B. der Wortform auf der einen Seite und dem *Bezeichneten*, also dem, was das Wort meint, auf der anderen Seite nicht naturgegeben ist. Man könnte auch sagen: Die Beziehung zwischen dem Wort und seiner Bedeutung wurde von Menschen festgelegt. Sie ist deshalb willkürlich und beruht auf Konvention und Vereinbarung. Diese Konventionen sind natürlich von Sprache zu Sprache unterschiedlich. Deshalb kann das gleiche Tier im Deutschen mit »Hund«, im Französischen mit »chien«, im Englischen mit »dog« und im Spanischen mit »perro« bezeichnet werden. Anders als das lautmalerische »dingdong« lässt z.B. das Wort »Glocke« (oder »bell«) nur etwas über seinen Inhalt erkennen, wenn der Sprecher es als Symbol für das, was es bezeichnet, gelernt hat.

Bedeutungen von Wörtern sind willkürlich

Unendlicher Gebrauch von endlichen Mitteln

In der Regel kommunizieren wir natürlich nicht mit Einzelwörtern. Das Besondere an Sprache ist, dass man mit ihr unendlich viele neue Sätze konstruieren kann, und zwar auch solche, die man noch nie gehört hat. Dafür braucht Sprache ein System. Wenn man Wörter mit anderen Wörtern kombiniert, verändern diese sich nach bestimmten Regeln. Verben erhalten z.B. in Kombination mit dem Pronomen »du« (2. Person Singular) die Endung »-st« (du spielst, du läufst, du lachst). Substantive ändern ihre Form, je nachdem ob sie im Singular oder Plural gebraucht werden (Tier/Tiere, Jacke/Jacken, Auto/Autos) und in Abhängigkeit davon, in welchem »Fall« sie stehen (der Hund, des Hundes, den Hund, dem Hund). Wir können auch mehrere Wörter zu neuen Wörtern kombinieren (»Spielkreislieder«). Und schließlich stellt die Sprache uns auch für die Kombination von Wörtern zu Sätzen bestimmte Regeln zur Verfügung: »Ich spiele im Garten« und nicht »Spiele im Garten ich« (vgl. Szagun 2010).

Kinder lernen also im Spracherwerb die festgelegten, konventionellen Symbole ihrer Sprache – die Wörter. Sie erwerben die Regeln, die gebraucht werden, um aus Wörtern Sätze zu bilden. Das Wichtigste aber ist vielleicht, dass sie all die Möglichkeiten entdecken, die ihnen Sprache und Kommunikation eröffnen.

Gemeinsamer Hintergrund

Wenn wir kommunizieren, dann tun wir das in der Regel vor einem gemeinsamen Hintergrund (vgl. Tomasello 2009). Wenn ein Freund den anderen fragt »Hat es geklappt?«, dann bezieht er sich auf einen Sachverhalt, den beide kennen und von dem beide wissen, dass auch der andere ihn kennt. Wenn eine Frau ihrer Freundin erzählt: »Ich habe doch den grünen genommen«, teilen sie ein gemeinsames Wissen. Im Falle der beiden Freundinnen wird sich das gemeinsame Wissen vielleicht auf einen Einkaufsbummel beziehen, bei dem eine der beiden Frauen einen grünen und einen blauen Pullover anprobiert hat. Da beide Frauen sich an dieses Ereignis erinnern können, müssen die entsprechenden Inhalte gar nicht sprachlich ausgedrückt werden. Weil die Sprecherin sich auf dieses Wissen bezieht, reichen sehr knappe sprachliche Informationen aus, damit die Freundin weiß, wovon die Rede ist.

Der »gemeinsame Hintergrund« zweier Kommunikationspartner kann sich auf unmittelbar Wahrnehmbares beziehen (»Guck mal da oben«), auf vorausgegangene gemeinsame Erlebnisse (»Weißt du noch, das Eis in Venedig?«), auf ein gemeinsames Ziel (»Versuch nochmal andersrum«) oder auch auf gemeinsames kulturelles Wissen. Die meisten Menschen wissen, wie ein Fußballspiel funktioniert. Deshalb genügen in diesem Zusammenhang häufig sehr knappe sprachliche Wendungen (»Tor für den FC«).

Je mehr zwischen den Kommunikationspartnern als geteiltes Wissen vorausgesetzt wird, umso weniger muss also offen ausgedrückt werden. Kinder nutzen diesen gemeinsamen Hintergrund im Spracherwerb z. B., um Hypothesen darüber zu bilden, was ein Wort, das sie nie vorher gehört haben, bedeutet.

Kommunikationspartner teilen Wissen, auf das sie sich mit Sprache beziehen

Innere Sprache

Sprache ist aber nicht nur in der Kommunikation mit anderen wichtig. Sprache ist auch notwendig, damit wir unsere eigenen Gedanken strukturieren oder uns mit neuen Zusammenhängen auseinandersetzen können. Mithilfe von Sprache können wir uns Dinge merken, unsere Gedanken strukturieren, Für und Wider abwägen und mit unseren Gedanken weit über das Hier und Jetzt hinausgehen. So können wir uns mit Ereignissen und Fragen auseinandersetzen, die sich auf die Vergangenheit bzw. Zukunft beziehen oder andere Länder und Kontinente betreffen. Wir können sogar ganze Gedankenwelten schaffen, die mit der aktuellen Situation gar nichts zu tun haben. Allein das Hören des Wortes »Urlaub« reicht aus, um uns in völlig andere Welten zu träumen.

1.2 Wie funktioniert Sprechen und Verstehen?

Natürlich haben die meisten Menschen eine Vorstellung darüber, was beim Sprechen und beim Verstehen von Sprache passiert. Trotzdem ist wahrscheinlich den Wenigsten bewusst, wie viele verschiedene Leistungen notwendig sind, damit sich jemand im Gespräch äußern, aber auch seinen Gesprächspartner verstehen kann. Sprachwissenschaftler haben verschiedene Modelle entwickelt, um Sprachproduktion und Sprachverarbeitung nachvollziehbar zu machen. Das folgende Beispiel illustriert die einzelnen Schritte im Sprachverarbeitungsmodell von Willem Levelt (1993):

Kai sagt zu seiner Mutter den Satz: »Ich schenke dir das Bild!«

Zunächst einmal muss Kai überhaupt den Wunsch haben, etwas zu sagen. Er hat eine kommunikative Absicht, weil er seiner Mutter eine Freude machen möchte. Nun muss in Kais Kopf eine Entscheidung darüber getroffen werden, welche Informationen für seine Äußerung relevant sind. Dabei muss berücksichtigt werden, was die Mutter schon an Vorinformationen hat: »Das Bild« bezieht sich in diesem Fall auf etwas, was vor ihr auf dem Tisch liegt und von Kai aus dem Kindergarten mitgebracht wurde. Anschließend werden für die Übermittlung dieser Informationen die entsprechenden Wörter gesucht. Dabei muss Kai Wörter aus seinem Wortspeicher im Gedächtnis aktivieren. Dieser Wortspeicher wird auch »Mentales Lexikon« genannt. Hier sind alle Wörter gespeichert, die Kai kennt. Dabei sind mit jedem Wort unterschiedliche Informationen verknüpft. Zum einen gibt es hier Informationen über die Wortbedeutung, also darüber, wie ein Bild normalerweise aussieht, darüber, dass es verschiedene Bilder gibt, dass es Bilder auf Papier und auf Wänden gibt, dass man im Kindergarten selbst Bilder malen kann usw. Zu einem Worteintrag im mentalen Lexikon gehören zum anderen grammatische Informationen. Mit dem Wort »Bild« ist die Information verknüpft, dass es sich um ein grammatisches Neutrum handelt (*das* Bild). Bei den Verben sind die grammatischen Informationen besonders wichtig, weil sie die Grundlage für die grammatische Satzplanung liefern.

Das Wort »schenken« benötigt z. B. drei »grammatische Mitspieler« (vgl. Tracy 2008; Jampert et al. 2009):
- jemanden, der etwas verschenkt (ich)
- jemanden, dem etwas geschenkt wird (dir)
- und etwas, das verschenkt werden soll (das Bild).

Wenn Kai das Wort »schenken« aus seinem mentalen Lexikon aktiviert hat, werden automatische »Leerstellen«, also Lücken für diese Mitspieler mitgeliefert.

Aber das mentale Lexikon verfügt auch über Informationen über die Wortform, also den Namen des Objektes mit seinem Klang. Die Wortform enthält die sogenannte »phonologische Struktur«, z. B. Informationen über die Silbenanzahl, die Lautstruktur und die Betonung des Wortes. Wenn im mentalen Lexikon die Wörter »gefunden« wurden und die Wortformen mit ihrer phonologischen Struktur und dem genauen Plan zur Aussprache der Wörter aktiviert wurden, kann dieser Plan in Bewegung umgesetzt werden. Kai spricht seinen Satz: »Ich schenke dir das Bild!«

All diese Verarbeitungsschritte müssen natürlich unglaublich schnell aufeinanderfolgen. Beim flüssigen Sprechen, also z. B. in einem normalen Gespräch, wer-

Verben liefern »Leerstellen« für »grammatische Mitspieler«

den etwa zwei bis drei Wörter pro Sekunde gesprochen. Das heißt, dass all die zuvor beschriebenen Verarbeitungsschritte innerhalb von Sekundenbruchteilen stattfinden. Diese hohe Geschwindigkeit ist nur dadurch zu erreichen, dass ein großer Teil der Sprachverarbeitung unbewusst und nahezu automatisch abläuft.

Auch um Sprache verstehen zu können, müssen wir vielfältige Leistungen erbringen. Kais Mutter antwortet auf den Satz ihres Sohnes: »Ich freue mich riesig darüber. Gehen wir nachher noch ein Eis essen?« Kai muss den Antwortsatz der Mutter zunächst einmal hören. Sein Ohr muss also Schallwellen aufnehmen. Bei der ersten akustischen Verarbeitung im Gehirn muss dann entschieden werden, ob es sich bei dem Gehörten um Geräusche oder Sprachlaute handelt. Während die Verarbeitung von Störgeräuschen unterdrückt wird, müssen die für die Sprachverarbeitung relevanten Informationen herausgefiltert werden. Die Prosodie, also die Sprachmelodie, lässt Kai den zweiten Teil der Äußerung als Frage erkennen. Außerdem registriert er den fröhlichen und wohlwollenden Tonfall seiner Mutter. Schließlich beginnt das phonologische Entschlüsseln. Dabei muss z.B. der Lautstrom

»ichfreuemichriesigdarüberwollenwirnachhernocheineisessengehen?«

in Teile zerlegt werden. Nun wird es möglich, aus den Kombinationen von Lauten Wörter zu erkennen, die für Kai Bedeutung haben. Um von der Lautkombination auf die Bedeutung zu kommen, muss Kai wieder sein mentales Lexikon aktivieren. Hier muss er die Bedeutung der Wörter sozusagen »nachschlagen«. Um eine ganze Äußerung, also z.B. einen kompletten Satz, verstehen zu können, reicht es jedoch nicht aus, jedes Wort einzeln zu verstehen. Wir benötigen grammatisches Wissen, um die Wörter zueinander in Beziehung zu setzen und so die Bedeutung der Äußerung insgesamt zu erschließen (»grammatisches Entschlüsseln«). Oft unterscheidet sich dabei die Bedeutung einer ganzen Äußerung beträchtlich von der Bedeutung der einzelnen Wörter. Das Wort *verschlingen* bekommt z.B. in der Äußerung *ein Buch verschlingen* eine ganz neue Bedeutung, ebenso wie das Wort *schenken* völlig unterschiedliche Tätigkeiten bezeichnet in:

- Er schenkt ihr eine Blume.
- Er schenkt ihr ein Glas Wein ein.
- Er schenkt ihr reinen Wein ein.

Wenn Kai die Worte der Mutter grammatisch entschlüsselt hat, folgt noch das sogenannte »Diskursverständnis«. Kai muss aufgrund des gemeinsamen Hintergrundes, aus dem sprachlichen und situativen Kontext erschließen, auf welchen Sachverhalt sich ihr Satz und ihre Frage beziehen. Er weiß, dass sich »darüber« in diesem Fall auf sein Bild bezieht. Die anschließende Frage der Mutter – »Gehen wir nachher noch ein Eis essen?« – kann Kai aufgrund früherer Erfahrungen verstehen. Kai war mit seiner Mutter schon häufiger in der Eisdiele direkt um die Ecke und diese Erfahrungen nutzt er, wenn er sich nun ein inneres Bild des Gesagten aufbaut. Da Kai mit seiner Mutter auch das Wissen um bestimmte Gesprächsregeln teilt (vgl. Rausch 2003), weiß er, dass auf die Frage nun von ihm eine Antwort erwartet wird.

Erkennen von Wörtern im Lautstrom

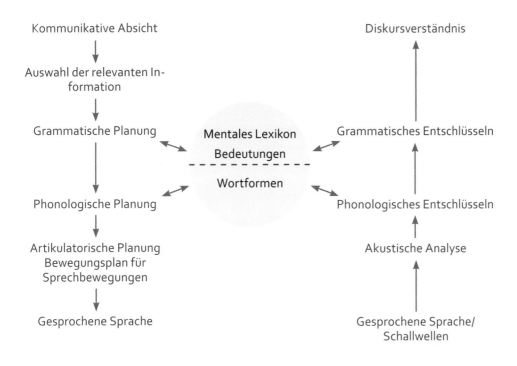

Sprachverarbeitungsmodell in Anlehnung an Levelt 1993

1.3 Was ist normal? Die Schwierigkeit von Altersnormen

Um entscheiden zu können, ob ein Kind altersgerecht in seiner Sprachentwicklung ist, muss man genau wissen, wie die Sprachenwicklung verläuft. Man muss aber auch wissen, in welchem Alter normalerweise welcher Erwerbsschritt stattfindet.

Wann muss ein Kind laufen können? Julias Mutter berichtet stolz, dass ihre Tochter bereits mit zehn Monaten laufen konnte. Die Mutter von Felix war schon ein wenig besorgt, weil ihr Sohn fast anderthalb Jahre alt war, als er die ersten freien Schritte wagte. Im weiteren Verlauf entwickelten sich beide Kinder ganz unauffällig.

»Normale Entwicklung« umfasst ein breites Spektrum. Auch in der Sprachentwicklung sind die Unterschiede zwischen den einzelnen Kindern beträchtlich. Szagun (2010) stellt in einer Studie fest, dass es Kinder gibt, die bereits mit 18 Monaten 185 verschiedene Wörter benutzen können, während andere auf eine ähnlich hohe Zahl erst mit 29 Monaten kommen. Der Entwicklungsunterschied beträgt hier also elf Monate!
Gerade bei der Sprachentwicklung stellt sich darüber hinaus noch ein weiteres Problem. Die ersten Schritte sind ja relativ leicht zu erkennen. Aber wann kann man vom ersten Wort sprechen?

Lisa sagt immer »ba«, wenn sie einen Ball sieht. Florian kann zwar »Ball« sagen, benutzt dieses Wort aber auch für Apfelsinen, eine Abbildung vom Mond und überhaupt für alles, was rund ist. Wer von den beiden Kindern spricht nun das erste Wort?

Wenn man über »normale« Entwicklung spricht, muss man sich also darüber im Klaren sein, dass Altersangaben zum Teil unterschiedliche Definitionen zugrunde legen und dass die Variationsbreite in der Entwicklung groß ist.

Zum Glück gibt es mittlerweile viele Untersuchungen, in denen große Stichproben von Kindern im Hinblick auf Aussprachefähigkeiten oder andere sprachliche Fähigkeiten untersucht wurden. Anhand solcher Untersuchungen kann man dann sagen: »Im Alter zwischen 3;6 und 3;11 Jahren können 75 Prozent der Kinder das /sch/ korrekt aussprechen.« Oder: »Im Alter zwischen 4;6 und 4;11 Jahren können 90 Prozent der Kinder das /sch/ richtig aussprechen« (Fox/Dodd 1999). Hier bietet der Vergleich gleichaltriger Kinder die Chance zu erkennen, welche Kinder in ihrer Entwicklung wirklich Probleme haben.

Aber nicht nur in der Geschwindigkeit, auch in der Art und Weise, wie Kinder Sprache erwerben, gibt es Unterschiede. Nelson (1973, zitiert in Szagun 2010) hat schon früh auf verschiedene Spracherwerbsstile hingewiesen. Während eine Gruppe von Kindern sich eher auf Objekte bezieht, nimmt die andere Gruppe vor allem Bezug auf Menschen und soziale Interaktionen. Folgerichtig verwendet die erste Gruppe viele Nomen und die zweite Gruppe viele Pronomen, aber auch feststehende Ausdrücke (z. B. »stop it«, »do that«, »thank you«).

Marie ist zwanzig Monate alt. Sie redet gerne und viel. Sie produziert lange Monologe, die in der Satzmelodie der Erwachsenensprache ähneln, in denen aber nur einzelne Wörter zu verstehen sind. Mit der Zeit kann man immer mehr Wörter erkennen. Immer häufiger tauchen in Maries Redestrom Wörter wie »da«, »rein« oder kurze Redewendungen wie »ich auch« auf.
Jan ist auch zwanzig Monate alt. Er kommentiert draußen alles, was er sieht. Seine Wörter sind gut zu verstehen, seine Äußerungen bestehen aber selten aus mehr als zwei Wörtern: »Jan Bus«, »Auto fahren«, »große Bett«.

Unterschiedliche Spracherwerbsstile

Während Jan das Lexikon als Einstieg in die Welt der Sprache benutzt und Wörter erwirbt, die er dann kombiniert, imitiert Marie ganze Phrasen anhand der Satzmelodie. Marie verwendet viele Funktionswörter und feststehende Ausdrücke. Deshalb gibt es in ihrer Sprache auch schon früh verschiedene grammatische Formen, die sie aber noch nicht verallgemeinern kann. Jan benutzt dagegen überwiegend Inhaltswörter (Nomen, Verben, Adjektive). Diese kombiniert er. Wenn in Jans Sprache grammatische Formen auftauchen, dann hat er diese als Regeln erkannt und kann sie nun konsequent anwenden. Marie geht also »ganzheitlich« an die Sprache heran, während Jan analytisch vorgeht. Er zerlegt die Sprache in einzelne Elemente, die er dann wieder kombinieren kann. Natürlich gibt es diese Spracherwerbsstile nicht in »Reinform«. Beide Strategien kommen bei jedem Kind vor, aber es scheint Vorlieben für die eine oder die andere Strategie zu geben (vgl. Grimm 1995; Szagun 2010).

1.4 Vom ersten Tag an – Die frühe Kommunikation

Wann beginnt die Sprachentwicklung? Lange bevor ein Kind sein erstes Wort äußert, hat es begonnen, mit seinen Bezugspersonen zu kommunizieren. Der Dialog zwischen Mutter und Kind beginnt im Grunde genommen schon vor der Geburt. Bereits zu Beginn der Schwangerschaft gibt es eine Informationsübermittlung auf biochemischem Weg. Die Mutter verspürt z.B. Übelkeit oder Heißhunger. Auf diese Weise wird der Fötus vor ungünstigen Stoffen geschützt bzw. bekommt wichtige Nährstoffe.

Ab dem zweiten Schwangerschaftsmonat gewinnt mehr und mehr der sensomotorische Dialog an Bedeutung. Das Kind spürt die Bewegungen und Schritte der Mutter. Etwa ab der 20. Woche ist es in der Lage, zu hören. Etwa ab dem sechsten. Monat schlägt sein Herz schneller, wenn es die Stimme der Mutter hört. Die Mutter registriert ihrerseits die Bewegungen ihres Kindes. Sie nimmt wahr, wann es schläft, wann es wach ist, welche Schlaflage sie einnehmen muss, damit es ruhiger wird und bei welchen Geräuschen es sich erschreckt.

Von der Geburt an ist das Verhalten von Kind und Bezugsperson optimal aufeinander abgestimmt (vgl. Bruner 1977; Papoušek 1994). Neugeborene bringen bereits wichtige Fähigkeiten für den Spracherwerb mit: Sie können schon im Alter von wenigen Tagen die Stimme der Mutter erkennen und sprachliche von nichtsprachlichen Lauten unterscheiden. Dabei scheinen sie sich für sprachliche Laute besonders zu interessieren (Szagun 2010). Interessant ist auch, dass sie von Geburt an ihre jeweilige Muttersprache bevorzugen. Dieses Interesse kann natürlich nicht angeboren sein, weil es ja keine Bevorzugung einer bestimmten Sprache gibt, sondern für jede Sprache gilt. Die Forscher haben also gefolgert, dass die Babys die Vorliebe für ihre Muttersprache bereits in der Schwangerschaft lernen. Schon in dieser Zeit macht sich ihr Gehör mit der Sprachmelodie und Betonung ihrer Umgebungssprache vertraut (a.a.O.). Auch das »Lächeln« eines Neugeborenen erfüllt eine ganz wichtige Funktion. Obwohl es vom Baby nicht bewusst gesteuert wird, verfehlt es doch nie seine Wirkung bei den Bezugspersonen und motiviert sie zum Beziehungsaufbau und zur Kommunikation.

Aber nicht nur die Babys sind optimal für den Spracherwerb ausgerüstet, auch die Bezugspersonen verhalten sich ganz automatisch so, dass der Spracherwerb unterstützt wird. Wenn die Eltern mit ihrem Baby sprechen, sprechen sie anders als sonst. Sie verwenden nicht nur einfachere Wörter und Sätze, sie sprechen auch langsamer und mit höherer Stimmlage, und sie gliedern ihre Äußerungen klarer durch Pausen. Auch die Tonlage wird viel stärker variiert als sonst. Außerdem ver-

Die Bezugspersonen unterstützen intuitiv den Spracherwerb

17

wenden die Eltern in bestimmten Situationen immer wieder die gleichen Muster in der Sprachmelodie, z. B. eine tiefere Tonhöhe beim Beruhigen, bei Zustimmung höhere Töne mit zuerst steigender, dann fallender Melodie, bei Verboten eher abrupte Staccato-Töne (a. a. O.). Kinder können bereits sehr früh auf solche melodischen Muster reagieren; so fangen schon Babys im Alter von fünf Monaten an zu jammern, wenn sie das Intonationsmuster für Verbot hören. Die melodischen Muster der Erwachsenen regulieren so die Erregung des Babys und lenken seine Aufmerksamkeit. Durch Satzmelodie und Betonung hervorgehobene Wörter helfen dem Kind, Wörter aus dem Lautstrom zu isolieren und sind daher eine wichtige Unterstützung für sprachliches Lernen (a. a. O.). Im ersten Lebensjahr sind also zunächst weniger die Wörter die Bedeutungsträger, sondern vor allem die Sprachmelodie übernimmt diese Aufgabe.

Ein Säugling lernt am besten, wenn er einfache, kontrastreiche und sich häufig wiederholende Anregungen bekommt. Intuitiv bieten die Bezugspersonen beim Sprechen und mit ihren Sing- und Kitzelspielen in den ersten Wochen und Monaten genau solche Anregungen an. Außerdem reagieren sie auf alles, was das Baby tut, vor allem, wenn es Laute produziert. Durch die positive Reaktion der Eltern wird das Baby so zur Wiederholung seiner Lautäußerungen und zum Spiel mit der eigenen Stimme angeregt. Dadurch kann es allmählich sein Lautrepertoire erweitern. Es wird aber auch dazu angeregt, kommunikative Fähigkeiten zu erwerben, wie z. B. das »Turn-Taking«, das Abwechseln beim Sprechen. So lernt das Kind, nach seinen Lauten zu pausieren, um die Antwort abzuwarten. Ein dialogisches Kommunizieren kann bereits bei Kindern im Alter von drei bis vier Monaten beobachtet werden, wenngleich es noch überwiegend durch die Mutter gesteuert wird. Die Bezugspersonen sprechen so mit ihren Babys, »als ob diese bereits kompetent wären, ein Gespräch zu führen. Sie integrieren alle ›Äußerungen‹ des Kindes, also neben den Vokalisationen auch sein Lachen, sein Aufstoßen, sein Husten und Niesen, indem sie darauf spezifisch inhaltsbezogen und kontingent reagieren« (Rausch 2003, S. 51).

Dialogisches Abwechseln (margin note)

Fabian ist fünf Monate alt. Er kann bereits viele verschiedene Laute produzieren und scheint schon Freude an seiner eigenen Stimme zu haben. Seine Mutter wiederholt seine Töne und Laute. Gelegentlich wandelt sie sie leicht ab. Sie merkt, dass Fabian dann wieder ganz aufmerksam zuhört und sie gebannt anschaut. Wenn die Mutter eine Pause macht, fängt Fabian wieder an, seine Töne zu produzieren.

Im ersten Lebensjahr lernen die Kinder aber nicht nur, Laute und schließlich Wörter für die Kommunikation zu nutzen, sie entwickeln auch wichtige Fähigkeiten in der non-verbalen, also nicht-sprachlichen Kommunikation.

Florian ist sieben Monate alt. Die Aufmerksamkeit seiner Mutter war im ersten Lebenshalbjahr vor allem auf sein Befinden gerichtet. Hat er Hunger? Ist er warm genug angezogen? Wie kann er zum Schlafen gebracht werden? Mittlerweile kann sie solche Fragen mit einer gewissen Routine beantworten. Ihre Aufmerksamkeit richtet sich jetzt immer häufiger auf die Dinge, denen sich Florian zuwendet. Wenn er sie anschaut, bringt sie gelegentlich auch selbst neue Dinge in das Spiel ein. So hat sie neulich ein buntes Schleifenband über ihn gehalten und immer wieder dagegen gepustet. Wenn Florian in eine andere Richtung geschaut hat, hat sie einen Moment gewartet, dann auf das Band geguckt und wieder neu angefangen zu pusten.

Über den Blick können Florian und seine Mutter ihre Aufmerksamkeit immer wieder gemeinsam ausrichten. Zunächst nimmt die Mutter Florians Blickrichtung ein. Mehr und mehr erlangt aber auch Florian selbst die Fähigkeit, der Blickrichtung seiner Mutter zu folgen. Mit etwa neun bis zwölf Monaten beherrschen Kinder den sogenannten »triangulären Blickkontakt« (Zollinger 1995). Das bedeutet, dass sie ihre Aufmerksamkeit zwischen einer Person und einem Gegenstand, für den sie sich interessieren, aufteilen können. Dabei schaut ein Kind z.B. zwischen einem bunten Ball und seiner Mutter so lange hin und her, bis die Mutter seinem Blick folgt und auch den Ball anguckt. Die Mutter wird dann automatisch den Ball in ihr Spiel einbeziehen und vielleicht eine Bemerkung machen wie: »Ja, das ist der Ball. Guck mal, der Ball kann rollen.« Der trianguläre Blickkontakt hilft dem Kind also, die Aufmerksamkeit der Bezugsperson auf Dinge zu lenken, die es interessant findet, und dadurch neue Informationen über die Dinge zu bekommen. Er stellt den gemeinsamen Hintergrund her und eröffnet so nicht nur eine Fülle neuer Lernmöglichkeiten, sondern scheint auch ganz wesentlich für die weitere Entwicklung der Kommunikationsfähigkeiten zu sein.

1.5 »Was ist Figur?« – Der Wortschatz

Um uns mithilfe von Sprache über alle möglichen Inhalte verständigen zu können, brauchen wir Wörter. Sie sind die Bedeutungsträger unserer Sprache, die Symbole, mit denen wir uns verständigen. Es wurde bereits erwähnt, dass Wörter »arbiträre« Zeichen sind, dass es also eine willkürliche, auf Konvention beruhende Verbindung zwischen einem Wort und dem, was es bezeichnet, gibt. Diese willkürliche Verbindung ist von Sprache zu Sprache verschieden (»der Hund«, »the dog«, »el perro« …).

Die Wörter, über die wir verfügen, sind mit ihrer Bedeutung, ihrer grammatischen Information, Informationen über die Wortbausteine und mit ihrer Wortform im sogenannten »mentalen Lexikon«, im Lexikon unseres Kopfes, gespeichert. Dabei gibt es zum einen die Wörter, die wir selbst benutzen können. Sie werden als »aktiver« oder »produktiver« Wortschatz bezeichnet. Zum anderen gibt es die Wörter, die wir zwar verstehen können, die uns aber nicht für unsere eige-

Aktiver und passiver Wortschatz

nen Äußerungen zur Verfügung stehen. Sie gehören zum »passiven« oder »rezeptiven« Wortschatz. Er ist wesentlich größer als der aktive.

Ein Lexikon im Kopf

Wie in einem Lexikon sind auch die Wörter in unserem Kopf nach bestimmten Kriterien geordnet. Wenn wir im Gespräch ein Wort hören und seine Bedeutung in unserem Gedächtnis »alphabetisch nachschlagen« wollten, würde das natürlich viel zu lange dauern, denn für das Erfassen eines Wortes im Gespräch stehen uns nur Sekundenbruchteile zur Verfügung. Das Ordnungssystem unseres Lexikons im Kopf, unseres »mentalen Lexikons«, muss also viel flexibler sein (vgl. Aitchison 1994). Die Besonderheit des mentalen Lexikons besteht darin, dass wir es nach verschiedenen Suchkriterien durchforsten können. So können wir z.B. die Wörter aufgrund ihrer Lautgestalt aktivieren, also Wörter suchen, die mit »a« beginnen oder auf »en« enden. Wir können aber auch Ordnungskriterien verwenden, die die Bedeutung der Wörter betreffen, also möglichst viele Tiere aufzählen oder zu einem Wort wie »heiß« das entgegengesetzte Wort suchen. Damit wir einen Satz schon verstehen können, während er gesprochen wird, müssen wir viele Bedeutungen parallel finden können. Das heißt, während unser Gedächtnis noch an der Entschlüsselung des ersten Wortes arbeitet, beginnt es schon mit der Identifizierung des nächsten Wortes.

In unserem Lexikon gibt es zwei unterschiedliche Klassen von Wörtern: Einerseits gibt es die sogenannten *Inhaltswörter*. Zu ihnen gehören Substantive wie »Haus«, »Baum«, »Jacke«, Adjektive wie »groß«, »klein«, »bunt« und Verben wie »laufen«, »schneiden«, »fliegen«. Inhaltswörter vermitteln uns eine Menge an Bedeutungswissen. Sie bezeichnen Gegenstände, Personen, Handlungen oder Eigenschaften von Dingen. Da ihre Anzahl unbegrenzt ist und sich auch dauernd verändert, bezeichnet man sie als »offene Wortklasse«.

Dagegen haben die sogenannten *Funktionswörter* weniger Bedeutungsinformation. Sie haben vor allem eine grammatische Bedeutung. Zu ihnen gehören Pronomen (»ich«, »du«, »wir« ...), Präpositionen (»auf«, »unter«, »neben«, »in« ...) Artikel (»der«, »die«, »das«, »ein«, »eine« ...), Konjunktionen (»weil«, »wenn«, »bevor« ...) und Hilfs- und Modalverben (»können«, »sollen«, »dürfen«, »haben«, »sein« ...). Da ihre Anzahl begrenzt ist, bezeichnet man sie auch als »geschlossene Wortklasse« (vgl. Bung 1997; Szagun 2010).

Für die Bildung von Sätzen sind Verben, also Tätigkeitswörter besonders wichtig (Bung 1997). Die Lexikoneinträge von Verben enthalten auch Informationen darüber, welche »grammatischen Mitspieler« (vgl. Tracy 2008; Jampert et al. 2009) ein Verb benötigt. Hier ein Beispiel:

Ein Mitspieler: **Ich** renne.
Zwei Mitspieler: **Ich** suche **dich**.
Drei Mitspieler: **Ich** schenke **dir** **eine Blume**.
Nebensatz als Mitspieler: Ich glaube, **dass du schneller bist**.

Kinder, die neue Wörter lernen, müssen einem neuen Wort, das sie gehört haben, eine Bedeutung zuordnen. Sie fügen also Lautgestalt und Bedeutung des Wortes wie die zwei Seiten einer Münze zusammen. In Experimenten wurde festgestellt, dass Kinder schon nach einmaligem Hören eines Wortes versuchen, die Wortform und eine erste Hypothese über die Bedeutung zusammenzubringen. Diesen Prozess nennt man »Mapping« (vgl. Bung 1997; Tracy 2008).

Was ist überhaupt die Bedeutung eines Wortes? Wortbedeutungen sind nicht statisch, sondern können in verschiedenen Kontexten unterschiedlich sein:

- »Zeig mir mal den Fisch in deinem Bilderbuch.«
- »Heute gibt es Fisch.«
- »Willst du den Fisch mit in die Badewanne nehmen?«

Diese Beispiele illustrieren, dass mit dem gleichen Wort ganz unterschiedliche Vorstellungen aktiviert werden können. Aber Wortbedeutungen sind nicht nur von der Situation abhängig, sie können auch sehr individuell geprägt sein: Die Bedeutung von Wörtern wird auch durch Assoziationen und Emotionen bestimmt. Das innere Bild, das beim Hören des Wortes »Bett« entsteht, ist z. B. dadurch beeinflusst, was für ein Bett wir selbst zu Hause haben, möglicherweise aber auch durch unsere Wünsche und Vorstellungen, wenn wir etwa gestresst sind und uns gerade ein gemütliches Bett erträumen. Es kann aber auch sein, dass unser Bild eher einem »Prototyp« (vgl. Rosch 1973; Bung 1997) von Bett, also mit Kopf- und Fußteil und vielleicht karierter Bettdecke, entspricht.

Viele Beobachtungen sprechen dafür, dass bei Kindern die individuellen Anteile der Wortbedeutungen einen höheren Stellenwert einnehmen als bei Erwachsenen.

> Paul ist anderthalb Jahre alt. Eines der ersten Wörter, das er sagen konnte, war »Ball«. Zunächst hat er dieses Wort nur auf den blauen Ball bezogen, mit dem er jeden Tag auf der Terrasse spielte. Er benutzte es fast wie einen Eigennamen für diesen speziellen Ball. Irgendwann fing er ganz begeistert an, auch andere Bälle, z. B. den Ball eines anderes Kindes auf dem Spielplatz, oder den kleinen Ball, den er im Schuhgeschäft geschenkt bekommen hatte, »Ball« zu nennen.

Im Laufe der Sprachentwicklung müssen die Kinder natürlich mehr und mehr die konventionellen, also festgelegten Wortbedeutungen lernen. Nur so ist es überhaupt möglich, dass wir uns miteinander verständigen können. Paul muss also lernen, dass der blaue Ball auch dann noch ein Ball ist, wenn er sich nicht auf der Terrasse, sondern im Wohnzimmer befindet, oder wenn er nicht geworfen, sondern versteckt wird. Paul muss seine individuell geprägten Wortbedeutungen mit konventionellen Bedeutungen – »Bälle sind rund, es gibt sie in verschiedenen Größen und Farben« – ergänzen. Dabei werden einem Wort immer mehr Informationen zugeordnet. Das Wort »Hammer« wird z. B. verknüpft mit Informationen über sein Aussehen, darüber, bei welchen Gelegenheiten man ihn benutzt, über das Gefühl, das man hat, wenn man ihn in der Hand hält, oder die Bewegung, die man macht, wenn man ihn benutzt. Wichtig ist, dass das Wiederfinden eines Wortes oder einer Wortbedeutung im Gedächtnis umso besser funktioniert, je mehr Informationen damit verbunden sind. Dabei ist es wahrscheinlich, dass Verknüpfungen dann besonders effizient sind, wenn sie Informa-

Marginalien (rechts):

Was ist die Bedeutung eines Wortes?

Individuelle und konventionelle Wortbedeutungen

tionen unterschiedlicher Sinne integrieren. Beim Erkunden neuer Gegenstände suchen Kinder genau solche Informationen. Sie schauen nicht nur, sondern wollen den Gegenstand auch be-greifen, in den Mund nehmen und seine Funktionen ausprobieren.

Verbindungen zwischen Wörtern

Es wurde bereits erwähnt, dass unser »mentales Lexikon«, also unser »Lexikon im Kopf«, Verbindungen zwischen Wörtern enthält. So ist z.B. mit dem Wort »Blume« das Wort »Pflanze« verknüpft. Wenn wir »Blume« hören, wissen wir also, dass es sich um eine Pflanze handelt und haben gleichzeitig für unsere Blume alle Eigenschaften der Pflanze parat. Diese hierarchische Form der Informationsspeicherung ist äußerst effizient. Auf diese Weise gibt es Beziehungen zwischen Unter- und Oberbegriffen wie z.B. »Dackel« und »Hund«, zwischen nebengeordneten Begriffen wie »Salz«, »Pfeffer«, »Zimt«, die alle zum Oberbegriff »Gewürze« gehören. Es gibt Verbindungen zwischen Synonymen wie »Laden« und »Geschäft«, zwischen Gegensätzen wie »warm« und »kalt«. Auch diese Verbindungen zwischen den Wörtern helfen uns, schnell, gezielt und mit relativ wenigen Fehlern die Wörter zu finden, die wir in einer Kommunikationssituation brauchen.

»Wörter bauen«

Das mentale Lexikon in unserem Gedächtnis ist aber nicht nur größer und schneller als ein herkömmliches Lexikon, es ist noch in einem weiteren Punkt überlegen: Wenn uns in einer Situation ein Wort fehlt, dann liefert unser Lexikon die Bausteine, um ein neues Wort zu bilden. Dieses System nennt man »Morphologie« (vgl. Kapitel 1.9). Wir können z.B. Wörter zusammenfügen, um ein neues Wort zu bilden, auch aus Verben Nomen ableiten oder aus Adjektiven Nomen machen. So entstehen Wörter wie »Autokindersitz«, »Vorleser« oder »Müdigkeit«. Manche Kinder sind in dieser Hinsicht besonders kreativ. Sie bilden neue Wörter wie »flügeln«, »leitern« oder »zangen«. Auch wenn sie dabei manchmal seltsame Wortschöpfungen hervorbringen, so zeigen sie, dass sie mit den Bausteinen ihres Lexikons umgehen können und die Regeln zur Wortneubildung beherrschen. Außerdem können sie durch ihre Wortschöpfungen Lücken überbrücken, die sonst die Fortsetzung des Gespräches gefährden könnten.

Wie lernen Kinder Wörter?

Im Laufe des zweiten Lebenshalbjahres lernen Babys, aus dem Strom der Sprache Wörter zu erkennen. Das ist gar nicht so einfach, denn anders als beim Schreiben, wo jedes neue Wort durch eine Lücke gekennzeichnet ist, gibt es beim Sprechen keine wirklichen Pausen zwischen den Wörtern. Wahrscheinlich erkennen die Kinder anhand der Prosodie, also der Sprachmelodie, und anhand von Wahrscheinlichkeiten, mit denen bestimmte Laute am Wortanfang oder Wortende aufeinanderfolgen können, die Grenzen der Phrasen und Wörter (vgl. Szagun 2010; Höhle 2012).

Das Alter, in dem Kinder ihre ersten Wörter äußern, variiert sehr stark. Bei vielen ist das etwa um den ersten Geburtstag herum, manche äußern schon mit acht oder neun Monaten erste Wörter, andere erst mit anderthalb Jahren (vgl. Szagun 2010).

Friederike sitzt auf ihrer Krabbeldecke und holt ein Spielzeug nach dem anderen aus ihrer Spielkiste. Dabei plappert sie genüsslich vor sich hin: »babababa«. Plötzlich hört sie den Schlüssel in der Wohnungstür. Sie richtet sich auf, blickt in Richtung Tür und sagt laut und deutlich: »Papa«.

Friederike hat verstanden, dass Wörter etwas bezeichnen und dass sie mit ihnen z. B. auf die Ankunft des Vaters Bezug nehmen kann.

Welche Wörter lernen kleine Kinder zuerst? Die ersten Wörter sind meistens »soziale« Wörter wie »tschüß«, »heia«, »oh oh« (vgl. Tracy 2008) und Wörter, die in der Erwachsenensprache als Substantive (Teddy, Auto), Demonstrativa (da, hier) oder Partikel (ab, auf, mehr) bezeichnet würden; es gibt aber auch vereinzelte Verben oder Adjektive wie »heiß«, »pusten« (vgl. Szagun 2010). Nach dem Erwerb des ersten Wortes lernen Kinder zunächst relativ langsam neue Wörter. Mit anderthalb bis zwei Jahren haben die meisten Kinder etwa 50 Wörter erworben.

Zweijährige Kinder benennen verschiedene Tiere (Hund, Katze, Kuh), Menschen (Mama, Papa, Baby), Spielsachen (Ball, Puppe), Nahrungsmittel (Brot, Saft), Körperteile (Nase, Auge) und Kleidungsstücke (Jacke, Hose). Das heißt, sie reden über Personen und Dinge aus ihrer unmittelbaren Umgebung. Und auch die ersten Verben sind häufig solche, die eigene Bewegungen beinhalten, wie »gehen«, »essen«, »laufen« (a.a.O.).

Wenn der Wortschatz etwa 50 bis 100 Wörter umfasst, fangen viele Kinder an, rasend schnell neue Wörter zu erwerben. Diese Phase ist oft so auffällig, dass man auch von »Wortschatzspurt« oder »Wortschatzexplosion« spricht (vgl. z. B. Goldfield/Reznick 1990). Es ist faszinierend, sich die Menge an neuen Wörtern vorzustellen, die ein Kind lernt.

Explosion des Wortschatzes

Der durchschnittliche aktive Wortschatz eines Sechsjährigen wird auf etwa 6.000 Wörter geschätzt (vgl. Tracy 2008). Geht man davon aus, dass ein zweijähriges Kind bereits 200 Wörter sprechen kann, so lernt es innerhalb von vier Jahren 5.800 neue Wörter, das heißt: 1.450 neue Wörter pro Jahr, 120 pro Monat oder vier neue Wörter am Tag (zu Schätzungen der Anzahl vgl. auch Clark 1993; Miller 1993; Chomsky 1995).

Solche Berechnungen sind jedoch aus verschiedenen Gründen problematisch. So differieren die Ergebnisse je nach Schätzung des aktiven Wortschatzes und sind auch sehr davon abhängig, welche Definition für Wörter gilt und wann ein neues Wort als »gelernt« gilt. In einer Studie mit 22 Kindern (Szagun 2010) zeigte die durchschnittliche Kurve für den Wortschatz, dass die Kinder im Alter von 18 Monaten 41 Wörter verwendeten und mit 30 Monaten bereits 486 Wörter, wobei der Unterschied zwischen den einzelnen Kindern sehr groß war. Auch wenn die Hochrechnungen problematisch sind, verdeutlichen sie doch noch einmal eindrucksvoll, welche Riesenleistung Kinder vollbringen, zumal sich kein einziges Kind hinsetzt und Vokabeln lernt! Schon das Erlernen eines einzigen neuen Wortes beinhaltet eine ganze Reihe an Leistungen.

Paul aus unserem Beispiel hat nun angefangen, alle Bälle, die ihm begegnen, mit dem Wort »Ball« zu bezeichnen. Gleichzeitig benennt er aber auch Apfelsinen und den Mond in seinem Bilderbuch als »Ball«.

Obwohl es aus Erwachsenensicht auf den ersten Blick falsch wirkt, wenn Paul das Wort »Ball« auch für andere runde Dinge benutzt, hat er einen ganz wichtigen Fortschritt gemacht: Er hat begriffen, dass sich das Wort nicht nur auf den einen blauen Ball, sondern auf eine ganze Klasse von Bällen bezieht. Gleichzeitig hat er Hypothesen darüber gebildet, was allen Objekten, die zur Klasse der Bälle gehören, gemeinsam ist. Kinder erschließen Wortbedeutungen aus den verschiedenen Kontexten und verwenden die Wörter aufgrund ihrer Hypothesen über die Bedeutung. Dabei kommt es immer wieder zu Fällen von zu engem Wortgebrauch, der sogenannten »Unterdehnung« (nur der eigene blaue Ball wird als »Ball« bezeichnet) oder von zu weitem Wortgebrauch, der sogenannten »Übergeneralisierung« oder »Überdehnung« (alle runden Dinge werden als »Ball« bezeichnet) (vgl. auch Bloom/ Lahey 1978; Grimm 1995; Nelson et al. 1978; Szagun 2010). Das heißt, die Klasse, für die das Kind ein Wort benutzt, ist noch größer oder kleiner als die Wortklasse der Erwachsenensprache. Der »Mond« und auch die »Apfelsine« sind noch in der Klasse der Bälle enthalten. So kommt es auch vor, dass Kinder alle Vierbeiner und eben auch Katzen oder Pferde mit dem Kinderwort »wau-wau« bezeichnen.

Paul jedenfalls wird allmählich lernen, dass ein Ball nicht nur rund ist, sondern dass man auch mit ihm spielen kann. Jedes Mal, wenn er das Wort »Ball« hört, hat er die Gelegenheit, sein Wissen über dieses Wort zu erweitern. Aber auch wenn er selbst das Wort benutzt, ergeben sich für ihn neue Lernsituationen. So wird er, wenn er den Mond als »Ball« bezeichnet, von seinem Gesprächspartner in der Regel das Wort »Mond« angeboten bekommen.

Paul probiert das neue Wort aus: »Mo«. Auf die Dauer wird die Aussprache besser. Aus »Mo« wird zunächst »Mon« und schließlich »Mond«.

Paul hat in seinem Lexikon viele Wörter, die sich noch nicht wie in der Erwachsenensprache anhören. Dazu gehören »hei« (heiß), aber auch »heia« (schlafen). Paul muss also nicht nur das mit den Wörtern abgespeicherte Bedeutungswissen ständig erweitern und ergänzen, auch die Lautgestalt der Wörter wird immer vollständiger und besser zu verstehen.

Im zweiten Lebensjahr kommt es auch vor, dass die Kinder ein Wort nicht immer gleich aussprechen (vgl. Fox et al. 2005). Manchmal kann man gut beobachten, wie sie die abgespeicherte Wortform verändern und weiter differenzieren und ergänzen.

Elmar ist jetzt drei Jahre alt. Sein Lieblingskuscheltier ist schon ganz lange ein Schwein. Als Elmar ein Jahr und acht Monate alt war, nannte er sein Schweinchen immer »Geik«. Wenige Wochen später bezeichnete er es mit »Beik«. Mit zwei Jahren sagte er »Fein«, und mittlerweile kann er »Schwein« sagen.

Wie aber schaffen es Kinder überhaupt, in relativ kurzer Zeit ein adäquates Lexikon aufzubauen? Die Zuordnung von Bedeutungen zu Wortformen kann nicht angeboren sein, da sie sich von Einzelsprache zu Einzelsprache unterscheidet: »Hund«, »dog«, »perro«, »chien« … (vgl. auch Gleitman 1990). Die Kinder scheinen aber bestimmte Fähigkeiten zu besitzen, die ihnen bei der Bewältigung dieser Aufgabe helfen (vgl. Miller 1987). Eine dieser Fähigkeiten scheint das sogenannte »fast mapping« (vgl. Carey/Bartlett 1978) zu sein – die Fähigkeit der Kinder, schon nach einmaligem Hören einer Wortform Bedeutung zuzuordnen. Dabei kann die Bedeutung zunächst unvollständig sein (vgl. Grimm 1995; Dannenbauer 1997).

Bei der Erschließung von Wortbedeutungen aus dem Kontext stellt sich den Kindern das sogenannte »Perspektiveproblem« – die Frage, auf was denn überhaupt mit einem Wort Bezug genommen wird.

Pia kann gerade ihre ersten Schritte laufen. Bei einem Spaziergang im Park schaut sie ganz fasziniert zu, wie ein Hund auf einem Hundeknochen herumkaut. Die Mutter folgt ihr, sieht, wo Pia hinschaut und sagt: »Was siehst du denn? Ja guck mal, da ist ein Hund. Was macht der denn?«

Woher »weiß« Pia, dass sich das Wort »Hund« auf den Hund und nicht auf Teile von ihm wie den Schwanz oder die Pfote bezieht? Zur Lösung dieses Problems sind Kinder mit bestimmten Grundannahmen ausgestattet (vgl. Clark 1993; Gleitman 1990; Markmann 1989). Diese werden nicht gelernt, sondern gehören zur kognitiven Grundausstattung (vgl. Tracy 2008). Diese Grundannahmen schränken die möglichen Bedeutungen ein. So wird ein Kind immer davon ausgehen, dass sich ein neues Wort auf ein ganzes Objekt bezieht, also auf den Hund, nicht auf seine Pfote. Außerdem geht ein Kind zunächst davon aus, dass sich Wörter nicht in ihrer Bedeutung überschneiden. Neue Wörter werden deshalb immer auf die Dinge bezogen, für die das Kind noch keinen Namen gelernt hat.

Grundannahmen im Worterwerb

Felix betrachtet mit seinem Vater ein Tierbilderbuch. Auf einer Seite sind viele Zootiere abgebildet, von denen er bis auf eines alle kennt. Sein Vater sagt: »Oh guck mal, da ist sogar ein Yak.« Felix zeigt auf das ihm unbekannte Tier und sagt: »Yak«.

Kleine Kinder gehen deshalb z. B. davon aus, dass eine Kuh nicht gleichzeitig ein »Tier« sein kann. Erst wenn sie verstanden haben, dass es Kategorien von Ober- und Unterbegriffen gibt, akzeptieren sie beide Begriffe. In diesem Punkt haben Kinder, die zwei Sprachen lernen, einen großen Vorteil. Sie lernen schon früh, dass es mehre Bezeichnungen für ein Ding gibt. Das gibt ihnen zum einen die Möglichkeit, Wortschatzlücken der einen Sprache durch »Anleihen« bei der anderen Sprache zu überbrücken, zum anderen wird vermutet, dass sie deshalb in ihren »metasprachlichen« Fähigkeiten, also in der Fähigkeit, über Sprache nachzudenken und zu sprechen, oft deutlich weiter sind als ihre Altersgenossen (vgl. Tracy 2008).

Beim Erlernen neuer Wörter und beim Bilden von Hypothesen über die Bedeutung neuer Wörter scheint es wichtig zu sein, dass die Kinder verstehen, welche kommunikativen Absichten der Erwachsene hat, der gerade mit ihnen spricht. Wenn ein Erwachsener mit einem kleinen Kind spricht, tut er das in der Absicht, die Aufmerksamkeit des Kindes auf etwas zu richten, sich mit ihm über einen Gegenstand oder Sachverhalt auszutauschen oder ein gemeinsames Spiel zu initiieren. Wörter werden also nicht wie Vokabeln gepaukt, sondern in sozialen Kontexten gelernt (Tomasello 2009; Szagun 2010).

Sprache wird in sozialen Kontexten gelernt

Der sechzehn Monate alte Noah sitzt auf dem Boden. Seine Mutter hat ihm zum Spielen einen Kochtopf und einen Holzlöffel gegeben. Noah macht mit großer Begeisterung Geräusche, die immer lauter werden. Schließlich wird es der Mutter zu viel. »Nein«, ruft sie, »das ist mir viel zu **laut**!«, und sie hält sich die Ohren zu, lacht dabei aber. Noah schlägt wieder auf den Topf, hält aber sofort inne, schaut seine Mutter an, schaut auf den Topf, strahlt und sagt: »laut!«

Noah scheint die kommunikative Absicht der Mutter verstanden zu haben. Er hält inne, um sich mit ihr über das, was sie gerade gemeinsam erleben, auszutauschen. Noah hat offensichtlich auch verstanden, dass die Situation noch nicht ganz so ernst ist und noch Möglichkeiten zum Spiel lässt. Offensichtlich hat er aber auch genau verstanden, worauf sich die Mutter mit ihrer Äußerung bezieht. Auf diese Weise ist es ihm gut möglich, das Wort »laut« mit einer Bedeutung zu verknüpfen.

Das Erlernen neuer Wörter setzt sich fort, wenn die Kinder älter werden. Mit etwa vier Jahren beschäftigen sich viele Kinder auch mit abstrakteren Wörtern. Nun versuchen sie auch Dinge und Eigenschaften in Worte zu fassen, die man nicht direkt sehen oder fühlen kann (nett, gemein, glücklich), oder die über die aktuelle Zeit und den aktuellen Ort hinausgehen (gestern, morgen, in Italien …) (vgl. Jampert et al. 2009).

Der dreieinhalbjährige Jonas stellt ganz unvermittelt die Frage: »Mama, was ist Figur?« Die Mutter ist zunächst etwas ratlos und versucht dann eine Erklärung: »Figuren sind der Kasperle und das Krokodil in deiner Spielkiste.« Jonas ist noch nicht richtig zufrieden. Die Mutter versucht es noch einmal. Sie zeigt Jonas das Mensch-ärgere-dich-nicht-Spiel. »Figuren sind auch die kleinen Männchen hier.« Jonas wird immer unzufriedener, gibt jedoch einen entscheidenden Hinweis: »Nein, bei der Oma im Schrank!« Jetzt geht der Mutter ein Licht auf: »Ach, du meinst die Krippenfiguren bei Oma und Opa!« Jonas lächelt erleichtert. Das Raten hat ein Ende.

Dieses Beispiel zeigt eindrucksvoll, welche Leistungen Jonas vollbracht hat, um das neue Wort »Figur« zu lernen. Zunächst einmal hat er im Gespräch mit der Oma das neue Wort identifiziert. Die Oma hat wahrscheinlich einen Satz gesagt, wie: »Ich zeig dir mal die Figuren von unserer Krippe.« Jonas hat das neue Wort in der Äußerung entdeckt. Er hat aus dem Kontext geschlossen, welche Bedeutung das neue Wort haben könnte. Dabei ist er zunächst auf eine sehr eingeschränkte Bedeutung gekommen. Figuren sind nur diese Krippenfiguren in diesem Schrank. Er hat das neue Wort zusammen mit seiner Idee über die Bedeutung abgespeichert und sich gemerkt. Schließlich hat er ganz aktiv seine Hypothese überprüft und sein Wissen über die Bedeutung des Wortes »Figur« erweitert. Das Gespräch mit der Mutter war ein erster Anstoß, das Wort in seinen verschiedenen Bedeutungsnuancen kennenzulernen und es nicht nur auf die Figuren im Schrank der Oma zu beziehen. Der Eintrag »Figur« wird in Jonas' Lexikon immer weiter ergänzt und korrigiert werden. Denn auch die große Bronzestatue im Park kann als »Figur« bezeichnet werden. Oder die Oma sagt irgendwann beim Abendessen: »Nein danke, ich habe genug. Ich muss an meine Figur denken!« Jonas wird nun versuchen, Gemeinsamkeiten zwischen allen als »Figur« bezeichneten Dingen herauszufinden und so sein Wissen über dieses Wort ergänzen.

Auf diese Weise werden die Informationen in unserem Lexikon bis ins Erwachsenenalter immer wieder ergänzt und neu organisiert. Dabei kann man sich vorstellen, dass die Verbindungen, über die ein Wort im mentalen Lexikon aktiviert wird, mit jedem Gebrauch dieses Wortes stärker und fester werden. So entstehen »Netzwerke«, die Wörter und Informationen miteinander verbinden. Wenn Kleinkinder neue Informationen in ihr Gedächtnis einspeichern, ist dies eng an bestimmte Situationen gebunden – so wie bei Paul, der das Wort »Ball« zunächst nur mit seinem blauen Ball auf der Terrasse verbindet.

Ähnlich ist es bei Hannah. Sie war vor kurzem mit ihren Eltern im Zoo – ein wichtiges Ereignis für sie, bei dem sie viel Spaß hatte. Alle Dinge, die sie bei diesem Ausflug erlebt hat, sind in ihrem Gedächtnis miteinander verknüpft. Wenn sie sich an den Zoobesuch erinnert, wird eine Menge an Informationen aktiviert, sodass es ihr leichter fällt, über das Ereignis zu berichten. Sie kann sich den Weg wieder vorstellen, weiß, welche Plätzchen sie im Elefantenhaus gegessen haben, und die Namen der Tiere fallen ihr ein, die sie gesehen hat.

Alle Dinge, die zu Hause an den Zoobesuch erinnern, können ein »Anker« sein, um das mit dem Ereignis verknüpfte Wissen zu aktivieren. Wenn so ein »Anker« zum Wiedererinnern fehlt, ist es für Dreijährige oft noch schwer, im Kindergarten über Ereignisse zu berichten, die zu Hause stattgefunden haben und umgekehrt. Zwischen dem vierten und sechsten Lebensjahr, scheinen sie die Fähigkeit zu entwickeln, auf ihr Wissen rein verbal und unabhängig von der Situation zuzugreifen. Diese Fähigkeit stellt einen ganz wichtigen Entwicklungsschritt dar (vgl. Ulich 2003). Die Kinder lernen, etwas so zu erzählen, dass auch jemand, der nicht eingeweiht ist, die Situation nachvollziehen kann. Das Gesagte bezieht sich nicht mehr direkt auf den Kontext oder die Situation, in der gesprochen wird. Man spricht deshalb auch von »de-kontextualisierter« oder »nicht-situativer« Sprache. Diese Fähigkeit zu abstrahieren und Sprache ohne direkten Bezug zur unmittelbaren Umgebung zu verstehen und zu produzieren, ist eine wichtige Basis für das spätere Textverstehen und das Schreiben von Texten.

1.6 Deutlich sprechen – Die Aussprache

Eine Voraussetzung dafür, damit die sprachliche Verständigung gelingt, besteht darin, dass wir die Wörter so aussprechen können, dass unser Gesprächspartner sie erkennt. Dazu müssen wir zunächst alle Laute bilden können, die in unserer Sprache vorkommen. Ein Sprachlaut ist die kleinste Einheit, in die sich ein Wort zerlegen lässt. Jede Sprache hat ihr eigenes Repertoire an Lauten. Jede Sprache hat aber auch ein eigenes System von Lauten, die der Bedeutungsunterscheidung dienen. Diese Laute nennt man »Phoneme«. Welche Laute im Deutschen Phoneme sind, kann man entdecken bei Wörtern, die sich nur in einem Laut unterscheiden, wie z.B. »Keller« und »Teller«, »Masse« und »Matte« oder »Rippe« und »Lippe«. /k/ und /t/, /s/ und /t/ sowie /l/ und /r/ sind also Phoneme des Deutschen. Wenn man sie austauscht, ändert sich die Bedeutung.

Das Phonem: die kleinste, bedeutungsunterscheidende sprachliche Einheit

In jeder Sprache bilden die Laute so ein System, in dem bestimmte Regeln gelten. Die Phonemsysteme der einzelnen Sprachen unterscheiden sich voneinander. Während im Chinesischen /l/ und /r/ nicht bedeutungsunterscheidend sind, sind sie das bei uns sehr wohl. Ob wir /l/ oder /r/ sagen, macht einen großen Unterschied. Das lässt sich leicht erkennen in Wortpaaren wie »Land« und »Rand« oder »lachen« und »Rachen«. Dagegen ist es in unserer Sprache für die Bedeutung nicht relevant, ob wir ein /s/ oder ein gelispeltes /s/ (also mit der Zunge zwischen den Zähnen) sprechen. Diese Unterscheidung spielt aber im Englischen eine Rolle. Dort ist es ein Unterschied, ob man »thing« oder »sing« sagt.

Wer Deutsch als zweite Sprache erlernt, hat in seiner Muttersprache ein ganz anderes Phonemsystem gelernt. Und Phoneme, die es in der eigenen Sprache nicht gibt, können dann Schwierigkeiten bereiten. Der Witz über den Chinesen, der in der Bäckerei »Blödchen« verlangt, illustriert dieses Problem.

Wie setzt sich nun unser deutsches Phonemsystem zusammen? Zunächst gibt es eine Unterscheidung in zwei Hauptgruppen: die Vokale (Selbstlaute) und die Konsonanten (Mitlaute). Vokale sind sogenannte Öffnungslaute. Sie entstehen dadurch, dass Ausatemluft aus der Lunge durch den Kehlkopf strömt. Im Kehlkopf wird die Stimme erzeugt, und die ausströmende Luft bringt anschließend die Resonanzräume im Nasen-, Mund- und Rachenraum zum Klingen. Je nachdem, ob der Mund geöffnet oder geschlossen ist, ob die Lippen gerundet oder breit sind, ob die Zunge flach oder angehoben ist, entstehen unterschiedliche Vokale. Probieren Sie einmal aus, überdeutlich eine Reihe von »u-i-u-i« zu sprechen und beobachten Sie, wie sich dabei die Lippen verändern. Probieren Sie das Gleiche aus mit »a-e-a-e« und achten Sie darauf, wie sich die Mundöffnung verändert.

Auch bei den Konsonanten wird die Luft erst einmal aus der Lunge durch den Kehlkopf geleitet. Aber bei den Konsonanten wird der Luftstrom dann durch eine Enge oder einen Verschluss im Mund- oder Rachenraum blockiert. Der Luftstrom wird dadurch unterbrochen und erzeugt bestimmte Geräusche. Je nachdem, an welcher Stelle das passiert, können Konsonanten unterschieden werden. Die Stelle, an der sich dieser Verschluss oder diese Enge befindet, nennt man »Artikulationsstelle« oder »Artikulationsort«. Der Artikulationsort kann sich zwischen den

Lippen, zwischen Unterlippe und Zähnen oder an verschiedenen Stellen zwischen Zunge und Gaumen befinden. Die Laute /p/, /t/, /k/ sind z.B. alle drei stimmlose »Plosive« und unterscheiden sich nur durch ihren Artikulationsort. Beim /p/ befindet sich der Verschluss zwischen den Lippen, beim /t/ zwischen Zungenspitze und vorderem Gaumen und beim /k/ zwischen Zungenrücken und hinterem Gaumen.

Ein weiteres Merkmal, durch das sich Konsonanten unterscheiden, ist die »Artikulationsart«. Es gibt Laute, die einen Verschluss im Mundraum sprengen – die sogenannten »Explosivlaute« oder »Plosive« wie /p/, /b/, /t/, /d/, /g/, /k/. Da die Plosive wirklich einer kurzen Explosion ähneln, lassen sie sich nicht verlängern. Daneben gibt es Laute, bei denen die Luft eine Enge passiert und dadurch ein Reibegeräusch erzeugt. Diese Reibelaute oder »Frikative« lassen sich beliebig verlängern, z.B. /ffffffffffffffffff/ oder /sssssssssssssssssss/. Eine dritte Gruppe bilden die sogenannten »Nasale«, z.B. /m/ und /n/. Auch sie lassen sich verlängern. Sie sind dadurch gekennzeichnet, dass die Luft durch die Nase geschickt wird.

Neben der Artikulationsstelle und der Artikulationsart gibt es ein weiteres Unterscheidungsmerkmal der Konsonanten, nämlich die »Stimmhaftigkeit«. Es gibt stimmhafte und stimmlose Konsonanten. Die Laute /b/ und /p/ unterscheiden sich z.B. nur dadurch, dass der eine stimmhaft und der andere stimmlos ist. Genauso verhält es sich mit den Lauten /w/ und /f/, /d/ und /t/ und mit vielen anderen.

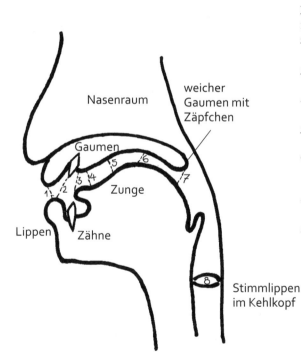

Bildungsstellen der Konsonanten

1 »bilabial«: zwischen den Lippen: b, p, m
2 »labiodental«: zwischen Unterlippe und oberen Schneidezähnen: f, w
3 »alveolar«: zwischen Zungenspitze und Alveolardamm: s, n, d, t, l
4 »palato-alveolar«: hinter dem Alveolardamm: sch
5 »palatal«: zwischen Zungenmitte und Gaumen: j, ch (wie in Milch)
6 »velar«: zwischen Zungenrücken und hinterem Gaumen: g, k, ch (wie in Rauch)
7 »uvular«: zwischen Zungenrücken und Zäpfchen: r
8 »glottal«: im Kehlkopf: h

Die Bildungsstellen der Konsonanten

Gesprochene Laute entsprechen nicht genau den Buchstaben der Schriftsprache

Doch Achtung! Die gesprochenen Laute unserer Sprache entsprechen nicht immer den Buchstaben der Schriftsprache. So gibt es z.B. keinen Laut /z/. Das »z« in »Zebra« ist beim Sprechen zusammengesetzt aus /t/ und /s/, also /ts/. Umgekehrt gibt es den gesprochenen Laut /sch/ in »Schaukel«, wir haben aber keinen Buchstaben dafür. Während sich die Schrift mit der Kombination »s-c-h« behilft, ist der Laut /sch/ völlig unabhängig von /s/ und wird auch völlig anders gebildet.

In jeder Sprache gibt es auch Regeln, die festlegen, dass bestimmte Laute oder Lautkombinationen nur am Wortende oder nur am Wortanfang vorkommen können (vgl. Fox et al. 2005). Die Konsonantenverbindungen /gr/, /bl/, /schw/ und viele andere gibt es z.B. nicht am Wortende. Andererseits gibt es die Konsonantenverbindungen /ng/ oder /lm/ nicht am Wortanfang. Am Wortende gibt es auch nur wenige stimmhafte Konsonanten. Auch hier gibt es wieder beträchtliche Unterschiede zur Schriftsprache. So wird z.B. in »Band« kein stimmhaftes /d/ am Ende gesprochen, sondern ein stimmloses /t/.

Wie lernen Kinder das Lautsystem?

Babys bringen bereits viele Fähigkeiten mit auf die Welt, die ihnen den Zugang zum Lautsystem ihrer Muttersprache erleichtern (vgl. Penner 2006). Die Kinder orientieren sich im Spracherwerb zunächst sehr stark an der Prosodie. Kinder, die Deutsch lernen, »wissen« schon als Babys, dass Wörter sich aus betonten und unbetonten Einheiten zusammensetzen (Höhle 2012), dass es lange und kurze Silben gibt. Schon Babys können zwischen Einzellauten (Phonemen) unterscheiden, z.B. zwischen /b/ und /p/ (vgl. Penner 2006; Szagun 2010). Das ist sehr bemerkenswert, denn Laute in der Sprache verändern sich durch ihre jeweilige Lautumgebung. Das [b] in »Baum« sprechen wir ganz anders als das [b] in »Biene«. Beim »Baum« hat unser [b] schon die Tendenz zum weit geöffneten Mund, während in »Biene« das [b] schon die breiten Lippen des [i] vorwegnimmt. Trotzdem sind kleine Kinder in der Lage, das Gehörte in beiden Fällen in die Schublade /b/ einzuordnen. Im ersten Lebenshalbjahr können die Babys auch Lautkontraste unterscheiden, die in ihrer Zielsprache nicht vorkommen (Szagun 2010). In der zweiten Hälfte des ersten Lebensjahres werden sie allmählich sensibel für die Lautunterscheidungen, die in ihrer Sprache relevant sind (Penner 2006; Szagun 2010). So erkennen deutschsprachige Babys ein gerolltes oder geriebenes [r] gleichermaßen als /r/. Sie hören also mit dem »deutschen Lautfilter« (vgl. Jampert et al. 2009).

Am Ende des ersten Lebensjahres ist der Lautfilter an die Sprache angepasst, die die Kinder täglich hören (z.B. Penner 2006). Das heißt, nun können sie besonders erfolgreich Laute ihrer eigenen Sprache hören, erkennen und einordnen. Gleichzeitig wird das schwieriger bei Sprachen, die sie bisher nicht oder nur wenig gehört haben.

Wenn Kinder von Anfang an zwei oder sogar drei Sprachen hören, können die meisten von ihnen ohne große Mühe die entsprechenden Lautsysteme parallel erwerben. Die Prosodie hilft ihnen, die Sprachen auseinanderzuhalten (vgl. Jampert et al. 2009).

Neugeborene können zunächst ihre Umwelt nur durch ihr Schreien auf ihre Bedürfnisse aufmerksam machen. Aber schon nach einigen Wochen wird das Schreien differenzierter. Die meisten Mütter oder Väter können nun am Schreien erkennen, ob ihr Baby Hunger hat, ob es Schmerzen hat oder ob ihm langweilig ist. Etwa in der Zeit zwischen der sechsten und zwölften Lebenswoche kommen neue Geräusche hinzu, die nichts mehr mit dem Schreien zu tun haben. Diese Laute entstehen in der Regel zuerst ganz zufällig aus Husten, Niesen oder dem Spiel mit Speichel. Die Bezugspersonen reagieren in aller Regel ganz intuitiv so, als ob das Kind bereits eine sinnvolle Äußerung von sich gegeben hätte.

Lisa liegt auf dem Wickeltisch. Sie schaut ihre Mutter an und gibt leise Töne von sich, die sich wie »öh gö« anhören. Die Mutter nimmt sofort das »Gespräch« auf: »Ögö, ja das ist schön, mit nackten Beinen zu strampeln, nicht wahr?«

Diese Zeit wird auch »erste Lallphase« genannt. Die Kinder haben noch wenig Kontrolle über ihre Lautproduktionen (vgl. auch Fox 2003). Das ändert sich in der »zweiten Lallphase«, die im Alter zwischen vier und sechs Monaten beginnt. Babys scheinen Spaß an der eigenen Stimme zu haben, »spielen« mit ihren Lippen, ihrer Zunge und ihrer Stimme und experimentieren z.B. mit der Tonhöhe und der Lautstärke. In diesem Alter wird nämlich auch die Hörverarbeitung wichtig. Die Babys hören sich selbst aufmerksam zu. Allmählich gewinnen sie dabei immer mehr Kontrolle über ihre Lautproduktionen. Schließlich können sie auch Lautgebilde miteinander kombinieren. Erste Folgen aus Konsonanten und Vokalen entstehen, die den späteren Silben ähneln. Schließlich produzieren die Kinder Unmengen von Silben, sodass sich die Verbindungen aus Konsonanten und Vokalen festigen. Tonhöhe, Lautstärke und Stimmklang entstehen jetzt nicht mehr zufällig, sondern werden immer kontrollierter eingesetzt, und die Kinder können nun auch die Laute nachahmen, die ihnen ihre Eltern vormachen. Die Eltern ahmen umgekehrt ganz automatisch die Laute der Kinder nach, verwenden dabei aber hauptsächlich die Laute, die in unserer Sprache auch vorkommen. Laute, die in unserer Sprache nicht vorkommen, werden nun auch von den Kindern immer seltener gebildet (a.a.O.). Dadurch wird das Lautsystem mehr und mehr an die Muttersprache angepasst. Silben wie »da«, »ma«, »ba« werden immer sicherer gebildet und nun häufiger auch miteinander kombiniert. Etwa ab dem zehnten Monat beginnen viele Eltern ganz automatisch, den Silben oder Silbenketten ihrer Kinder Bedeutung zuzuordnen.

Kai ist zehn Monate alt. Beim Wickeln scheint er das »Gespräch« mit Mutter oder Vater immer sehr zu genießen. Er produziert oft lange Silbenketten wie »dadadadadada« oder »mamamamamama«. Kais Eltern antworten darauf so, als hätte Kai bereits Wörter verwendet. Sein »dadada« wird z.B. mit »Ja, **da** ist der Kai« oder »**Da** ist die Nase« beantwortet. Auf diese Weise wird Kai mit der Bedeutung von »da« vertraut gemacht.

31

Aus den Silbenketten entstehen um den ersten Geburtstag herum die ersten Wörter. Obwohl die Kinder beim Lallen eigentlich alle Laute ihrer Muttersprache verwenden, so scheinen sie beim Erwerb der ersten Wörter zunächst nur ein eingeschränktes Lautrepertoire zu verwenden. Neben den Vokalen kommen gehäuft die Konsonanten m, n, b, p, d, t vor (vgl. Fox et al. 2005).

Im zweiten und dritten Lebensjahr wird das in den Wörtern verwendete Lautrepertoire immer größer. Der Lauterwerb erstreckt sich aber noch weit ins Kindergartenalter hinein. Dabei scheint es Laute zu geben, die von den meisten Kindern früh erworben werden und andere, die erst am Ende der Lautentwicklung stehen (Grohnfeldt 1980; Fox/Dodd 1999). Fox und Dodd (1999) haben 177 Kinder untersucht im Hinblick auf die Frage, wann diese welche Laute erwerben.

Abfolge des Lauterwerbs bei deutschsprachigen Kindern *

Alter	1,6 – 1,11	2,0 – 2,5	2,6 – 2,11	3,0 – 3,5	3,6 – 3,11
Laut					
p					
d					
m					
b					
t					
n					
w					
ss					
s					
h					
k					
ng					
f					
(a) ch					
l					
g					
pf					
j					
r					
z					
(i) ch					
sch					

* Die grau markierten Kästchen besagen, dass 75 Prozent aller Kinder dieses Alters diese Laute beherrschen.

In der Untersuchung gilt das /s/ als sehr früh erworben, auch wenn es zwischen den Zähnen gebildet wird. Das liegt daran, dass die zwischen den Zähnen gebildeten (= interdentalen), »gelispelten« Laute im Deutschen nicht als Phonem existieren und insofern auch die Bedeutung nicht beeinflusst wird, wenn statt eines korrekten /s/ ein gelispeltes »s« verwendet wird (vgl. Fox 2003). Interdentalität (»Lispeln« von /s/) ist in Deutschland ein sehr häufiges Phänomen. In einer Studie konnte es noch bei 35 Prozent der Kinder im Alter zwischen 5;6 und 5;11 Jahren beobachtet werden (a.a.O.).

Wenn im zweiten Lebensjahr der Wortschatz der Kinder immer größer wird, kann man beobachten, dass es ganz regelhafte Vertauschungen oder Auslassungen von Lauten gibt. Diese können als »phonologische Prozesse« (vgl. Romonath 1991; Fox 2003) beschrieben werden. Ein phonologischer Prozess im normalen Spracherwerb ist z.B. die Vorverlagerung von /k/ zu /t/ und von /g/ zu /d/. Jeder kennt Kinder, die zu einer bestimmten Zeit im Spracherwerb vom »Tinderdarten« erzählen oder berichten: »Heute ist der tasper detommen und hat tomische Sachen demacht.«

Von dem Prozess der »Reduktion von Konsonantenverbindungen« spricht man, wenn die Kinder in Wörtern mit mehreren Konsonanten hintereinander wie in *Straße* oder *Brille* nur einen Konsonanten bilden und dann »Raße« oder »Bille« sagen. Auch der Prozess »Auslassung unbetonter Silben« findet sich sehr häufig (»Lade gessen« statt »Schokolade gegessen«).

Einige phonologische Prozesse sind ein Kennzeichen der normalen Sprachentwicklung, andere sind ungewöhnlich und können ein Hinweis auf eine behandlungsbedürftige Aussprachestörung sein (siehe Kapitel 4.1). Auch die Prozesse, die in der normalen Sprachentwicklung vorkommen, müssen aber im Verlauf schrittweise überwunden werden. Das geschieht nicht bei allen Prozessen zur gleichen Zeit.

Phonologische Prozesse bei deutschsprachigen Kindern

Überwunden mit x Jahren	Phonologischer Prozess	Beispiel
mit 2,5 Jahren	Ersetzung von r zu h	Roller → Holler
mit 3,6 Jahren	Vorverlagerung von k, g, ng zu t, d, n	Kaffee → Taffee Garten → Darten Ring → Rinn
mit 3,6 – 4,5 Jahren	Vorverlagerung von ch (ich) und sch zu s Reduktion von Konsonantenverbindungen	ich → is Schule → sule Blume → lume Schnecke → necke

Tom ist zweieinhalb Jahre alt. Er erzählt vom Schwimmbadbesuch: »Da war eine droße Rutse. Aber die war taputt und dann tonnte man da nich rutsen.«

Es gibt aber auch phonologische Prozesse, die sich für unser Ohr ungewohnt anhören, weil sie in der »normalen« Sprachentwicklung nicht vorkommen:

Mia ist drei Jahre alt. Sie erzählt von einem Unwetter am Vortag: »Da kam das Gesitter. Ich habe aus dem Senster geguckt und dann habe ich den Blitz gesehen.«

Ungewöhnliche phonologische Prozesse oder phonologische Prozesse, die ungewöhnlich lange bestehen bleiben, sind ein Hinweis auf eine behandlungsbedürftige Aussprachestörung. Auch schon bei dreijährigen Kindern kann eine logopädische Diagnostik Aufschluss darüber geben, welche phonologischen Prozesse bestehen und ob sie behandlungsbedürftig sind oder man davon ausgehen kann, dass sie ganz normal im Rahmen der weiteren Sprachentwicklung überwunden werden. In der Regel hat ein Kind mit etwa viereinhalb Jahren das phonologische System seiner Sprache in ausreichendem Maße erworben, um alle Laute mit ihrer bedeutungsunterscheidenden Funktion angemessen einzusetzen.

Ein Vorschulkind sollte also sowohl alle Laute seiner Sprache bilden können, als auch die Regeln des Lautsystems vollständig erworben haben. Eltern und Erzieherinnen können die Kinder hierbei unterstützen.

Jana ist drei Jahre alt. Die Laute, die sie eigentlich schon sprechen kann, vertauscht oder verändert sie bei besonders »schwierigen« Wörtern. Dabei entstehen manchmal lustige Wörter, die Janas Eltern richtig niedlich finden. Ein Luftballon wird z.B. zum »Lukadong«. Die Eltern lachten eine Zeit lang über die lustigen Wörter und ahmten sie nach. Dann versuchten sie, Jana zum richtigen Sprechen aufzufordern. Aber der einzige Effekt der Korrektur bestand darin, dass Jana immer vorsichtiger mit diesem für sie so schwierigen Wort umging. Mittlerweile haben ihre Eltern aufgehört, sie auf Fehler hinzuweisen. Sie bieten »falsche Wörter« aber immer noch einmal richtig an. Wenn Jana also nach einem »Lukadong« fragt, antwortet ihre Mutter: »Welche Farbe soll denn der **Luftballon** haben?«

Wichtig ist, dass die Kommunikation nicht unterbrochen wird, sondern inhaltlich weitergeht. Das Kind hat schließlich ein kommunikatives Anliegen und wird mit Recht wütend, wenn die Bezugsperson, statt auf den Inhalt seiner Frage einzugehen, die Form kritisiert. Wir müssen uns nur vorstellen, wir würden versuchen, auf Französisch ein Hotel zu reservieren. Statt unsere Reservierung zu bestätigen, würde der Hotelier uns einen Vortrag über unsere schlechte Aussprache der französischen Nasale halten. Auch wir wären verletzt, und unsere Motivation, Französisch zu sprechen, hätte wahrscheinlich einen Dämpfer bekommen. Wir würden uns wohl kaum hinsetzen und Nasale üben, sondern eher vermeiden, überhaupt wieder Französisch zu sprechen.

Kinder sind oft entsetzt, wenn man sie auf ihre Fehler hinweist. Sie können nämlich Fehler in der Lautbildung häufig bei anderen erkennen, bei sich selbst aber nicht:

Frank ist vier Jahre alt. Jedes /sch/ ersetzt er durch /s/. Der Tisch wird also zu einem »Tis«. Als Frank mal wieder fragt, ob er schon mal den Tis decken solle, ahmt ihn sein Vater nach: »Ja, deck du ruhig schon mal den **Tis**«. Frank ist wirklich empört: »Das heißt nicht Tis, das heißt Tis!« (vgl. Clark 1993).

1.7 Die Melodie der Sprache – Die Prosodie

Sprachen unterscheiden sich in ihrer Prosodie, also in ihrer Sprachmelodie. Französisch klingt ganz anders als Deutsch oder Englisch. Die Unterschiede liegen in der Verwendung von Tonhöhe, Pausen, Lautstärke und Geschwindigkeit. Wozu brauchen wir Prosodie?

Mithilfe von Prosodie können wir Grenzen von Wörtern und Satzteilen markieren. In einigen Fällen führt das sogar zu Bedeutungsunterschieden: »Die Katze fraß die Maus nicht« oder »Die Katze fraß, die Maus nicht«. »Bilderbuch und Musik« oder »Bilder, Buch und Musik«.

Auch bei der Wortbetonung kann die Prosodie Unterschiede machen, wenn die Frau z.B. zu ihrem Mann im Auto sagt: »Du musst die Leute da vorne *um*fahren« oder »Du musst die Leute da vorne um*fahren*«. Mithilfe von Prosodie können wir auch Fragen kenntlich machen (»Er geht nach Kanada?«), Inhalte betonen (»*Ich* war gestern mit dem Auto in Frankfurt«, »Ich war *gestern* mit dem Auto in Frankfurt«, »Ich war gestern mit dem *Auto* in Frankfurt«, »Ich war gestern mit dem Auto *in Frankfurt*«) oder Ironie äußern (»Das hast du ja toll gemacht …«).

Kinder am Beginn des Spracherwerbs brauchen prosodische Informationen, um den Lautstrom, den sie hören, gliedern zu können (»guckmalhieristderteddydergehtjetztauchmitdirschlafen«). Die Prosodie ermöglicht ihnen, Grenzen von Wörtern und Satzgliedern zu erkennen (Höhle 2012), aber auch wichtige Regeln über die Wortbildung (Morphologie) abzuleiten (Penner 2006). Anhand der Betonungsmuster finden sie z.B. Zugang zu unregelmäßigen Perfektpartizipien (»gemalt«, »gesucht«, aber »verreist«) oder zu den unterschiedlichen Pluralformen (Kauschke 2012). Um herauszufinden, dass es »Treppe*n*«, »Häuse*r*«, »Pulli*s*«, »Schmetterlinge«, »Kindergär*ten*« und »Ritter« heißt, verwerten sie Informationen über die Silbenanzahl und das Betonungsmuster des Singularwortes.

Prosodie hilft, Sprache zu gliedern und Regeln abzuleiten

Neugeborene bringen eine angeborene Fähigkeit mit auf die Welt, rhythmische und prosodische Muster zu erkennen. Im Deutschen ist das häufigste Betonungsmuster *betont* – unbetont (*Blume*, *Lampe*, *Katze* …). Schon Kinder im Alter von acht bis neun Monaten können Wörter mit einer solchen Struktur im Sprachfluss erkennen.

Die Prosodie gibt schließlich auch darüber Auskunft, wie wir etwas meinen und in welcher Stimmungslage wir uns gerade befinden:

Charlotte hat in der Pfütze gespielt. Die Erzieherin stellt fest: »Du bist ja ganz nass!«

Anhand der Prosodie merkt Charlotte, ob die Erzieherin ihr den Spaß mit dem Wasser weiterhin gönnt, ob sie sich Sorgen um Charlotte macht, weil es vielleicht gerade sehr kalt ist, oder ob sie genervt ist, weil sie vielleicht schon vier andere Kinder umgezogen hat.

Für kleine Kinder ist die Prosodie der Hauptzugang zur Sprache

Für kleine Kinder ist die Prosodie der Hauptzugang zur Sprache. Mehr als über die Wörter erschließen sie sich die Bedeutung einer Äußerung über die Prosodie. Deshalb ist es ganz wichtig für sie, dass ihnen die Prosodie die gleichen Informationen liefert wie die Sprache selbst. Ironie ist etwas, das kleine Kinder völlig verunsichert. Das gleiche gilt im Übrigen für Kinder, die Deutsch als zweite Sprache im Kindergarten lernen. Auch sie brauchen die Prosodie, um Inhalte zu entschlüsseln, um Grenzen von Wörtern und Satzteilen zu entdecken und sich angenommen zu fühlen.

Wenn die Bezugspersonen mit ihren kleinen Kindern sprechen, dann nutzen sie die Möglichkeiten der Prosodie. Sie machen sogar bestimmte prosodische Merkmale deutlicher (siehe Kapitel 1.4 und 2.5) und erleichtern ihren Kindern das sprachliche Lernen damit ganz erheblich.

1.8 »Das hat sich gleich angehört« – Die phonologische Bewusstheit

Unter »sprachlicher Bewusstheit« oder »metasprachlichem Bewusstsein« versteht man die Fähigkeit, über Sprache nachzudenken und zu sprechen, also Sprache losgelöst von ihrem Inhalt zu betrachten und die Aufmerksamkeit auf die formalen Eigenschaften zu lenken:

»Mein Lieblingswort ist ›Quatsch‹, weil sich das so anhört, als würde man wo drauftreten, und das kommt an den Seiten wieder raus«, erzählt der neunjährige Tilman. Er beschreibt das Wort allein durch seinen Klang, ohne auf den Inhalt einzugehen. *(Zitiert aus Limbach, 2005)*

Die phonologische Bewusstheit bezieht sich auf die phonologische Struktur der Sprache. Dazu gehört das Erkennen der klanglichen Ähnlichkeit beim Reimen, aber vor allem das Zerlegen der Wörter in kleinere Einheiten, also Silben oder Laute. Die phonologische Bewusstheit ist eine Fähigkeit, die beim Erlernen von Lesen und Schreiben eine wichtige Rolle spielt. Während einige Leistungen der phonologischen Bewusstheit eher Voraussetzungen für den Schriftspracherwerb sind, gibt es andere, die sich erst in der Wechselwirkung mit dem Schriftspracherwerb entwickeln.

Generell hat sich bestätigt, dass Kinder früher Aufgaben zur phonologischen Bewusstheit lösen können, die größere sprachliche Einheiten betreffen (Reimaufgaben, Silben segmentieren), und erst später Aufgaben bewältigen, die die kleinste sprachliche Einheit, die Phoneme, betreffen (Fricke 2007). Skowronek und Marx (1989) haben deshalb die Unterteilung in »phonologische Bewusstheit im weiteren Sinn« und »phonologische Bewusstheit im engeren Sinn« vorgeschlagen. Unter phonologischer Bewusstheit im weiteren Sinne versteht man die Bewusstheit für größere sprachliche Einheiten, z.B. für den Klang der Wörter beim Reimen (Maus hört sich so ähnlich an wie Haus), für Wörter als Teile von Sätzen (Ich-bin-schon-ganz-groß) oder für Silben als Teile von Wörtern (Klei-der-schrank). Die phonologische Bewusstheit im engeren Sinne meint die Bewusstheit für die kleinsten Einheiten der Sprache, also für die einzelnen Laute. Die Kinder lernen z.B. Anfangslaute von Wörtern zu bestimmen (Ameise fängt mit a an), aus einzelnen Lauten Wörter zu bilden (sch-t-u-l ergibt Stuhl) und Wörter in Laute zu zerlegen (Buch setzt sich zusammen aus b, u und ch).

Die phonologische Bewusstheit im weiteren Sinn entwickelt sich bei sprachunauffälligen Kindern spontan. Etwa ab dem Alter von drei Jahren können viele Kinder Silben klatschen und Reime erkennen:

Jan ist fast fünf Jahre alt. Mit großer Freude lernt er im Kindergarten neue Lieder und Verse. Beim Mittagessen stellt er plötzlich fest: »Gabel – Schnabel.«
Melanie ist fünfeinhalb Jahre alt. Sie weiß schon, dass ihr Name mit »m« anfängt und sie kennt den entsprechenden Buchstaben. Auch für andere Buchstaben interessiert sie sich sehr und versucht immer wieder, bei Wörtern den Anfangslaut herauszufinden: »Fuß fängt mit f an.« Manchmal gelingt es ihr nicht, den Anfangslaut zu ermitteln, sondern die Anfangssilbe: »Schaukel fängt mit schau an.«

Die phonologische Bewusstheit für kleinste sprachliche Einheiten, die Phoneme, entwickelt sich bei einem Teil der Kinder spontan, bei anderen erst im Zusammenhang mit dem Schriftspracherwerb oder durch gezielte vorschulische Förderung, also unter Anleitung (vgl. Fricke 2007). Wenn die Kinder von sich aus anfangen, sich für Laute und auch für Buchstaben zu interessieren, sollten sie auf jeden Fall aufgeschlossene Spiel- und Ansprechpartner für ihre Fragen finden. In vielen Kindergärten und Kindertagesstätten wird die phonologische Bewusstheit außerdem explizit gefördert.

1.9 »Hab schon abgeschneidet« – Die Grammatik

Kinder, die am Beginn des Spracherwerbs stehen, beziehen sich mit ihren sprachlichen Äußerungen in der Regel auf die aktuelle Situation:

Jonas sagt: »wa-wa«. Er hat den Nachbarhund bellen gehört. Erik ruft laut »Oma da!«, als seine Mutter mit dem Auto in die Straße einbiegt, in der die Oma wohnt. Gleichzeitig zeigt er auf das entsprechende Haus.

In diesen Situationen können die erwachsenen Gesprächspartner aus der Situation erschließen, auf was die Kinder sich mit ihren sprachlichen Äußerungen beziehen. Die kurzen Äußerungen der Kinder werden aufgrund ihrer Verhaftung in der aktuellen Situation relativ mühelos entschlüsselt.

Sprache ermöglicht uns aber auch, über die aktuelle Situation hinauszugehen, z.B. wenn wir über zurückliegende Ereignisse sprechen, etwas für die Zukunft planen oder über Dinge und Personen sprechen, die gerade weit weg sind. Dann reicht es nicht aus, »Ball« zu sagen und in eine Richtung zu zeigen, sondern wir müssen mehrere Informationseinheiten übermitteln. Dazu brauchen wir eine grammatikalische Struktur. Mit ihrer Hilfe können wir Inhalte miteinander verknüpfen und komplexe Sachverhalte ausdrücken. Auch die Grammatik selbst wird dann zum Bedeutungsträger und kann unabhängig von der Bedeutung der einzelnen Wörter Inhalte übermitteln.

Die Grammatik als Bedeutungsträger

Wenn wir folgenden Satz lesen: »Der Knork wurde vom Gruntel verzilcht«, wissen wir schon ganz viel, obwohl wir die einzelnen Wörter nicht kennen. Wir erfahren nämlich, dass der Gruntel etwas mit dem Knork gemacht hat, er hat ihn nämlich verzilcht (vgl. Tomasello 2009). Woher wissen wir das? Unser grammatisches Wissen verrät uns, dass es sich sowohl bei »Gruntel« als auch bei »Knork« um Nomen handeln muss. Das erkennen wir nicht nur an der Großschreibung, sondern auch an den begleitenden Artikeln »*der* Knork«. »*Vom* Gruntel« lösen wir auf als »von *dem*«. Auch hier haben wir also einen Artikel, allerdings einen, der im Dativ steht. Aus der Satzkonstruktion können wir auch erschließen, dass der Gruntel der Handelnde beim Verzilchen war. Wir erkennen »verzilcht werden« nämlich als Passiv-Konstruktion und wissen deshalb, dass dem Knork etwas durch den Gruntel widerfahren ist.

Wie lernen Kinder die Grammatik?

Aber wie lernen Kinder die Grammatik unserer Sprache? Auf keinen Fall sammeln sie alle Sätze, die sie hören, lernen sie auswendig und benutzen sie, wenn sich die passende Situation ergibt. Das wäre viel zu unflexibel. Wir können ja im Prinzip unendlich viele verschiedene, immer wieder neue Sätze bilden.

Dazu brauchen wir zum einen Wörter, aber auch Regeln, die uns Auskunft darüber geben, wie Wörter miteinander kombiniert werden können. In unserer Sprache spielen dabei zwei Dinge eine wichtige Rolle: die »Morphologie« und die »Syntax«.

Die Morphologie ermöglicht uns, mit Wortbausteinen Wörter zu verändern. Wörter verändern sich nämlich durch die Kombination mit anderen Wörtern. So verändern sich z.B. Verben, je nachdem auf welche Person sie sich beziehen (ich *lese*, du *liest*) oder in welcher Zeit sie stehen (ich *lese*, ich *las*). Substantive verändern sich z.B. im Plural (der G*arten*, die G*ärten*, der Tisch, die Tisch*e*) oder wenn sie in ihre sogenannten Fälle gesetzt, also »dekliniert« werden (der Junge, des Jungen, dem Jungen, den Jungen).

Für die Syntax ist im Deutschen die Reihenfolge der Wörter im Satz wichtig. Den Satz: »Das Mädchen ruft die Mutter« verstehen wir anders als den Satz: »Die Mutter ruft das Mädchen«. Die Bedeutung der Reihenfolge der Wörter erkennen wir auch daran, dass wir den Satz »Auf dem Balkon der Tisch steht« als grammatisch falsch ablehnen, obwohl wir überhaupt keine Mühe haben, den Inhalt zu verstehen. Die Reihenfolge der Wörter im Satz verändert sich auch, je nachdem, ob es sich um eine Aussage oder eine Frage handelt (»Der Tisch steht auf dem Balkon, »Steht der Tisch auf dem Balkon?«).

Im Deutschen steht im Hauptsatz das Verb an zweiter Stelle im Satz. Daneben können verschiedene andere Positionen besetzt werden. Diese sind aber ganz variabel. Dadurch können wir bestimmte Satzglieder betonen, weil wir sie an den Anfang setzen:
- Wir hatten gestern eine lange Teambesprechung.
- Gestern hatten wir eine lange Teambesprechung.
- Eine lange Teambesprechung hatten wir gestern.

Für Satzkonstruktionen im Deutschen spielt die sogenannte »Satzklammer« eine entscheidende Rolle (vgl. Tracy 2008; Jampert et al. 2009: www.canoo.net). Die Satzklammer besteht meistens aus einer finiten Form des Verbs, die an zweiter Position auftaucht und aus anderen nicht-finiten Teilen des Verbs wie Infinitiven (»essen«), Partizipien (»gelesen«) oder Partikeln (»zu«), die am Satzende stehen. Wenn das Verb nur einteilig ist, ist der rechte Teil der Satzklammer leer.

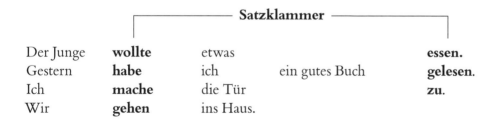

Neben der Satzklammer gibt es mögliche andere Satzglieder. Diese können andere Positionen im Satz besetzen: Das »Vorfeld« steht vor dem linken Teil der Satzklammer. Es ist nur besetzt, wenn es ein finites Verb in Zweitstellung gibt. Das »Mittelfeld« steht zwischen den beiden Teilen der Satzklammer.

Im Vorfeld kann z. B. ein Satzglied, ein Nebensatz, eine Infinitivkonstruktion oder ein Platzhalter stehen.

	⎡——— **Satzklammer** ———⎤		
Ich	rede	gern.	
Schon sehr müde	begann	ich	zu lesen.
Wenn es regnet	gehen	wir nicht	zu Fuß.
Zähneputzen	sollst	du nicht	vergessen.
Es	findet	statt.	
Vorfeld	finite Verbform	Mittelfeld	übrige Verbformen

Das Mittelfeld wird von den beiden Teilen der Satzklammer umschlossen. Im Mittelfeld können im Prinzip unendlich viele Satzglieder stehen:

	⎡——— **Satzklammer** ———⎤		
Ich	mache	**die braune Tür, die so quietscht,**	zu.
Gestern	habe	**ich ein tolles Buch**	gelesen.
Wie	ist	**es dir bei der letzten Prüfung**	ergangen?
Vorfeld	finite Verbform	Mittelfeld	übrige Verbformen

Die Kinder lernen also vor allem zwei Prinzipien in der Grammatikentwicklung: Sie müssen erstens Regeln darüber erfahren, wie die einzelnen Wörter ihre Form verändern, »flektiert« werden, wenn sie im Satz auftauchen. Das ist die sogenannte »Morphologie«. Zweitens müssen die Kinder Regeln über die Reihenfolge der Wörter im Satz lernen. Dabei handelt es sich um die sogenannte »Syntax«.

Der Erwerb der Grammatik vollzieht sich fast vollständig im Alter zwischen anderthalb und vier Jahren (Szagun 2010). Auch wenn es sich natürlich um einen kontinuierlichen und nicht stufenweise erfolgenden Erwerb handelt, ist es für die Beobachtung äußerst hilfreich, die Grammatikentwicklung anhand von »Meilensteinen« zu betrachten (Tracy 2008). Die folgenden Altersangaben dienen wieder als grobe Orientierung. Auch beim Grammatikerwerb sind die individuellen Unterschiede groß (vgl. auch Kapitel 1.3).

Meilenstein I (10 – 18 Monate)
Mit etwa ein bis anderthalb Jahren kombinieren die meisten Kinder noch keine Wörter, sondern produzieren hauptsächlich Einwortäußerungen. Mit einem Wort können ganz unterschiedliche Dinge ausgedrückt werden.

Melanie sagt: »Ball«. Je nach Satzmelodie, Gesichtsausdruck, Gestik und Situation kann dieser »Satz« bedeuten: »Gib mir den Ball!« »Guck mal, so ein schöner Ball!« »Wo ist der Ball?« »Achtung, jetzt kommt der Ball zu dir!«

Meilenstein II (18 – 24 Monate)

Etwa im Alter zwischen eineinhalb und zwei Jahren fangen die meisten Kinder an, Wörter miteinander zu kombinieren (Szagun 2010). In ihren Zweiwortäußerungen drücken sie verschiedene Sachverhalte aus (Clahsen 1986; Szagun 1996, 2010). Sie äußern sich z. B. über das Vorhandensein bestimmter Dinge (»da auto«, »mami da«), genauso aber auch über das Nicht-Vorhandensein (»hund weg«, »weg auto«). Sie berichten über Handlungen (»baby weint«, »opa essen«, »schaf setze«, »pferd rein«, »raus katze«), über Besitzverhältnisse (»mones puppe«) und auch schon über Eigenschaften von Dingen (»schaukel putt«, »große (ele)fant«). Schon in diesen ersten Wortkombinationen stecken viele grundlegende Satzbautypen, in denen unterschiedliche Wortarten miteinander kombiniert werden. So stehen die Verben meist am Ende (Siegmüller 2011a). Die Tatsache, dass sich Wörter durch Kombination mit anderen Wörtern verändern, scheint den Kindern prinzipiell auch schon klar geworden zu sein, auch wenn die verwendeten Formen manchmal noch nicht korrekt sind. Schon in dieser Phase bilden sie z. B. erste Pluralformen (»Beine«, »Enten«, »Tigers«). Das Beispiel »Tigers« zeigt, dass das Kind grundsätzlich begriffen hat, dass das Anhängen von -s eine Möglichkeit der Pluralmarkierung darstellt, auch wenn in diesem Fall der Plural gar nicht markiert würde. Auch das besitzanzeigende Genitiv -s, wie in »Mones Puppe«, kommt in dieser frühen Phase des Grammatikerwerbs bereits vor.

Auch Verben werden schon in ihrer Form verändert, allerdings auch hier noch nicht immer in der korrekten Art und Weise (»Baby weint«, »ich machen«). Vereinzelt kommen in dieser Zeit Vergangenheitsformen vor, nämlich Fragmente des Partizip Perfekt (»funden«, »zumacht«) und auch erste Verneinungen (»passt nich«, »nich lesen«).

Jonas ist noch nicht ganz zwei Jahre alt. Die Planung für den Nachmittag äußert er aber mit großer Bestimmtheit: »Nein rausgehen! Buch lesen!«

Schon im Alter zwischen eineinhalb und zweieinhalb Jahren verwenden manche Kinder bereits Artikel, die einen bestimmten Kasus, einen grammatischen Fall markieren. Allerdings tauchen auch dabei noch viele Fehler auf (»ich mal der mond weg«, »den Auto tanken«) (vgl. Szagun 2010). Um die entsprechenden Regeln, aber auch die Ausnahmen zu erlernen, müssen sich die Kinder an den grammatischen Strukturen orientieren, die sie in der Sprache der Bezugspersonen vorfinden.

Meilenstein III (24 – 36 Monate)

Im dritten Lebensjahr nimmt die durchschnittliche Länge der Äußerungen deutlich zu. Zunächst befinden sich Verben möglicherweise noch häufig am Wortende »Mama nich duschen« (vgl. Siegmüller 2011a). Im Laufe des dritten Lebensjahres beachten die Kinder aber immer konsequenter die grammatischen Regeln, die für die deutsche Sprache typisch sind. So steht z.B. im Deutschen in Hauptsätzen das flektierte (gebeugte) Verb in der zweiten Position (»Ich *gehe* nach Hause«, »Du *sollst* mir helfen«, »Ich *mach* das auf«, »Das Wetter *ist* schön«), und auch die Formen der Verben entsprechen fast immer dem zugehörigen Subjekt (»Ich mach*e*«, »Der Junge spiel*t*«, »Du kann*st* das«). An diesen Beispielen ist deutlich zu erkennen, dass die Kinder zu diesem Zeitpunkt auch das Prinzip der Satzklammer verstanden haben. So wird der Infinitiv in »Du sollst mir *helfen*« ans Ende gestellt, genauso wie der Verbpartikel in »Ich mach das *auf*«. In dieser Zeit wird der Akkusativ häufig benutzt, oft auch anstelle des Dativs, der oft erst sehr spät sicher beherrscht wird (van Minnen 2011).

Meilenstein IV (etwa ab 30 Monaten)

Ab etwa dreieinhalb Jahren, bei manchen Kindern aber auch schon mit zwei Jahren, werden Sätze produziert, die aus mehreren Teilsätzen bestehen: »Ich mache das Licht aus, weil das cool ist.« »Ich fege und wische dann.« »Du musst Platz machen, dass ich durch kann.« Dabei ist die Reihenfolge der Wörter im Satz meist richtig. Für den Nebensatz heißt das, dass das flektierte Verb am Ende steht und mit einer Konjunktion oder einem Relativpronomen eine Satzklammer bildet.

	─── **Satzklammer** ───	
Konjunktion/ Relativpronomen	**Mittelfeld**	**Verbende**
weil	ich schon ganz müde	bin.
ob	das	geht.
wenn	der große Hund	bellt.
der	das Bild	malt.

Ganz wichtige Schritte in der Grammatikentwicklung sind also erreicht, wenn Kinder

- Wortkombinationen produzieren, in denen sich Verbpartikel in der rechten Satzklammer befinden (Meilenstein II: »da auf«, »auto weg«; Meilenstein III: »ich zieh das an«, »der macht die Tür zu«)
- flektierte Verben in der vorderen Satzklammer (Verbzweitstellung) verwenden (Meilenstein III)
- in Nebensätzen eine Satzklammer aus Relativpronomen oder Konjunktion und flektiertem Verb am Ende bilden (Meilenstein IV).

Mit den »Meilensteinen« sind die wichtigsten Grundlagen für den Satzbau gelegt. Natürlich werden die Kinder auch noch andere Details der Grammatik erlernen, wie:

- Wie wird der Plural gebildet – »Auto-s«, »Pulli-s«, »Tisch-e« und »Stift-e«, aber »Ritter«?
- Welcher Artikel gehört zu welchem Nomen – »der«, »die« oder »das« Auto?
- Wie und wann werden die einzelnen Fälle benutzt (Kasussystem) – »dem« Jungen, »der« Frau?
- Welche Formen sind unregelmäßig – »gearbeitet«, »gefrühstückt«, aber »geschnitten« oder »geschwommen«?

Dabei kann man manchmal auch feststellen, dass »Fehler« entstehen, die die Kinder vorher nicht gemacht haben. So gibt es zu Beginn des Erwerbs möglicherweise korrekte Pluralformen (Kinder, Bücher) oder korrekte unregelmäßige Verbformen (aufgegangen), die dann bei zunehmendem Erwerb von Regeln wieder verschwinden und als »Fehler« auftauchen: »Kindern«, »Buchs«, »aufgegeht« (Beispiele aus Tracy 2008). Was ist da passiert?

Die Kinder versuchen, möglichst allgemeine Regeln zu finden, und bei vielen Wörtern sind sie damit auch erfolgreich (gespielt, gefüttert, gemacht …). Bei unregelmäßigen Formen oder beim komplizierten Pluralsystem muss dann noch eine Weile nachgebessert werden (a.a.O.).

Fortschritte in der Grammatikentwicklung lassen neue Fehler entstehen

> Joshua ist vier Jahre alt. Er erzählt eine ganze Geschichte: »… und dann gangte der Dinosaurier zu dem großen Vulkan …«

Wenn wir bei den Kindern statt der Fehler das Bemühen um die Konstruktion von Regeln erkennen, würdigen wir ihre Leistungen. Manchmal ist die Aufgabe ja auch wirklich schwierig. Beim Kasussystem z.B. ist die Unterscheidbarkeit über das Hören in vielen Fällen sehr mühsam (vgl. Szagun 2010):

- Das ist *ein* Schirm.
- Ich brauche *einen* Schirm.
- Die Hülle von *einem* Schirm.
- Das ist *der* Junge.
- Ich treffe *den* Jungen.
- Das gehört *dem* Jungen.

Achtung! Immer wieder fordern wir Kinder auf, in »ganzen Sätzen« zu sprechen. Aber sprechen wir selbst in ganzen Sätzen?
- »Welchen nimmst du?« »Den grünen …«
- »Warst du gestern im Kino?« »Nee, beim Sport …«
- »Lässt du mich auch mal?« »Wenn ich fertig bin …«

In diesen Situationen ist eine Antwort mit einem Teilsatz völlig in Ordnung, weil wir den Rest im Kopf ergänzen. Wenn wir einmal genau darauf achten, besteht unsere gesprochene Sprache zu einem großen Teil aus unvollständigen Sätzen (vgl. Jampert et al. 2009). Auch gelten für die gesprochene Sprache andere Regeln als für die Schriftsprache.

Wenn wir uns mit der Sprache der Kinder beschäftigen, sollten wir also nicht von der geschriebenen Sprache als Ideal ausgehen. Vielmehr ist die Frage wichtig, ob die sprachlichen Äußerungen der Kinder der Situation angemessen sind. Dabei spielt der »gemeinsame Hintergrund« (siehe Kapitel 1.1) eine wichtige Rolle. Die kleinen Beispiel-Dialoge sind für Außenstehende auch nicht unbedingt verständlich. Wenn die Kommunikationspartner das entsprechende Wissen teilen, sind sie aber völlig angemessen. Je mehr gemeinsame Informationen beide Gesprächspartner haben, desto knapper kann die sprachliche Information sein.

1.10 »Ich verstehe, was du sagst« – Das Sprachverständnis

Fragt man Eltern nach der Sprachentwicklung ihres Kindes, so werden sie voller Stolz berichten, welche Wörter oder Sätze es bereits sagen kann und bei welchen es vielleicht noch Schwierigkeiten hat. Nur selten werden sie aber darüber Auskunft geben können, welche sprachlichen Äußerungen ihr Kind verstehen oder noch nicht verstehen kann. Das liegt daran, dass das Sprachverständnis, anders als die Sprachproduktion, nicht beobachtbar ist. Man kann also immer nur anhand dessen, was ein Kind sagt oder tut, Rückschlüsse darauf ziehen, was es versteht.

Beim Verstehen von Sprache wirken kognitive, kommunikative und sprachliche Prozesse zusammen

Was heißt Sprachverständnis überhaupt? Die Begriffe »sich verstehen« und »Verständnis aufbringen« verweisen auf die emotionalen Aspekte beim Verstehen von Sprache. Das Wort »Verstand« deutet auf den geistigen Aspekt hin (vgl. Hollenweger/Schneider 1994). Beim Sprachverstehen wirken kognitive, kommunikative und sprachliche Prozesse zusammen. Trotzdem ist es keineswegs selbstverständlich, bei der Betrachtung des Sprachverstehens all diese Prozesse zu berücksichtigen (vgl. Rausch 2003). So wurde vielfach das rein sprachliche Entschlüsseln betrachtet, sodass Sprachverständnisstests auch nur rein sprachliche Verständnisleistungen überprüften, ohne dass außersprachliche Hinweise aus der Situation genutzt werden durften. Will man wissen, wie sich das Sprachverstehen entwickelt, scheint aber eine weitere Betrachtung hilfreicher (a. a. O.): Sprachliche, kommunikative und kognitive Fähigkeiten entwickeln sich nicht getrennt voneinander, sondern in enger Wechselwirkung miteinander.

Wie lernen Kinder, Sprache zu verstehen?

Aber wie erwerben Kinder die Kompetenzen, die sie zum Verstehen von Sprache benötigen? Sprachverständnis und Sprachproduktion entwickeln sich nicht immer gleichzeitig. Häufig geht das Sprachverstehen der Sprachproduktion voraus. Aber es kann auch sein, dass ein Kind Sprachstrukturen produziert, die es noch nicht versteht, weil es bestimmte Äußerungen einfach von den Erwachsenen übernommen hat. Gelegentlich kann man auch Kinder beobachten, die ganze Phrasen aus der Werbung zitieren und ganz offensichtlich keine Ahnung haben, was diese Worte bedeuten.

Auch für die Entwicklung des Sprachverständnisses bringen die Kinder optimale Fähigkeiten mit. Schon in den ersten Tagen nach der Geburt reagieren Säuglinge stärker auf Sprache als auf andere Geräusche. Über den Klang der Sprache erfahren sie viel über den Gemütszustand ihrer Bezugspersonen und über die Situation, in der gesprochen wird. Außerdem hilft ihnen die Prosodie, das Gehörte in Satzteile und Wörter aufzugliedern. Wie bereits erwähnt, kommen ihnen die Eltern dabei entgegen, indem sie auf eine besondere Art sprechen, die den Kindern hilft, diese Hinweise noch leichter zu nutzen.

Frederik, elf Monate alt, sitzt neben seiner Spielzeugkiste. Er holt eine kleine Glocke heraus und schüttelt sie, sodass sie klingelt. »Hast du die Glocke gefunden? Fein, da ist die Glocke. Ja genau, die Glocke macht ding ding.«

Frederik hat gerade Erfahrungen mit der Glocke gemacht. Er weiß, dass sie ein Geräusch macht, wenn man sie schüttelt. Ganz automatisch ist die Bezugsperson Frederiks Aufmerksamkeit gefolgt. Durch die Betonung und die Wiederholung hat er beste Möglichkeiten, das neue Wort mit seinem Wissen über den Gegenstand zu verbinden. Bei diesem sogenannten »Mappingprozess« (vgl. Kapitel 1.5) speichert Frederik zuerst noch unvollständiges Bedeutungswissen. So unterscheidet sich die Bedeutung, die ein Kind mit einem gehörten Wort verbindet, oft beträchtlich von der Erwachsenenbedeutung (Rausch 2003). Vorerst ist ja auch nur *diese* Glocke für Frederik interessant. Dass man auch das Läuten der Kirchturmuhr einer Glocke verdankt, begreift er erst allmählich.

Lynn, zehn Monate, liegt auf dem Wickeltisch. Die Mutter pustet gegen das Mobile, das darüber aufgehängt ist: »Guck mal, ich puste. Ui, jetzt fliegen die Zwerge. Noch einmal pusten?« »Oh, du pustest jetzt auch? Genau! Ganz feste pusten!«

Lynn kann in diesem Wechselspiel auf sogenannte »Sprachverständnisstrategien« zurückgreifen. Diese sind vergleichbar mit den »Grundannahmen« beim Wortschatzerwerb (vgl. Kapitel 1.5). Im letzten Viertel des ersten Lebensjahres können die Kinder drei wichtige Sprachverständnisstrategien nutzen (Rausch 2003):
- Guck dahin, wo die Mutter hinschaut.
- Handle mit den Gegenständen, die die Mutter zeigt.
- Imitiere Handlungen, die du beobachtest.

Auf dieser Basis kann Lynn genau das machen, was die Mutter erwartet, und nebenbei erste Hypothesen über das Wort »pusten« mit der Wortform zusammenbringen (»Mapping«) und im Lexikon abspeichern. Ein erstes Wortverständnis entwickeln die meisten Kinder also im letzten Viertel des ersten Lebensjahres.

Peter, 13 Monate alt, sitzt mit seinem Vater im Spielzimmer inmitten von Spielzeug. Der Vater fragt: »Wo ist der Ball?« Und Peter krabbelt durch das Zimmer zu einem großen roten Ball und kullert ihn in Richtung seines Vaters.

Sprachverstehen in der Situation

Peter hat sein Wortverständnis genutzt. Er tut, was man üblicherweise mit Bällen tut, und bestreitet damit diese Situation erfolgreich. In dieser Zeit verstehen die Kinder die Bedeutung eines Wortes noch sehr stark mithilfe des Kontextes. Der Frage »Möchtest du noch mehr trinken?« kann ein Kind natürlich besonders leicht eine Bedeutung zuordnen, wenn es gerade in seinem Kinderstuhl am Tisch sitzt und die Mutter den Trinkbecher schwenkt. Wenn die Mutter in der Küche steht, dem Kind einen Kochlöffel entgegenstreckt und sagt »Komm, hilf mir beim Kochen«, wird das Kind viel leichter verstehen, als wenn die Mutter den gleichen Satz während eines Spazierganges äußern würde. Außerdem helfen auch Mimik und Gestik beim Verstehen. Die meisten Eltern geben ganz automatisch Hinweise, wenn sie z. B. fragen »Wo ist der Ball?« und gleichzeitig in die entsprechende Richtung schauen oder zeigen. Der Situationszusammenhang, die Hinweise, die die Eltern geben und das Verstehen eines »Schlüsselwortes« (kochen, Ball, trinken) reichen aus, um völlig adäquat zu reagieren.

Das Sprachverstehen beinhaltet auf die Dauer aber natürlich nicht nur das Verstehen von einzelnen Wörtern. Mithilfe von »grammatischem Entschlüsseln« (vgl. Kapitel 1.2) können wir die Beziehung der Wörter untereinander entschlüsseln und größere Zusammenhänge verstehen. Wir bemühen hier noch einmal den Gruntel und den Knork aus Kapitel 1.9:

»Der Knork wurde vom Gruntel verzilcht.«

Wir wissen mithilfe unseres »syntaktischen Verstehens«, dass der Gruntel etwas mit dem Knork gemacht hat. Dafür müssen wir relativ unscheinbare sprachliche Muster entschlüsseln können, die sich sozusagen »zwischen« den Inhaltswörtern befinden (vgl. Rausch 2003), denn es heißt ja gerade nicht:

»Der Knork hat den Gruntel verzilcht.«

In der Entwicklung des Sprachverstehens scheint es so zu sein, dass die Kinder in ihrem Lexikon eine ausreichend große Anzahl an Inhaltswörtern gespeichert haben müssen, bevor sie ihre Aufmerksamkeit auf die unscheinbareren und schwerer wahrzunehmenden Funktionswörter »dazwischen« lenken können (a. a. O.).

Die Schlüsselwortstrategie wird von den meisten Kindern bis zum Alter von etwa 15 Monaten beibehalten. Ab diesem Alter beginnen die Kinder, verschiedene Bedeutungseinheiten zu verstehen und zueinander in Beziehung zu setzen (Hirsh-Pasek/Golinkoff 1991, zitiert in Rausch 2003). Da sie aber noch nicht über syntaktisches Verstehen die komplette Äußerung entschlüsseln können, orientieren sie sich an ihrem Wissen über die Welt und lassen sich von der »Wahrscheinlichkeit der Ereignisse« leiten. Der Satz »Der Hund beißt das Mädchen« bereitet also weniger Verständnisschwierigkeiten als der Satz: »Das Mädchen beißt den Hund.« Das Unsinnige solcher Äußerungen erkennen die Kinder oft gar nicht. Erst mit drei bis dreieinhalb Jahren machen sie durch Nachfragen oder Protest deutlich, dass ihnen Ungereimtheiten auffallen (»Hä, das Mädchen kann doch nicht den Hund beißen!«).

Passivsätze werden aber immer noch häufig falsch verstanden, vor allem dann, wenn sie unwahrscheinliche Sachverhalte beschreiben. »Die Mutter wird vom Jungen gewaschen« würde also noch häufig verstanden im Sinn von »Die Mutter wäscht den Jungen«, zumal es auch die Sprachverständnisstrategie gibt, nach der Reihenfolge vorzugehen und die erstgenannte Person als Handelnden zu identifizieren.

1.11 Zeit lassen – Die Sprechflüssigkeit

Beim normalen Sprechen produzieren wir pro Minute etwa 120 bis 150 Wörter. Auf der Basis der vorangegangenen Kapitel kann man sich ungefähr vorstellen, welche Leistung unser Gehirn dabei vollbringt: Die Gedanken müssen geordnet werden, Wörter aus dem Lexikon ausgesucht und nach den Regeln unserer Grammatik miteinander kombiniert und schließlich ausgesprochen werden – und zwar in kürzester Zeit. Die meisten Leute sprechen nach unserem Verständnis »flüssig«. Sie produzieren »flüssige Sprache«, weil sie kompetent in ihrer Sprache sind.

Wenn wir allerdings einmal darauf achten, werden wir bei uns selbst, bei Freunden und Bekannten immer wieder »unflüssige« Anteile beim Sprechen erkennen. Wir alle machen Pausen, die wir zum Teil mit »äh« oder »hm« füllen. Manchmal suchen wir nach Wörtern (»Der Dings, äh der Autoschlüssel«), wiederholen Wörter (»Ich war noch mal eben – eben schnell im Blumengeschäft«) oder Satzteile (»Es war super, wie er das gemacht hat – wie er das gemacht hat, als er für so viele Leute kochen musste«). Außerdem brechen wir manchmal Sätze ab: »Ich wollte noch eben ... ach könntest du, bitte ... ach, schon gut«). Wir alle sind also zu einem gewissen Anteil »unflüssige« Sprecher. Das Faszinierende ist, dass diese Unflüssigkeiten, obwohl sie bis zu 20 Prozent der Sprechzeit ausmachen können (vgl. Sandrieser/Schneider 2001), normalerweise weder den Sprecher noch den Zuhörer irritieren. Diese »normalen Unflüssigkeiten« werden auch als »funktionelle Unflüssigkeiten« bezeichnet (a. a. O.), weil sie eine Funktion haben. Sie signalisieren dem Gesprächspartner, dass der Sprecher seine Äußerung noch fortsetzen will und z. B. gerade etwas Zeit für die Sprachplanung benötigt.

Bei Kindern, die noch mitten in der Sprachentwicklung stecken und dabei all die Aufgaben meistern, die bereits erwähnt wurden, sollte es uns nicht verwundern, wenn »unflüssige« Anteile beim Sprechen häufiger vorkommen. Viele der Sprechunflüssigkeiten von Kindern lassen sich mit der noch nicht abgeschlossenen Sprachentwicklung erklären, z. B. weil der Wortabruf für ein Wort noch nicht so automatisch gelingt oder eine neu erlernte grammatische Regel beachtet werden muss (vgl. Hansen/Iven 2004).

Fabian berichtet von einem Ausflug ins Museum: »Am besten fand ich die äh – die früher gelebt haben – die Zeit – äh die Steinzeitmenschen.« Sarah erzählt von einem Theaterstück: »Und dann haben alle Kinder auf der Bank gesitz – äh gesessen.«

Im Laufe der kindlichen Entwicklung erhöht sich die Sprechgeschwindigkeit. Da viele Planungs- und Bewegungsabläufe beim Sprechen immer automatischer ablaufen, wird das Sprechen immer weniger anstrengend (vgl. Sandrieser/Schneider 2001). Es gibt auch Hinweise darauf, dass Kinder lernen, ihre Unflüssigkeiten immer mehr funktionell zu nutzen und sie damit in den Dienst des kontinuierlichen Sprechflusses und der Fortsetzung des Dialogs zu stellen. Es scheint sogar so zu sein, dass die Summe der Unflüssigkeiten während der Sprachentwicklung nicht abnimmt, aber die Unflüssigkeiten eben immer mehr zugunsten des Sprechers genutzt werden (a. a. O.).

Die »normalen« oder »funktionellen« Unflüssigkeiten unterscheiden sich deutlich vom Stottern. Zu den funktionellen Unflüssigkeiten gehören (vgl. a. a. O.):

- Wiederholungen von Wörtern (»Das war da, wo wo wo die ganz lange Rutsche ist.«)
- Wiederholungen von Satzteilen (»Da kam – da kam ein Zauberer in den Kindergarten.«)
- Pausen
- Gefüllte Pausen (äh, mmh)
- Satzabbrüche und Korrekturen (Sie zeigen an, dass der Sprecher seine Äußerung überarbeitet, z. B. im Hinblick auf den Inhalt oder die grammatikalische Struktur: »Ich habe gehört, dass ein junger Mann – dass ein Student sich für die Wohnung interessiert ...« »Als es passierte, hatte ich gerade – war ich gerade aufgestanden«).

Von diesen funktionellen Unflüssigkeiten lassen sich die «stottertypischen« oder »symptomatischen« Unflüssigkeiten unterscheiden. »Stottertypische« oder »symptomatische« Unflüssigkeiten passieren unfreiwillig. Sie sind oft mit einem Gefühl von Kontrollverlust oder Anstrengung, aber auch mit für den Zuhörer wahrnehmbarer Anspannung verbunden, während die normalen oder funktionellen Unflüssigkeiten ohne jede wahrnehmbare Anstrengung oder Anspannung auftreten. Während bei »stottertypischen« Unflüssigkeiten Laute, Silben oder Teilwörter wiederholt werden, werden bei funktionellen Unflüssigkeiten Wörter oder Satzteile wiederholt. Bei »funktionellen« oder »normalen« Unflüssigkeiten ist die wiederholte Einheit also größer. Stottertypische Unflüssigkeiten werden im vierten Kapitel ausführlich beschrieben.

1.12 Sprachliche Fähigkeiten gebrauchen – Die Pragmatik

Nina ist zwei Jahre alt. Sie bildet überwiegend Zweiwortäußerungen. Ihr Wortschatz ist noch relativ begrenzt. Obwohl sie noch Laute auslässt oder vertauscht, kann man sie meistens schon ganz gut verstehen. Nina setzt die Wörter, die ihr schon zur Verfügung stehen, häufig ein, auch wenn einmal ein Wort nur so ungefähr ausdrückt, was sie gerne mitteilen möchte. So hat sie neulich ihre Mutter mit der Äußerung »Buch Wofa« vor ein Rätsel gestellt. Die Mutter dachte, Nina wolle auf dem Sofa ein Bilderbuch lesen, aber als sie sie auf den Schoß nehmen wollte und ein Buch aus dem Regal holte, protestierte Nina heftig. Sie zog ihre Mutter an der Hand in die Küche, blieb vor dem Korb mit dem Altpapier stehen und wiederholte eindringlich: »Buch Wofa!« Nun hatte die Mutter eine Idee. Ihr fiel ein, dass Nina sich am Frühstückstisch lange mit dem Katalog eines Möbelhauses beschäftigt hatte. Sie zog den Katalog aus dem Stapel alter Zeitungen hervor und fragte: »Meinst du den Katalog?« Nina lächelte beglückt, ließ sich auf dem Küchenfußboden nieder und betrachtete eine ganze Weile versonnen den Katalog.

Obwohl Ninas sprachliche Fähigkeiten noch begrenzt sind, nutzt sie sie optimal aus. Wenn es Schwierigkeiten gibt, greift sie auf nicht-sprachliche Möglichkeiten zurück. Sie nimmt ihre Mutter bei der Hand, manchmal schaut sie auch nur in die Richtung des Gemeinten, zeigt auf etwas oder holt einen Gegenstand heran. Insbesondere ihre Hartnäckigkeit, das Missverständnis aufzuklären, ihre missverständliche Äußerung mithilfe aller ihr zur Verfügung stehenden Mittel zu »reparieren«, beeindruckt. Auf diese Weise meistert Nina Kommunikationssituationen, in denen sie mit ihren begrenzten sprachlichen Möglichkeiten sonst scheitern würde. Durch den Einsatz aller ihr zur Verfügung stehenden Mittel hat Nina nicht nur viele Erfolgserlebnisse, sie eröffnet sich selbst auch immer wieder Lernmöglichkeiten. Hier hat sie z.B. zum ersten Mal das neue Wort »Katalog« gehört. Nina ist also im Gebrauch ihrer sprachlichen Fähigkeiten sehr kompetent und dadurch kommunikativ erfolgreich.

Mit begrenzten sprachlichen Mitteln kommunikativ erfolgreich

Zum erfolgreichen Gebrauch sprachlicher Mittel gehört noch eine weitere Fähigkeit: Wir müssen bei unserer Sprachplanung berücksichtigen, in welcher Situation wir uns befinden. Bei einem Geschäftsessen drücken wir uns anders aus als bei einem Kneipenabend mit der besten Freundin, und wieder anders, wenn wir mit Kindern sprechen. Schon in Kapitel 1.1 hatten wir festgestellt, dass nicht nur Inhalte vom Sprecher gesendet und vom Zuhörer empfangen werden. Jede Nachricht enthält auch Informationen, die die Beziehung der beiden betrifft, z.B. darüber, was wir über den anderen denken, ob wir ihn schätzen, gerade von ihm genervt sind ... Diese Informationen werden vor allem durch die Art, wie wir sprechen, übermittelt. Wenn wir schimpfen, sprechen wir besonders laut, wenn wir genervt sind, vielleicht gedehnt. Außerdem verwenden wir je nach Situation für die gleiche Person ganz unterschiedliche Anreden.

Sprache situationsangemessen gebrauchen

Neben der Situation müssen wir aber auch die Frage berücksichtigen, welche Informationen unser Gegenüber bereits hat und welche ihm neu sind. Würden wir auch all das berichten, was unser Gesprächspartner schon weiß, würde er sich schrecklich langweilen. Würden wir Dinge voraussetzen, die er noch nicht weiß, bliebe das Gesagte unverständlich. Wir müssen also auf den »gemeinsamen Hintergrund« (vgl. Kapitel 1.1) zurückgreifen und diesen bei unserer Planung berücksichtigen.

Die Fähigkeit, bei der Sprachplanung Anlass und Gesprächspartner zu berücksichtigen, haben Zweijährige noch nicht erworben. Für sie ist selbstverständlich, dass der Kommunikationspartner das gleiche Wissen hat wie sie selbst. Wenn sie z.B. berichten: »Löwe uah!«, muss man sich die Information, dass sie am Vortag im Zoo waren, im Extremfall durch das Gespräch mit den Eltern beschaffen. Erst mit drei bis vier Jahren lernen sie allmählich, in ihren Erzählungen auch Hintergrundwissen zu liefern: »Gestern waren wir im Zoo. Da hat der Löwe gebrüllt.«

Auch sehr kleine Kinder können schon abwechselnd kommunizieren, sind dabei aber stark auf die Hilfe eines Erwachsenen angewiesen. Mit drei Jahren sind sie auch ohne diese Unterstützung in der Lage, ein Gespräch aufrechtzuerhalten. Ihre Äußerungen sind in diesem Alter durchgängig auf die vorausgegangenen Beiträge des Gesprächspartners bezogen (Rausch 2003).

1.13 Schnittstellen in der Sprachentwicklung

Die verschiedenen sprachlichen Ebenen stehen im Spracherwerb keinesfalls isoliert neben- oder hintereinander. Neuere Betrachtungsweisen nehmen vor allem die Schnittstellen zwischen den einzelnen Ebenen als relevant für den Spracherwerb an (vgl. Kölliker-Funk 2011). So spielt im ersten Lebensjahr die Schnittstelle zwischen Phonologie und Lexikon eine große Rolle, denn die Kinder hören Wörtern mit bestimmten phonologischen Eigenschaften intensiver zu und lernen sie dadurch auch schneller und nachhaltiger (a.a.O.). Außerdem ist im ersten Lebensjahr die Schnittstelle zwischen der Pragmatik, den sozial-kommunikativen Fähigkeiten, und dem Lexikon mit allen Aspekten von Wortbedeutung bedeutend, denn Kinder lernen ihre ersten Wörter in Interaktionen, die auf der frühen nonverbalen Kommunikation aufbauen.

Der nächste große Übergang findet sich zwischen dem Lexikon und der Grammatik (Modell nach Paul 1997, zitiert in Nonn 2011). Erstens ist eine gewisse Menge an Lexikoneinträgen erforderlich, bevor die Grammatikentwicklung in Gang kommt. Zweitens nutzen die Kinder ihr Wissen darüber, welche Beziehungen es zwischen einer Handlung und dem entsprechenden Handlungsträger gibt, um grammatische Funktionen zu erlernen.

1.14 Mehrsprachig aufwachsen

In Deutschland hat mittlerweile jedes dritte Kind unter sechs Jahren einen Migrationshintergrund (vgl. Tracy 2008). Das heißt, in Kindergärten sind Kinder, die eine zwei- und mehrsprachige Sprachentwicklung durchlaufen, inzwischen mehr die Regel als die Ausnahme. Um ihnen gerecht werden zu können, ist es wichtig, sich mit den Bedingungen, unter denen mehrsprachiger Spracherwerb stattfindet, auseinanderzusetzen.

Zuerst sollten wir überlegen, wer eigentlich als »mehrsprachig« bezeichnet werden sollte. Bei Scharff-Rethfeld (2005) finden sich mögliche Definitionen:

- »Das perfekte Erlernen einer Zweitsprache bei Erhalt der nativen Sprache, also eine muttersprachliche Kontrolle zweier Sprachen« (Bloomfield 1933, zitiert in Scharff-Rethfeld 2005, S. 6).
  Diese Definition wirft die Frage auf, was »perfekt« meint, und ob dieser Anspruch überhaupt einlösbar ist (vgl. Scharff-Rethfeld 2005).

- »Jemand ist mehrsprachig, wenn er sinnvolle Äußerungen in mehr als einer Sprache zustande bringen kann« (nach Mackey 1970, zitiert in Scharff-Rethfeld 2005, S. 6).
  Diese Definition ist wiederum so weit gefasst, dass danach die meisten Menschen mehrsprachig sein müssten.

Bei Tracy findet sich vielleicht ein Kompromiss:

- »Menschen dürfen als mehrsprachig gelten, wenn sie zwei (oder mehr) sprachliche Wissenssysteme soweit erworben haben, dass sie mit monolingualen (= einsprachigen) SprecherInnen in beiden Sprachen problemlos kommunizieren können« (2008, S. 51).

Was ist nach dieser Definition mit denen von uns, die sich mit ihrem Schulenglisch in Großbritannien oder in den USA ganz gut durchschlagen können? Sind wir trotzdem einsprachig? Gibt es überhaupt »Einsprachigkeit«? Wir alle verfügen doch über sprachliches Wissen aus anderen Sprachen und machen auch in unserem Alltag ständig Anleihen bei ihnen: Wir sprechen von »chillen«, »Feedback« und »download«, verabschieden uns mit einem flotten »hasta la vista«. Wir essen Gnocchi, Pizza Funghi und trinken Latte Macchiato. Auch unsere Fähigkeit, Dialekt *und* Hochdeutsch zu sprechen oder je nach Gesprächspartner einen unterschiedlichen Sprachstil zu verwenden, zeigt, dass wir leicht in der Lage sind, mit mehr als einer Sprache zurechtzukommen.

> Gibt es überhaupt »Einsprachigkeit«?

Deshalb wird auch der Begriff »Zweisprachigkeit« zunehmend durch den Begriff »Mehrsprachigkeit« ersetzt (vgl. Tracy 2008). Das liegt zum einen sicher daran, dass es viele Menschen gibt, die tatsächlich drei oder noch mehr Sprachen beherrschen. Zum anderen wird der Begriff »Mehrsprachigkeit« auch deshalb lieber verwendet, weil es bei genauer Betrachtung eben kaum einsprachige Menschen gibt und deshalb auch die sogenannten »zweisprachigen« eigentlich mehr als zwei Sprachen beherrschen. Je nach Definition kann eben auch das Beherrschen eines Dialektes und der entsprechenden »Hochsprache« als mehrsprachige Kompetenz gelten (vgl. Tracy 2008; Grimm/Schwalbach 2010). Wir sollten also festhalten, dass es die »reine« Einsprachigkeit nur in unserer Vorstellung gibt.

Stärkere / schwächere Sprache(n)

Die Definition von Tracy bezeichnet ausdrücklich auch alle jene als zweisprachig, bei denen eine Sprache stärker oder dominanter ist als die andere. Bei näherer Betrachtung ist es auch ganz logisch, dass sich beide Sprachen nie ganz parallel entwickeln.

Je nach Gebrauchsbedingungen kann es Bereiche des mentalen Lexikons geben, die in der einen Sprache differenzierter sind als in der anderen, z.B. Begriffe aus dem beruflichen Umfeld oder Wörter, die sich auf ein bestimmtes Hobby beziehen.

Georg arbeitet als Ingenieur in einer deutschen Firma. Seit der letzten Fusion ist die »Arbeitssprache« Englisch.
Carlos ist Spanier und arbeitet in einer deutschen Firma. Er hat einen großen internationalen Freundeskreis. Mit einigen spanisch- und englischsprachigen Freunden trifft er sich zum gemeinsamen Kochen.

Wen wundert es, wenn Georg viele Fachbegriffe aus seiner täglichen Arbeit vor allem auf Englisch kennt und sich in Carlos' mentalem Lexikon vor allem deutsche Wörter für die Themen seiner Arbeit befinden und englische und spanische Wörter für alles, was mit dem Kochen zu tun hat?

Oft wird mit dem Maß der Einsprachigkeit an mehrsprachige Sprecher herangegangen. Die konsequente Idee ist dann, dass zwei- oder mehrsprachige Sprecher in all ihren Sprachen gleich kompetent und natürlich möglichst perfekt sein sollten. Aber so wie bei Carlos ist es ganz normal: Wir lernen die Wörter für Einkauf und Arztbesuch im Allgemeinen in der Sprache des Landes, in dem wir leben. Die Wörter unseres beruflichen Arbeitsfeldes lernen wir in der Sprache, mit der wir unseren Beruf ausüben. Wörter zu politischen Themen kennen wir in der Sprache, in der wir Zeitung lesen oder Nachrichten anschauen.

Doppelter Erstspracherwerb

Wie erwerben nun Kinder zwei oder mehrere Sprachen gleichzeitig? Der Spracherwerb (= Erstspracherwerb) verläuft im Allgemeinen unbewusst (*implizit*). Die Kinder lernen grundlegende sprachliche Fähigkeiten, z.B. Kategorien des Lautsystems oder wichtige kommunikative Regeln schon sehr früh. Im weiteren Verlauf der Sprachentwicklung lernen sie ohne jede Anstrengung eine Unmenge an Wörtern, die Aussprache ihrer jeweiligen Muttersprache und die grammatischen Regeln, um Wörter zu Sätzen kombinieren zu können. Mittlerweile hat die Forschung eindeutig belegt, dass Kinder unter den gleichen Bedingungen ohne Schwierigkeiten auch zwei oder sogar mehr Sprachen lernen können (vgl. vor allem Tracy 2008).

Zwei Sprachen von Anfang an

Bei Kleinkindern, die von Beginn ihrer Sprachentwicklung an mit zwei Sprachen aufwachsen, spricht man von »doppeltem Erstspracherwerb«, »bilingualem Erstspracherwerb«, »simultaner Bilingualität« oder »simultanem Erstspracherwerb«.

Eltern können verschiedene Gründe dafür haben, ihre Kinder von Anfang an mit zwei (oder mehr) Sprachen aufwachsen zu lassen. Es kann z.B. sein, dass ein Elternteil oder beide aus einem anderen Land kommen und möchten, dass ihr Kind die Heimatsprache lernt. Es soll mit den »daheimgebliebenen« Familienmitgliedern kommunizieren können und die kulturellen und sprachlichen Wurzeln der Familie kennenlernen. Da die Eltern sich in der eigenen »Muttersprache« auch am wohlsten fühlen und am natürlichsten kommunizieren können, ist es ganz naheliegend, ihr Kind in dieser Sprache zu erziehen. Beim doppelten Erstspracherwerb können die Sprachen sich übrigens unterschiedlich schnell entwickeln. Das sprachliche Angebot ist ja meistens auch nicht völlig ausgewogen (Tracy 2008).

Dalia wächst mit den Sprachen Deutsch und Arabisch auf. Beide Eltern kommen aus Jordanien. Der Vater lebt seit seiner Grundschulzeit in Deutschland, bezeichnet Deutsch als seine stärkere Sprache und spricht mit seinen Kindern Deutsch. Die Mutter spricht mit den Kindern Arabisch. Bis zum Alter von drei Jahren hat Dalia fast nur Arabisch gesprochen. Seit sie im Kindergarten ist, spricht sie mehr Deutsch und antwortet auch der Mutter in der deutschen Sprache. Wenn sie in den Ferien einige Wochen in Jordanien verbringt, ist für diesen Zeitraum und die ersten Wochen danach wieder Arabisch ihre stärkere Sprache.

Regelungen zur Sprachentrennung

Jede Familie, in der es Mehrsprachigkeit gibt, hat eigene Wege für den sprachlichen Alltag gefunden. Hilfreich ist für mehrsprachig aufwachsende Kinder jede Regelung, die möglichst viel Klarheit bringt. Das können ganz unterschiedliche Lösungen sein (vgl. Tracy 2008; Grimm/Schwalbach 2010):

- Die Familiensprache ist nicht die Umgebungssprache. Das heißt, zu Hause wird die Herkunftssprache der Eltern gesprochen; in der Spielgruppe, mit Nachbarn und Freunden wird Deutsch gesprochen.
- Eine Person – eine Sprache: Jeder Elternteil spricht in einer anderen Sprache mit den Kindern, so wie in unserem Beispiel von Dalia. Die Eltern müssen nun allerdings noch Absprachen darüber treffen, in welcher Sprache sie miteinander sprechen! Dabei kann die Umgebungssprache von einem der Elternteile gesprochen werden, oder es handelt sich bei der Umgebungssprache um eine dritte Sprache.
- Beide Eltern sprechen beide Sprachen. Je nach Situation oder in bestimmten Zeiträumen wird einer Sprache der Vorzug gegeben (z. B. Werktagssprache/Wochenendsprache).
- »Der erste Satz bestimmt den Rest.« Das heißt, in einer Kommunikations- oder Gesprächssituation wird konsequent bei einer Sprache geblieben, und zwar bei derjenigen, in der der erste Satz gefallen ist.

So einfach, wie es hier aussieht, ist es aber in den seltensten Fällen. Meist ist das sprachliche System viel komplexer:

Bei Familienfesten wird in Dalias Familie ausschließlich Arabisch gesprochen, auch vom Vater, weil alle vier Großeltern ungern Deutsch sprechen.
Raffaeles Mutter ist Italienerin. Zu Hause spricht sie mit Raffaele Italienisch. Wenn deutschsprachige Freunde von Raffaele zu Besuch sind, spricht sie allerdings Deutsch.
Lotte und Thijs wachsen in Deutschland auf, beide Eltern sprechen mit ihnen Niederländisch. Untereinander verständigen sich Lotte und Thijs aber auf Deutsch.

Wichtig ist, dass Lösungen für eine »Sprachpolitik« gefunden werden, mit der alle gut leben können, und allen Betroffenen zuzugestehen, dass sie nicht in allen verwendeten Sprachen perfekt sein müssen (vgl. Tracy 2008). Kinder sollten in der Sprache sprechen dürfen, in der sie sich sicher und wohl fühlen und dabei die größtmögliche Unterstützung erhalten.

Mischen von Sprachen

Immer wieder ist zu beobachten, dass Kinder ihre Sprachen mischen. Das ist aber kein Zeichen dafür, dass sie die Sprachen nicht voneinander trennen können. Vielfach stellt das Wechseln in die andere Sprache eine wichtige Strategie der Kinder im Spracherwerbsprozess dar, z.B. wenn sie auf die andere Sprache zurückgreifen, weil ihnen ein Wort fehlt. Gleichzeitig nutzen sie die Struktur der weiterentwickelten Sprache als Einstieg in die entsprechende Struktur der zweiten Sprache (Chilla 2011). Im Gespräch oder Spiel mit anderen mehrsprachigen Kindern wird der Wechsel in die andere Sprache auch für stilistische Zwecke genutzt, z.B. um im Rollenspiel das Wechseln in eine andere Rolle anzuzeigen (vgl. Tracy 2003). Diese Fähigkeit steht möglicherweise im Zusammenhang damit, dass mehrsprachig aufwachsende Kinder früher als einsprachige Kinder Fähigkeiten der metasprachlichen Bewusstheit erwerben.

Jedenfalls ist den Kindern fast immer bewusst, in welcher Sprache sie sprechen, und sie tun das durchaus adressatenorientiert:

Valerie wächst zweisprachig französisch/deutsch auf. Nach einem Frankreich-Urlaub ist sie seit wenigen Tagen wieder im Kindergarten. Als sie draußen mit Wasser spielen will, fragt sie: »Darf ich mein *jupe* ausziehen?« Sie weiß, dass die Erzieherin ein paar Wörter Französisch versteht, guckt abwartend und gespannt und wiederholt dann: »Darf ich meinen Rock ausziehen?«

Mehrsprachige Sprecher können oft fließend von einer Sprache zur anderen wechseln, z.B. weil ein bestimmter Sachverhalt sich leichter in der einen Sprache ausdrücken lässt. Tracy (2008) hat festgestellt, dass die Möglichkeit des Sprachwechsels sogar zu flüssigerem Sprechen führt, sodass weniger Verzögerungen durch »äh« und »mmh« vorkommen. Das Mischen von Sprachen kann auch Stilmittel sein, wenn damit z.B. eine Gruppenzugehörigkeit ausgedrückt wird (Grimm/Schwalbach 2010; Tracy 2008), wie bei vielen deutsch-türkischen Jugendlichen.

Das »Wissen«, dass es sich um zwei verschiedene Sprachen handelt

Kinder, die mehrere Sprachen lernen, »wissen«, dass sie es mit verschiedenen sprachlichen Systemen zu tun haben. Woher kommt dieses Wissen? Diese Kinder müssen z.B. im Worterwerb schon ganz früh damit klarkommen, dass die Annahme »neues Wort, neues Objekt« (vgl. Kapitel 1.5) immer wieder verletzt wird, denn sie erleben ständig, dass das gleiche Ding als »Tisch« und »table«, »mesa« oder »masa« bezeichnet wird. Auf diese Weise können sie früh erkennen, dass in ihrer Umgebung zwei oder mehrere Sprachen gesprochen werden, und genau das führt wahrscheinlich dazu, dass sie früher über metasprachliche Bewusstheit verfügen als einsprachig aufwachsende Kinder (vgl. Tracy 2008).

Spätestens ab »Meilenstein II« der Grammatikentwicklung, also sobald die Kinder anfangen, Wörter zu kombinieren, müssen sie die Sprachen unterscheiden und unterschiedliche grammatische Systeme aufbauen. Kinder, die mit Deutsch und Englisch aufwachsen, zeigen, dass sie »wissen«, dass sie es mit zwei unterschiedlichen Systemen zu tun haben. Denn sie verwenden schon früh die Verben in den für die jeweilige Sprache charakteristischen Positionen (a.a.O.). Schon im Alter von zwei bis drei Jahren können die Kinder in aller Regel die Sprachen je nach Kontext und Gesprächspartner angemessen verwenden (vgl. Grimm/ Schwalbach 2010).

> Kinder können ohne Probleme zwei oder sogar mehr Sprachen gleichzeitig erwerben. Sie werden dadurch nicht überfordert.

Natürlich verändern sich die betroffenen Sprachen durch den Kontakt mit der anderen Sprache auch. Das Türkisch, das Kinder von Einwanderern sprechen, die selbst in Deutschland geboren wurden, unterscheidet sich von dem Türkisch, das in der Türkei gesprochen wird. Aber auch das Deutsch, das von ehemaligen Auswanderern in Amerika gesprochen wird, unterscheidet sich von dem Deutsch, das bei uns gesprochen wird.

Einflussfaktoren auf den Erwerb mehrerer Sprachen

Wie kompetent mehrsprachig aufwachsende Kinder sich in ihren jeweiligen Sprachen ausdrücken können, hängt vor allem von ihrer Lebensgeschichte und ihrer Lebenssituation ab. Für den Erhalt der neben dem Deutschen gesprochenen Sprache spielen vor allem Umgebungsfaktoren eine Rolle:

- Status der Sprache(n): Die in Deutschland neben dem Deutschen gesprochenen Sprachen genießen ganz unterschiedliches Prestige. Während z.B. Englisch als nützlich und für die schulische und berufliche Laufbahn förderlich gilt, genießen andere Sprachen wie Polnisch oder Kurdisch wenig Wertschätzung. Im Extremfall führt das dazu, dass Eltern, die Minderheitensprachen sprechen, versuchen, mit ihren Kindern Deutsch zu sprechen, in der Annahme, den Kindern dadurch bessere schulische Möglichkeiten zu eröffnen. Die Kinder erhalten dadurch insgesamt wenig oder manchmal ungünstigen sprachlichen Input und werden verunsichert im Hinblick auf ihre sprachliche und kulturelle Identität (vgl. Tracy 2008).
- Gebrauchswert der jeweiligen Sprache: In Deutschland gibt es z.B. viele türkische Zeitungen, Radiosender und Fernsehprogramme. Den Gebrauchswert der Sprache beeinflusst auch die Größe der eingewanderten Gruppe und dadurch die Möglichkeit, die Sprache mit Freunden, Nachbarn usw. zu sprechen. Wenn es Großeltern gibt, die sich mit viel Zeit und Freude in der Herkunftssprache mit den Enkeln unterhalten, ist das ein sehr positiver Faktor für den Erhalt einer Herkunftssprache (a.a.O.).

Zweitspracherwerb

Unter »Zweitspracherwerb« oder »sukzessiver Zweisprachigkeit« versteht man, dass die zweite Sprache gelernt wird, wenn die Strukturen der ersten Sprache schon gefestigt sind. Die Abgrenzung zwischen doppeltem Erstspracherwerb und sukzessiver Zweisprachigkeit ist jedoch nicht einfach. Was bedeutet es, dass die Strukturen in der Erstsprache »gefestigt« sein sollen? Bisher kann diese Frage aufgrund der Forschungslage noch nicht beantwortet werden (a. a. O.).

Mit der Frage nach der Abgrenzung von doppeltem Erstspracherwerb und sukzessiver Zweisprachigkeit ist auch die Frage verbunden, wie jung ein Kind beim Kontakt mit der zweiten Sprache sein muss, damit sich seine sprachlichen Fähigkeiten so entwickeln, dass das Ergebnis dem Erstspracherwerb möglichst nahekommt (a. a. O.).

Möglicherweise ist die Antwort auf diese Frage nicht für alle Ebenen des sprachlichen Wissens gleich: Während es mit zunehmendem Alter schwieriger wird, die rhythmischen und prosodischen Eigenschaften sowie die Aussprache einer neuen Sprache zu erlernen, ist Wortwissen wahrscheinlich auch in höherem Alter noch gut zu erwerben (a. a. O.). Aber auch hier ist der Forschungsstand noch unbefriedigend.

Weil der Zeitpunkt des Erwerbsbeginns der zweiten Sprache eine so große Rolle spielt, unterscheiden Wintruff et al. (2011) drei Gruppen (vgl. auch Chilla 2011):

- Kinder, die in den ersten drei Lebensjahren beginnen, die zweite Sprache zu erwerben (Simultane Bilingualität)
- Kinder, die im Alter zwischen drei und fünf Jahren beginnen, die zweite Sprache zu erwerben (Früh-sukzessive Bilingualität)
- Kinder, die im Alter zwischen fünf und zehn Jahren beginnen, die zweite Sprache zu erwerben (Kindlicher Zweitspracherwerb).

Natürlicher und gesteuerter Zweitspracherwerb

Es gibt eine weitere Unterscheidung, nämlich die zwischen »natürlichem Zweitspracherwerb« und »gesteuertem Zweitspracherwerb«. Während im natürlichen Zweitspracherwerb das implizite Lernen, das auch den Erstspracherwerb auszeichnet, die größte Rolle spielt, findet der »gesteuerte Zweitspracherwerb« im Rahmen von Unterricht und Kursen statt und beinhaltet demzufolge vor allem explizites Lernen. Natürlich lässt sich auch diese Zweiteilung nur bedingt aufrechterhalten. An unseren Schulen gibt es neben dem expliziten Fremdsprachenunterricht mehr und mehr bilinguale Modelle, bei denen der Fachunterricht in einer zweiten Sprache stattfindet. Hier vermischen sich gesteuerter und natürlicher Zweitspracherwerb auf eine für das Lernen sehr günstige Weise (Tracy 2008).

Der Zweitspracherwerb im Kindergarten findet zunächst einmal unter natürlichen Bedingungen statt. In der Interaktion mit Erwachsenen und anderen Kindern und beim alltäglichen Tun gibt es vielfältige Kommunikations- und Lernmöglichkeiten. Dieses implizite Lernen sollte aber immer wieder auch unterstützt werden durch explizites Lernen. Das kann geschehen durch sprachliche Aufgaben wie das Diktieren einer eigenen Geschichte, die dann aufgeschrieben wird, oder durch Lob für bestimmte sprachliche Leistungen. Auch das Sprechen *über* Sprache(n) stellt eine explizite Form des (mehrsprachigen) Spracherwerbs dar: Wer spricht welche Sprache? Wie begrüßt man sich in welcher Sprache? Explizites Lernen geschieht bewusst. Mehrsprachige Kinder brauchen auf die Dauer ein Bewusstsein für Sprache, aber auch für das, was sie können. Explizites Lernen ist also wichtig für das Selbstbewusstsein (»Das kann ich schon«, »Das habe ich schon gelernt«), aber auch, um zu lernen, wie man über eigenes Wissen nachdenkt, wie man sich neues Wissen verschafft, wie man über Gedanken und Gefühle reflektiert.

Gibt es Auffälligkeiten beim Erwerb von Deutsch als Zweitsprache?

Wie verläuft der Spracherwerb, wenn ein Kind eine zweite Sprache lernt, nachdem es bereits eine Sprache beherrscht? Der »Lautfilter« (vgl. Kapitel 1.6) ist auf eine Sprache zugeschnitten und muss nun wieder erweitert werden. Andererseits kann beim Erwerb des Wortschatzes auf schon vorhandenes Bedeutungswissen in der Erstsprache zurückgegriffen werden.

Auch die kommunikative Funktion der Sprache ist den Zweitsprachlernern in aller Regel durch viel Erfahrung vertraut. Daraus folgt, dass das Beherrschen der Erstsprache eine wichtige Basis für das Lernen der Zweitsprache darstellt und auch für die kognitive und kommunikative Entwicklung von großer Bedeutung ist (vgl. Grimm/Schwalbach 2010).

> Die Fähigkeiten in der Erstsprache sind eine wichtige Basis für das Lernen der zweiten Sprache

Wie erwerben Zweitsprachlerner die Grammatik? Bei erwachsenen »Deutsch-als-Zweitsprache«-Lernern erweisen sich bestimmte grammatische Phänomene als relativ häufig (Tracy 2008). Insbesondere die Satzklammer scheint ein schwer zu knackendes Phänomen zu sein. Die rechte Seite der Satzklammer bleibt leer, auch Verben des Nebensatzes stehen nicht in der Endposition. Das Verb steht häufig an dritter statt an zweiter Stelle, und es finden sich falsche Flexionsformen (»Er lange haben gewartet«) (a.a.O.). Tracy weist aber immer wieder darauf hin, dass die Frage, ob das flektierte Verb sich weiter rechts oder links im Satz befindet, keinerlei Einfluss auf die Kommunikationsfähigkeit und erst recht nicht auf das Maß an Integration hat!

Bei Erwachsenen, die Deutsch als zweite (oder dritte) Sprache lernen, gibt es außerdem ein als »Fossilierung« (Tracy 2008; Grimm/Schwalbach 2010) bekanntes Phänomen: Damit ist eine Art Entwicklungsstillstand gemeint, bei dem sich bestimmte sprachliche Gewohnheiten festigen, wie z.B. die Verbdrittstellung oder die Verwendung von Verben im Infinitiv: »Ich gestern sagen zu die Frau …«

Auf der Grundlage dieser Befunde von Erwachsenen stellt sich die spannende Frage, wie der *frühe* Zweitsprach-Erwerb des Deutschen aussieht. Tracy (2008) hat in einer Langzeitstudie mit acht Kindern Folgendes festgestellt: Kinder, die in einem Alter von drei bis vier Jahren Deutsch als zweite Sprache lernen, haben anders als erwachsene Lerner kaum Probleme, sich die Verbflexion und die Stellung der Verben anzueignen. Innerhalb des ersten Jahres, in dem sie Kontakt mit der deutschen Sprache haben, erwerben die meisten von ihnen die Satzklammer (»Ich hab das genehmt«) und eignen sich die Verbflexion in ähnlichen Schritten an wie Kinder, die Deutsch als Erstsprache erwerben. Fehler wie sie Erwachsene, die Deutsch als Zweitsprache lernen, typischerweise machen, wie z.B. die Verbdrittstellung (»Dann ich muss hier was wegmache«) (Beispiel aus Tracy 2008), finden sich nur vereinzelt.

Frühe Zweitsprachlerner haben also mit der deutschen Verbsyntax und Verbflexion kaum Probleme. Schwierigkeiten bereiten ihnen eher die Aneignung des deutschen Wortschatzes und »grammatische Feinheiten« wie

- Kasus (»die Fälle«): »... ist auf den Tisch«
- Genus (»das grammatische Geschlecht« – »der«, »die« »das« oder »ein«, »eine«): »Ich hole mein Tasche«, »die Junge«
- Numerus (Einzahl, Mehrzahl): »viele Stiften«
- Unregelmäßige Verbformen: »genehmt«, »geesst« (vgl. Tracy 2008).

Besonders bei den unregelmäßigen Formen kann man wie auch bei den einsprachigen Kindern erkennen, dass mehrsprachige Kinder versuchen, Regeln abzuleiten. Und auch hier gilt wieder:

> Wenn wir dieses Bemühen um das Ableiten sprachlicher Regeln erkennen, statt auf die Fehler zu achten, können wir die Leistungen der Kinder viel mehr würdigen und vielleicht auch mehr Vertrauen in ihre Fähigkeiten gewinnen.

Strategien

Wie auch schon bei der einsprachigen Entwicklung (vgl. Kapitel 1.3) gibt es unterschiedliche Erwerbsstrategien auch beim Zweitspracherwerb. Auch hier werden Strategien angewendet, die darauf abzielen, das Lexikon zu vervollständigen und Wortbausteine zu erwerben sowie eher ganzheitliche Strategien, die mehr darauf angelegt sind, Phrasen zu erwerben, die möglichst kommunikationstauglich sind.

Layla wächst mit Deutsch und Arabisch auf. Während zunächst das Arabische (die Sprache ihrer Mutter) die stärkere Sprache war, lernt sie seit Beginn des Kindergartens sehr schnell deutsche Ausdrücke. Alle Ausdrücke, die kommunikativ sinnvoll für sie sind, verwendet sie häufig, z.B. ein fragendes »Okay«, ein »Warte« und das Wort »Aua«. Als der Reißverschluss ihrer Jacke klemmt, ruft sie: »Warte!« »Aua, meine Jacke!«

Kinder, die nicht zu Beginn des Kindergartens, sondern erst im Grundschulalter mit der deutschen Sprache in Kontakt kommen (»Kindlicher Zweitspracherwerb«), zeigen weniger klar die typischen »Meilensteine« des Erstspracherwerbs (vgl. Kapitel 1.8). Sie haben schon einen Erwerbsverlauf, der dem erwachsener Deutschlerner ähnelt, obwohl ihnen das Erlernen der deutschen Sprache in den meisten Fällen leichter fällt als den erwachsenen Lernern (Tracy 2008).

> Für die Sprachförderung heißt das natürlich zunächst einmal: Je früher, desto besser! Kinder, die mit drei oder vier Jahren Deutsch als zweite Sprache lernen, können im Bereich der Syntax anscheinend noch auf die gleichen Erwerbsmechanismen zurückgreifen, die sie im Erstspracherwerb so erfolgreich machen.

Und wie im Erstspracherwerb gilt wieder: Erfolgreiche Kommunikation ist *der* Motor für weiteres sprachliches Lernen. Wenn die Kinder merken, dass sie mit ihren (vielleicht fehlerhaften oder bruchstückhaften) deutschen Äußerungen in Kontakt kommen, wenn sie über Sprache Einfluss auf ihre Umgebung nehmen können, wenn sie aufmerksame und verständnisvolle Zuhörer finden, werden sie bestmöglich motiviert für das weitere Erlernen der deutschen Sprache (1976, zitiert in Grimm/Schwalbach 2010) schlägt folgende soziale Strategien für einen erfolgreichen Zweitspracherwerb vor:

- »Geh in die Gruppe und verhalte dich so, als ob du alles verstündest, selbst, wenn es nicht stimmt.
- Erwecke mit wenigen Wendungen den Eindruck, dass du die Sprache schon sprechen kannst.
- Zähl auf die Hilfe deiner Freunde.
- Nimm an, dass das, was die Leute sagen, unmittelbar relevant für die Situation ist.
- Bezieh dich auf einige Äußerungen und fang einfach an zu sprechen.
- Pass auf wiederkehrende Teile von Formeln auf, die du schon kennst.
- Mach das Beste aus dem, was du schon hast.
- Arbeite zuerst an den großen Dingen und heb die Details für später auf.«

Stille Phasen
Sowohl bei Kindern, die von Beginn an mit mehreren Sprachen aufwachsen, als auch bei Kindern, die sukzessive die zweite Sprache lernen, kann es zu sogenannten »stillen Phasen« in einer Sprache kommen.

Trai hat bisher mit seiner Mutter Vietnamesisch und mit seinem Vater Deutsch gesprochen. Inzwischen ist er seit zwei Jahren im Kindergarten und hat viele deutsche Freunde. Inzwischen spricht er auch seine Mutter ausschließlich auf Deutsch an. Trai weiß, dass seine Mutter Deutsch versteht, denn der Vater spricht auch Deutsch mit ihr. Trais Mutter ist traurig, dass er nicht mehr Vietnamesisch spricht. Sie möchte, dass er die Kultur ihrer Heimat kennt und sich in ihrem Land verständigen kann.

Wichtig ist, dass Trais Mutter sich darüber im Klaren ist, dass seine Weigerung, Vietnamesisch zu sprechen, sie kränkt. Wenn sie von ihm fordert, Vietnamesisch zu sprechen, wird sie mit ziemlicher Sicherheit das Gegenteil erreichen. Sie selbst sollte weiter in ihrer Muttersprache sprechen, aber ihren Sohn nicht drängen. Vielleicht kann sie durch Kontakte zu anderen vietnamesischen Familien die Entwicklung dieser Sprache unterstützen (Grimm/Schwalbach 2010).

Auch im Zweitspracherwerb kann es zu »stillen Phasen« kommen. Kinder, die erst in der Kindertagesstätte anfangen, Deutsch zu lernen, sind oft lange sehr ruhig. Manche brauchen einfach viel Zeit, um erst einmal Sprache aufzunehmen (a. a. O.), manche sind auch »schrecklich perfektionistisch (...) (und) schweigen möglicherweise zunächst ziemlich lange und sprechen erst, wenn sie schon recht komplexe Sätze zustande bringen« (Tracy 2008, S. 171).

»Stille Phasen« aushalten

Kinder, die Deutsch lernen sollen und sehr wenig sprechen, sind für Erzieherinnen natürlich eine Herausforderung. Aber: Es macht überhaupt keinen Sinn, die Kinder zum Sprechen aufzufordern. Sie brauchen viel Zuwendung und Verständnis, ein gutes Sprachangebot und die Sicherheit, dass auch der kleinste Kommunikationsversuch – und sei er zunächst auf non-verbalem Weg – positiv beantwortet wird.

Für die Erzieherinnen kann es im Übrigen sehr entlastend sein, wenn sie von den Eltern erfahren, dass das Kind in der Erstsprache eine regelrechte »Quasselstrippe« ist. Deshalb sollten die Fähigkeiten in der Erstsprache immer möglichst genau erfragt werden.

Fähigkeiten in der Erstsprache

Ganz entscheidend für den Erfolg beim Erlernen der deutschen Sprache sind die Fähigkeiten in der Muttersprache. Das Wissen über Konzepte, die die Wortbedeutung ausmachen, viele Kommunikationsregeln, Mimik und Gestik, die die Sprache unterstützen, können beim Erwerb der zweiten Sprache helfen. Auch bei der Entwicklung der geistigen Fähigkeiten spielt die Kompetenz in der Erstsprache eine Rolle. Viele Konzepte, die unser Denken bestimmen, lassen sich erst mithilfe von Sprache strukturieren und im Gedächtnis speichern. Wenn es schon ein gut strukturiertes und differenziertes mentales Lexikon (vgl. Kapitel 1.5) in der Erstsprache gibt, können die neuen Wörter der Zweitsprache wunderbar an dieses Wissen angeknüpft werden.

Auch deshalb ist die Wertschätzung der Erstsprache(n) so wichtig. Wenn die Kinder mit ihren Erstsprachen im Kindergarten nichts anfangen können, ist es auch schwierig für sie, das Wissen zu nutzen, das daran geknüpft ist. Können die Kinder auf Bücher, Musik usw. in ihrer Erstsprache zurückgreifen, gelingt es ihnen leichter, die neuen Wörter, die sie hören, an schon vorhandene Begriffsnetze anzuknüpfen (Grimm/Schwalbach 2010).

Insgesamt ist nicht zu vergessen, dass mit dem Erwerb der deutschen Sprache auch kulturelles Lernen verbunden ist bzw. umgekehrt der weitere Erwerb und die Festigung der Erstsprache auch dem Erhalt der kulturellen Identität dienen. Dabei sollte allen an der Sprachförderung Beteiligten klar sein, dass es im Hinblick auf Bedeutungsnuancen und kommunikative Gepflogenheiten durchaus große kulturelle Unterschiede geben kann. Die Kinder haben sozusagen »ein Zuhause« in ihrer Erstsprache, und sie zu hören, kann ihnen ein Gefühl von Vertrautheit und Heimat geben.

Für Erzieherinnen ist es deshalb wichtig zu wissen, welche Erstsprache(n) die Kinder überhaupt mitbringen. So spricht ein Kind, dessen Familie aus der Türkei kommt, vielleicht gar nicht Türkisch, sondern Kurdisch (a.a.O.). Wichtig ist außerdem, die biografischen Besonderheiten von Kindern und Familien behutsam zu erfragen. Migrationshintergründe können auch Erlebnisse von Armut, Krieg oder sonstiger Not im Herkunftsland sein. Außerdem sind oder waren mit dem Aufbruch in ein neues Land sicherlich viele Hoffnungen verbunden, die möglicherweise Enttäuschungen nach sich gezogen haben (a.a.O.).

Mehrsprachigkeit wird mittlerweile überwiegend als Chance und als Ressource für den Einzelnen und für die Gesellschaft betrachtet. Wenn Mehrsprachigkeit von den Kindern als frustrierend oder bedrückend erlebt wird, liegt das vor allem an äußeren Bedingungen wie zu wenig Kontakt zu einer der relevanten Sprachen, unklarer Spracherziehung in der Familie, dem geringen Status von einer der betroffenen Sprachen oder an Entmutigung durch das Umfeld. Manchmal werden z.B. nur die Deutschkenntnisse der betroffenen Kinder gesehen und mit denen Einsprachiger verglichen (vgl. Reich/Roth 2002).

Eine positive mehrsprachige Entwicklung wird gefördert durch Kontakte mit den Sprachen, die emotional positiv für das Kind sind. Wenn Kindergarten und Schule eine positive Einstellung zur Muttersprache und zur Mehrsprachigkeit vermitteln, kann das Kind eine Wertschätzung seiner Sprache und seiner Kultur erleben. Es kann Stolz darauf entwickeln, mehrere Sprachen zu beherrschen und in unterschiedlichen Kulturen zu Hause zu sein. Dieses Selbstbewusstsein hilft ihm dann wiederum, sich in allen seinen Sprachen in Kommunikationssituationen zu wagen und dadurch immer weiter zu lernen. Wir können den Kindern am besten dabei helfen, indem wir ihnen vermitteln, dass wir ihre Mehrsprachigkeit nicht als Problem sehen, sondern als Reichtum und ihre Leistung, mehrere Sprachen zu erwerben, würdigen.

Mehrsprachigkeit und Intelligenz

In den 1950er und 1970er Jahren gab es die Behauptung, Mehrsprachigkeit würde die kognitive Entwicklung beeinträchtigen. Es stellte sich aber heraus, dass diese Behauptung auf einer Fehlinterpretation der Daten beruhte, weil man soziale Unterschiede nicht ausreichend berücksichtigt hatte (vgl. Grimm/Schwalbach 2010). Inzwischen geht man eher davon aus, dass Mehrsprachigkeit die kognitive Entwicklung durchaus positiv beeinflusst, insbesondere durch die früh vorhandene metasprachliche Bewusstheit (Tracy 2008).

Mehrsprachigkeit und Sprachentwicklungsstörungen

Obwohl Sprachentwicklungsstörungen erst in Kapitel 4 genauer beleuchtet werden, soll es an dieser Stelle schon einen wichtigen Vorgriff geben: Mittlerweile hat die Forschung eindeutig gezeigt, dass Mehrsprachigkeit nie die Ursache für Sprachentwicklungsstörungen ist. Mehrsprachige Kinder sind von Sprachentwicklungsstörungen nicht häufiger, allerdings auch nicht seltener betroffen als einsprachig aufwachsende Kinder (vgl. Scharff-Rethfeld 2005). »Spezifische Sprachentwicklungsstörungen« zeigen sich bei mehrsprachigen Kindern in beiden (allen) Sprachen (Tracy 2008). Deshalb ist es so wichtig, die Eltern detailliert nach den sprachlichen Fähigkeiten in der Herkunftssprache zu fragen. Gibt es auch hier Schwierigkeiten, sollte unbedingt eine Diagnostik bei einer Logopädin oder Sprachtherapeutin erfolgen.

Sprachentwicklung und kindliche Gesamtentwicklung

2

In diesem Kapitel erfahren Sie:
- mit welchen anderen Entwicklungsbereichen der Spracherwerb zusammenhängt
- wie die kognitive Entwicklung verläuft
- wie Kinder ihre kommunikativen Fähigkeiten weiterentwickeln
- welche Rolle die Blickrichtung im Spracherwerb spielt
- welche Rolle der sprachliche Input spielt.

Die Sprachentwicklung ist ein Teil der kindlichen Gesamtentwicklung. Die Kinder bringen zum einen genetische Voraussetzungen für die Sprachentwicklung mit. Mit diesen sind sie bestens für die Verarbeitung sprachlicher Strukturen gerüstet. Zum anderen wirken bei der Sprachentwicklung äußere Faktoren mit. Genetische Dispositionen und Umweltfaktoren beeinflussen sich im Spracherwerb in ständiger Wechselwirkung. Gleichzeitig steht die Sprachentwicklung in Zusammenhang mit anderen Bereichen der kindlichen Entwicklung, besonders mit der sozialen und geistigen (= kognitiven) Entwicklung.

Genetische Voraussetzungen und äußere Faktoren passen perfekt zusammen

Der »Sprachbaum« ist eine schöne Metapher für das Zusammenwirken der verschiedenen Faktoren und Entwicklungsbereiche. Zu den Wurzeln gehören die Hirnreifung, die geistige Entwicklung, also das zunehmende Denkvermögen und das Wissen des Kindes über die Welt, und schließlich die sozial-emotionale Entwicklung, die Fähigkeit, mit anderen in Kontakt zu treten. Weitere Wurzeln liegen in der Wahrnehmung, in der Motorik und in den lautlichen Vorläufern der Sprache, dem Schreien und Lallen.

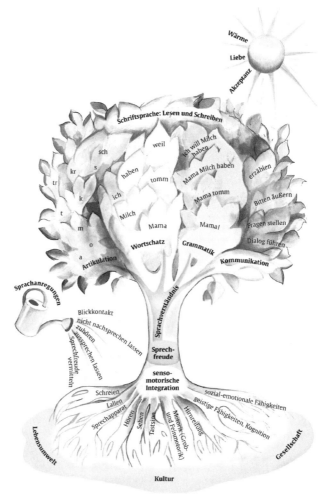

»Sprachbaum« aus: Wolfgang Wendlandt, Sprachstörungen im Kindesalter (5. Auflage)
© 2006 by Georg Thieme Verlag. Stuttgart.

Die Informationen aus allen Wurzeln müssen zusammenfließen, sodass das Kind eine sichere Vorstellung von sich selbst und von seiner Umwelt aufbauen kann. Die Fähigkeit, Informationen aus verschiedenen Bereichen zusammenfließen zu lassen, nennt man »sensorische Integration« oder »sensomotorische Integration«.

Wie alle Bilder hat auch die Metapher »Sprachbaum« ihre Grenzen. So darf der Zusammenhang zwischen Sprachentwicklung und anderen Entwicklungsbereichen keinesfalls als Einbahnstraße betrachtet werden! Die geistige Entwicklung und die sozial-emotionale Entwicklung sind nicht nur »Wurzeln« für die Sprachentwicklung, sondern sie sind selbst in ganz entscheidendem Maße von der Sprachentwicklung abhängig.

2.1 Mit allen Sinnen – Die Wahrnehmung

Wir können mit verschiedenen Sinnen Reize aufnehmen und verarbeiten. Seh- und Hörsinn werden als »Fernsinne« bezeichnet. Mit ihrer Hilfe sind wir in der Lage, Informationen über eine gewisse räumliche Distanz aufzunehmen. Alle anderen Sinne werden »Nahsinne« genannt. Obwohl die Nahsinne uns ständig mit Informationen versorgen, bleibt der größte Teil dieser Informationen unbewusst.

Das Hören

Der Hörsinn ist der Sinn, der am unmittelbarsten mit der Sprache zusammenhängt. Wie funktioniert das Hören? Schallwellen treffen von außen auf das Ohr. Das Trommelfell am Ende des Gehörganges überträgt die Schwingungen auf die Gehörknöchelchen im luftgefüllten Mittelohr. Die Gehörknöchelchen, eine Kette von winzigen Knochen, die miteinander in Verbindung stehen, leiten die Schallwellen weiter ans »ovale Fenster«. Das ovale Fenster ist eine Membran am Übergang vom Mittelohr zum Innenohr. Während das Mittelohr mit Luft gefüllt ist, ist das Innenohr flüssigkeitshaltig. Am ovalen Fenster werden die Schallwellen auf die Flüssigkeit in der sogenannten »Hörschnecke« übertragen. Je nach Frequenz werden an unterschiedlichen Stellen der Hörschnecke die sogenannten »Haarzellen« gereizt. Hier werden die Schallwellen in Nervenimpulse umgesetzt und auf den Hörnerv übertragen. Der Hörnerv leitet die Reize weiter ans Gehirn, wo sie dann entsprechend verarbeitet werden müssen.

Der Hörsinn funktioniert bereits im Mutterleib. Mehr als zwei Monate vor der Geburt reagieren Kinder auf akustische Reize mit Bewegung der Augenlider (vgl. Wilkening/Krist 1995). Am Ende der Schwangerschaft reagieren sie auf Geräusche oft so stark, dass die Mutter die Bewegungen wahrnehmen kann.

Schon bald nach der Geburt erkennen Babys die Stimme der Mutter (Rauh 1995). Mit etwa drei Monaten können sie ihren Kopf in Richtung einer Schallquelle wenden. Etwa ab dem sechsten/siebten Lebensmonat beginnen sie, Geräusche nachzuahmen und Freude am Erzeugen von Geräuschen zu entwickeln. Zunehmend registrieren sie auch leise Geräusche, wie das Ticken einer Uhr. Hörstörungen sind für den Spracherwerb besonders folgenschwer. Sie werden im vierten Kapitel ausführlich dargestellt.

Das Sehen

Mit den Augen können Kinder ihre Umwelt erkunden und Kontakt zu Personen aufnehmen. Anhand der Blickrichtung können sie mit ihren Bezugspersonen gemeinsame Aufmerksamkeit herstellen. Sie erkennen, welchen Gesichtsausdruck ihr Kommunikationspartner zeigt und nutzen diesen beim Verstehen. Außerdem können sie beobachten, wie sich der Mund ihrer Bezugspersonen beim Sprechen bewegt.

Erste Seherfahrungen machen Kinder bereits vor der Geburt. Trotzdem ist das Sehen bei der Geburt der unreifste Sinn. Nur in einer Entfernung von etwa 20 Zentimetern können Babys scharf sehen. Da diese Entfernung ungefähr der Entfernung zwischen Kind und Bezugsperson beim Füttern entspricht, können sie trotzdem die wichtigen Sozialkontakte herstellen.

In den ersten Lebensmonaten lernen Babys zu fixieren und einem bewegten Gegenstand mit den Augen zu folgen. Dazu benötigen sie die Nahsinne, z.B. um den Kopf und die Augen stabil zu halten. Sie müssen also ständig Informationen verschiedener Sinnesbereiche zueinander in Beziehung setzen. Als Erwachsene können wir das automatisch und ganz ohne Mühe.

Der vier Monate alte Kai liegt in seinem Kinderwagen. Über ihm baumelt eine Kette mit Holzperlen. Zum ersten Mal streckt Kai seine Hände in Richtung des Spielzeugs aus. Nach einigen Versuchen bekommt er die Kette sogar zu fassen. Kai kann seine Handmotorik mit dem Sehen koordinieren.

Der taktile Sinn oder Hautsinn

Das taktile System verarbeitet nicht nur Berührungsreize, sondern auch Temperatur- und Schmerzreize. Die Sinneszellen des taktilen Systems befinden sich in der Oberfläche der Haut. Das taktile System ist das Sinnessystem, das am frühesten in der Lage ist, Reize von außen aufzunehmen, wahrscheinlich schon vor dem Ende des zweiten Schwangerschaftsmonates (Flehmig 1996). Nach der Geburt müssen Babys wesentlich mehr und intensivere taktile Reize verarbeiten. Ein Neugeborenes zeigt deutlich mit seiner Mimik, welche taktilen Reize ihm angenehm und welche ihm unangenehm sind.

Tim ist acht Monate alt. Seit er krabbeln kann, findet er ständig neue Dinge. Seine Eltern haben das Gefühl, ihn kaum aus den Augen lassen zu können, denn Tim steckt alles in den Mund. Auf diese Weise lernt Tim die Beschaffenheit verschiedenster Dinge kennen: Die Taschentücher sind weich und fusselig, die CDs sind glatt, die Kabel sind glatt und dünn. Weil sich im Mundraum extrem viele Sinneszellen finden, erfährt Tim beim In-den-Mund-nehmen sehr viel über einen Gegenstand. Außerdem übt er die Koordination zwischen seinen Händen und dem Mund.

Die vielen Rezeptoren im Mundinnenraum ermöglichen uns, auch feinste Bewegungen auszuführen, um die unterschiedlichen Laute zu bilden. Um ein »sssss« zu bilden, muss sich die Zungenspitze z. B. ganz leicht hinter die Schneidezähne legen. Der Kontakt darf nicht zu fest sein, damit der Luftstrom noch über die Zungenspitze fließen kann. Fast jeder kennt das Gefühl, wenn er vom Zahnarzt kommt und die Wirkung der Betäubung noch nicht nachgelassen hat. Das taktile System im Mundbereich ist ausgeschaltet und schon wird das Sprechen undeutlich.

Aber nicht nur für die Artikulation, auch für die Entwicklung des Wortschatzes ist das taktile System wichtig. Wenn ein Kind einen neuen »Begriff« lernt, muss es zunächst das neue Ding be-greifen, also auch Informationen über die taktile Beschaffenheit sammeln. Die Substantive »Fell«, »Schmirgelpapier«, »Seide« und die Adjektive »weich«, »hart«, »glatt«, »rau« verbinden wir mit einer taktilen Empfindung. Diese gehört zum Bedeutungswissen, das mit diesen Wörtern verknüpft ist.

Auch im Kontakt zu anderen spielt der taktile Sinn oder Hautsinn eine wichtige Rolle. Die Haut ist das Organ, das Babys als Erstes die Nähe zu anderen Personen vermittelt. Deshalb hat die Haut eine ganz enge Verbindung zum emotionalen Erleben.

Der Stellungs- und Spannungssinn – Die Tiefensensibilität

Die Rezeptoren für die Tiefensensibilität befinden sich in den Muskeln, Sehnen und Gelenken. Obwohl es uns in aller Regel nicht bewusst wird, empfängt unser Gehirn dauernd Informationen darüber, ob die Muskeln entspannt oder angespannt sind, in welchem Winkel die Gelenke stehen und ob irgendwo Druck oder Zug ausgeübt wird. Die Tiefensensibilität bildet also die Grundlage für das Wissen über den eigenen Körper und die Ausrichtung des eigenen Körpers. Nach der Geburt nehmen Babys zum ersten Mal die Einwirkung der Schwerkraft wahr. Mit den Informationen, die sie bei jeder Bewegung erhalten, entwickeln sie allmählich eine immer genauere Vorstellung von sich selbst. Unser Gehirn wird dauernd mit Informationen der Tiefensensibilität versorgt. Je öfter wir eine Bewegung machen, desto weniger sind wir bei dieser Bewegung auf die Kontrolle durch die Augen angewiesen. Eine Treppe, die wir schon hundertmal hochgestiegen sind, können wir deshalb leicht auch im Dunkeln bewältigen.

Das Gleichgewichtssystem oder vestibuläre System

Das Gleichgewichtsorgan liegt im Innenohr. Es dient der Wahrnehmung der Lage im Raum, es registriert Beschleunigung, Verlangsamung, Vibration und Drehreize. Diese Informationen werden zur Tonusregulation, also zur Regulation der Muskelspannung, sowie zur Regelung der Körperstellung, der Gleichgewichtsreaktionen und der Blickstabilisierung genutzt.

Nach der Geburt werden die meisten Babys gerne getragen oder geschaukelt. Auch größere Kinder lieben es, ihr Gleichgewichtsorgan zu stimulieren. Sie schaukeln, wippen, rollen und springen mit großer Freude.

Wenn Kinder eine sichere Vorstellung von sich selbst haben, wenn sie über eine zuverlässige Wahrnehmung im Bereich der Tiefensensibilität und des Gleichgewichtes verfügen, können sie sich sicher im Raum bewegen. Sie können neugierig und mutig die Welt entdecken und müssen nicht befürchten, irgendwo »anzuecken«. Sie können spielen, ohne befürchten zu müssen, dass dauernd ein Spielzeug kaputt geht. Weil sie viele Bewegungen irgendwann automatisch beherrschen, haben sie ausreichend Kapazität, um sich mit der Funktion der Dinge zu beschäftigen, um sich mit anderen Personen auseinanderzusetzen und um immer mehr über die Welt und über die Sprache zu lernen.

Der Geruchs- und Geschmackssinn

Mithilfe der Geschmackszellen auf der Zunge können wir die vier Geschmacksrichtungen süß, salzig, sauer und bitter unterscheiden. Der Geruchssinn ist viel differenzierter. Wir können eine Unmenge verschiedener Gerüche wahrnehmen und im Gedächtnis speichern. So können uns Gerüche an bestimmte Erlebnisse oder Personen erinnern. Geruchs- und Geschmackssinn sind zum Zeitpunkt der Geburt voll funktionsfähig. Ein Neugeborenes ist schon in der Lage, die eigene Mutter am Geruch zu erkennen.

Die Integration der Sinne

Alle Aspekte der Wahrnehmung werden zum Gesamtbild zusammengefügt

Das Kind muss alle Aspekte der Wahrnehmung zu einem Gesamtbild von sich selbst und von seiner Umwelt zusammenfügen. Es muss die Reize nicht nur mit den verschiedenen Sinnesorganen aufnehmen, sondern auch im Gehirn verarbeiten. Dazu muss ständig zwischen wichtigen und unwichtigen Reizen unterschieden und die Verarbeitung unwichtiger Reize gehemmt werden. Ohne diese Hemmung wäre das Gehirn mit einer Riesenmenge an Informationen dauernd überfordert. Die relevanten Informationen müssen schließlich ausgewertet und mit schon vorhandenen Informationen in Beziehung gesetzt werden. Zum Schluss müssen sie abgespeichert werden, sodass sie im Gedächtnis verfügbar sind.

2.2 Die Entwicklung der Motorik

Die Grobmotorik

Die folgenden Altersangaben sollten als grobe Orientierung dienen (orientierende Altersangaben finden sich auch bei Flehmig 1996 und Wendlandt 2011). Mit etwa vier bis sechs Monaten drehen sich die meisten Babys vom Rücken auf den Bauch und wieder zurück. Zwischen sieben und neun Monaten lernen sie, alleine zu sitzen. Ab dem siebten Monat bewegen sich viele Kinder fort, indem sie auf dem Bauch robben. Etwas später lernen sie das Krabbeln auf Knien und Händen. Das Krabbeln stellt einen wichtigen Entwicklungsschritt dar. Durch den vergrößerten Aktionsradius eröffnen sich den Kindern nun eine Menge neuer Lernmöglichkeiten, die eine wichtige Grundlage auch für sprachliches Lernen bilden.

Zwischen acht und elf Monaten beginnen die meisten Kinder sich zum Stehen hochzuziehen und laufen an Möbeln entlang. Zwischen zwölf und 16 Monaten beginnen sie frei zu stehen und zu laufen. Im zweiten Lebensjahr lernen sie Treppen zu steigen, rückwärts zu gehen, sich zu bücken und aufzurichten. Im dritten Lebensjahr lernen sie auf einem Bein zu stehen, auf der Stelle zu hüpfen, auf einer Leiter nach oben zu klettern oder Dreirad zu fahren.

Viele Bewegungsabläufe gelingen uns, wenn wir sie oft genug gemacht haben, automatisch. Wenn wir gehen, sind uns die einzelnen Schritte nicht bewusst. Bewegungen, die automatisiert sind, benötigen weniger Kapazität unseres Nervensystems, weniger Aufmerksamkeit und weniger Konzentration.

Die Feinmotorik

Neugeborene können über den Greifreflex schon unmittelbar nach der Geburt greifen. Erst mit vier bis fünf Monaten, wenn sie Bewegungen der Hände mit dem Sehen koordinieren können, lernen die Babys gezielt zu greifen. Dadurch rücken die Gegenstände mehr in den Aufmerksamkeitsfokus. Sie machen wichtige Erfahrungen im Umgang mit den Dingen und lernen viel über deren Beschaffenheit. Da sie es nun auch schaffen, die Hände mit einem Gegenstand zum Mund zu führen, können sie auch den Mundbereich als Tastorgan nutzen. Mit etwa 18 Monaten können viele Kinder selbstständig aus einer Tasse trinken, mit dem Löffel essen, sie können eingepackte Gegenstände auspacken, Gegenstände ein- und ausräumen und eine ganze Zeit konzentriert spielen. Das ist eine Voraussetzung dafür, dass sie viel über die Dinge und Gegenstände lernen, und ist damit wichtig z.B. für das Lexikon, aber auch für Symbol- und Rollenspiel.

Dinge be-greifen

Die Mundmotorik

Neugeborene haben Reflexe, die ihnen bei der Nahrungsaufnahme helfen (Suchreflex, Saugreflex, Schluckreflex). Einige dieser Reflexe bauen sich allmählich ab. Die Babys können jetzt aktiv Bewegungen mit dem Mund ausprobieren. Diese Fähigkeit brauchen sie besonders dann, wenn mit etwa einem halben Jahr die zweite »Lallphase« beginnt und sie alle Laute wieder und wieder ausprobieren.

2.3 Das Wissen über sich selbst und die Welt – Die kognitive oder geistige Entwicklung

Sehr eng verbunden mit der sprachlichen Entwicklung ist die geistige oder kognitive Entwicklung. Beide Entwicklungsbereiche beeinflussen und fördern sich gegenseitig.

Was bedeutet »kognitiv«? »Kognition (lat. »cognoscere« = erkennen, erfahren, kennenlernen) ist die von einem verhaltenssteuernden System ausgeführte Informationsumgestaltung. (…) Oft ist mit ›Kognition‹ das Denken in einem umfassenden Sinne gemeint. (…) Zu den kognitiven Fähigkeiten eines Menschen zählen zum

Beispiel die Aufmerksamkeit, die Erinnerung, das Lernen, die Kreativität, das Planen, die Orientierung, (…), der Wille, das Glauben und einige mehr« (Quelle: Wikipedia).

Unsere kognitive Leistungsfähigkeit erscheint uns manchmal unerschöpflich, oft genug erkennen wir aber auch ihre natürlichen Grenzen (vgl. a. a. O.):

- Beim **Wahrnehmen** werden die Informationen gefiltert und verändert, sodass nur ein Bruchteil davon ins Bewusstsein gelangt.
- Beim **Denken** werden in unserem Arbeitsgedächtnis Informationen verändert und umstrukturiert. Das Arbeitsgedächtnis hat jedoch eine sehr kleine Kapazität.
- Beim **Lernen** werden Informationen im Langzeitgedächtnis gespeichert. Diese Informationen werden dann häufig durch Erwartungen oder nachfolgende Informationen verändert.
- Beim **Erinnern** kann es passieren, dass wir Informationen, die eigentlich in unserem Langzeitgedächtnis vorhanden sind, nicht wieder finden.

Außerdem beeinflussen Motivation und Konzentration ständig unsere kognitive Leistungsfähigkeit. Bei all unseren kognitiven Leistungen spielt Sprache eine entscheidende Rolle. Sprache ist entscheidend, um Wissen zu speichern, um Wissen abzurufen und um Wissen weiterzugeben (vgl. Szagun 2010).

Schon im ersten Lebensjahr entwickeln Kinder wichtige geistige Fähigkeiten, die sie auch im Spracherwerb brauchen. Sie lernen, Dinge wiederzuerkennen, sich an Dinge zu erinnern, ähnliche Dinge zu unterscheiden, Kategorien zu bilden und Verhalten, das sie bei anderen sehen, nachzuahmen. Die Nachahmung (= Imitation) ist besonders zu Beginn des Spracherwerbs eine wichtige Lernstrategie. Die Nachahmung von Lalllauten und Mundbewegungen ist bereits ab dem Alter von sechs bis acht Monaten möglich.

Frederik liegt auf dem Wickeltisch. Die Mutter lenkt sein Interesse auf sich selbst, indem sie die Augenbrauen hochzieht und den Mund öffnet. Anschließend beginnt sie, ihren Sohn zu kitzeln. Erstaunt stellt sie fest, dass beim zweiten Durchgang auch Frederik seine Augenbrauen hochzieht.

Am Ende des ersten Lebensjahres lernen die Kinder, dass ein Gegenstand auch dann noch existiert, wenn sie ihn nicht mehr sehen können. Sie entwickeln die sogenannte »Objektpermanenz«. Versteck- und Kuckuckspiele sind in dieser Zeit für die Kinder besonders faszinierend, weil sie dabei ihre neue Erkenntnis, dass Personen und Dinge weiter existieren, auch wenn sie kurze Zeit nicht zu sehen sind, immer wieder überprüfen und festigen können. Gleichzeitig beginnen sie, die gerade erlernten ersten Wörter auch zu benutzen, um auf die Abwesenheit eines Gegenstandes oder einer Person zu reagieren.

Jan spielt mit einem kleinen Ball. Als der Ball unter das Regal rollt, zieht Jan fragend die Schultern hoch: »Ball?«

Für einen ganz kleinen Moment kann Jans Sprache räumliche Grenzen überwinden. Der Ball befindet sich noch in seinen Gedanken, auch wenn er ihn nicht mehr sieht. Das Wort »Ball« hilft ihm in dieser Situation, den unsichtbaren Ball »präsent« zu machen.

Unsere Kommunikation ist in ganz entscheidendem Maße auf einen »gemeinsamen Hintergrund« ausgerichtet (Tomasello 2009). Wenn ein Partner den anderen fragt »Hat es geklappt?«, dann bezieht er sich auf einen Sachverhalt, den beide kennen und von dem beide wissen, dass auch der andere ihn kennt. Der gemeinsame Hintergrund kann sich auf unmittelbar Wahrnehmbares beziehen, auf vorausgegangene gemeinsame Erlebnisse, auf ein gemeinsames Ziel oder auch auf kulturelles Wissen. Je mehr zwischen den Kommunikationspartnern als geteiltes Wissen vorausgesetzt wird, umso weniger muss offen ausgedrückt werden.

Kinder müssen deshalb in aller Regel nicht erklärt bekommen, was ein Satz oder ein Wort bedeutet. Sie lernen den Sinn einer Äußerung, weil sie den Sinn in dem Zusammenhang oder in der Situation erkennen (vgl. Szagun 2010). Der frühe Spracherwerb von Kindern findet überwiegend innerhalb von alltäglichen gemeinsamen Aktionen statt, z.B. beim Essen im Kinderstuhl, beim Windelnwechseln, wenn ein Turm aus Bauklötzen gebaut wird, wenn ein Ball hin und her gerollt wird, beim Baden, beim Aufräumen usw. Bei diesen Tätigkeiten, die immer wiederkehren, ist der »gemeinsame Hintergrund«, also das Ziel der Handlung oder das, worum es geht, allen Beteiligten klar. Die Kinder lernen dadurch allmählich, an der Handlung mitzuwirken und mit anderen gemeinsame Ziele auszubilden. Das ermöglicht ihnen dann zu verstehen, was die andere Person tut und sagt (vgl. Tomasello 2009; Szagun 2010).

Wenn Kinder im Alter von etwa einem Jahr ihre ersten Wörter sprechen, haben sie bereits eine Verbindung zwischen dem Wort und seiner Bedeutung hergestellt. Dann müssen sie Hypothesen darüber bilden, welche Dinge zu einer mit einem Wort bezeichneten Kategorie gehören (vgl. Kapitel 1.5).

Bedeutungen erschließen vor dem »gemeinsamen Hintergrund«

Erik, 14 Monate alt, steht vor seiner großen Spielkiste und räumt einen Gegenstand nach dem anderen aus. Schließlich holt er eine kleine Glocke, die an einem Band befestigt ist, aus der Kiste. Er schüttelt die Glocke, dass sie klingelt, hält kurz inne und schüttelt dann noch einmal. Er legt die Glocke sehr vorsichtig zur Seite und holt weitere Dinge aus der Spielkiste: eine Spieluhr, ein Auto, einen kleinen Teddy. Keines dieser Dinge fesselt seine Aufmerksamkeit. Dann holt er eine zweite Glocke aus der Kiste. Auch die lässt er wie die Dinge zuvor achtlos fallen. Dabei ertönt ein Klingeln. Sofort hält Erik inne. Er schüttelt die Glocke, sodass sie wieder klingelt. Dann hebt er die erste Glocke hoch und klingelt nun mit beiden Glocken abwechselnd. Das macht er sehr ausdauernd, so als müsse er sich immer wieder davon überzeugen, dass diese beiden Dinge ähnlich oder gleich sind. Dann stellt er die beiden Glocken auf den Boden. Eine der Glocken hat einen festen Stiel, der natürlich aufrecht bleibt. Die andere Glocke hat ein Band, das immer wieder umkippt. Erik betrachtet das Band, richtet es wieder auf und nimmt dann noch einmal die andere Glocke in die Hand …

Erik hat begriffen, dass beide Glocken zu einer Kategorie gehören. Sie haben ein sehr ähnliches Aussehen, aber vor allem die gleiche Funktion. Gleichzeitig hat er schon festgestellt, dass es Unterschiede bei Glocken gibt. Erik hat bereits ein Konzept »Glocke« entwickelt. Er hat viel über Glocken gelernt und dieses Wissen kann er für den Eintrag in seinem mentalen Lexikon nutzen, wenn ihn beim nächsten Auspacken der Spielkiste die Mutter beobachtet und sagt: »Ui, hast du die Glocke gefunden?«

Wenn wir Wörter zur Verfügung haben, wird es leichter die Welt zu verstehen, weil wir unser Wissen in Begriffssysteme einordnen können. Wörter helfen uns auch dabei, unser Wissen ökonomisch zu organisieren. Denn Wörter und Begriffe sind hierarchisch organisiert. Wir können auch unter Oberbegriffen oder Schlagwörtern »nachschlagen« und – z.B. mit dem Wort »Tiere« – zunächst unser gesamtes allgemeines Wissen über Tiere aktivieren, um dann in weiteren Schritten unter »Zootieren« und schließlich »Löwe« ganz spezielles Wissen abzurufen. Das Tolle an der hierarchischen Ordnung ist, dass mit dem Wort Löwe als Objekt der Klasse Zootiere und Teil der Klasse Tiere gleichzeitig alle Eigenschaften und Informationen verbunden sind, die sich auf alle Zootiere oder Tiere beziehen.

Im zweiten Lebensjahr beschäftigen sich die Kinder mit der Funktion von Dingen. Sie wissen, wozu Gegenstände da sind. Sie führen einen Telefonhörer in die Nähe des Ohres oder blättern in einem Buch oder in einer Zeitung. Wenn sie eine gewisse Routine im Umgang mit den Alltagsgegenständen entwickelt haben, können sie sich mehr auf das Resultat ihrer Handlungen konzentrieren. Sie sehen, dass beim Malen ein Strich entsteht und beim Ausleeren aus einer vollen Flasche eine leere Flasche wird (Zollinger 1995). So entdecken sie, dass sie mit ihrem Handeln die Welt verändern können.

Mit etwa zwei Jahren fangen viele Kinder an, ihr Wissen und ihren Wortschatz aktiv durch Fragen zu erweitern. Meist geht es zunächst um Namen von Dingen oder Personen (»Is das?«). Mit der Zeit werden die Fragen dann immer konkreter. Die Fragepronomen »wann«, »wo«, »wer« und schließlich »warum« tauchen auf. Diese Phase ist für die Bezugspersonen oft anstrengend, weil der Wissensdurst der Kinder überhaupt kein Ende zu nehmen scheint. Für die Sprachentwicklung geschieht nun etwas ganz Wichtiges: Die Kinder entdecken, dass ihnen Sprache helfen kann, die Welt zu verstehen. Dabei geht es oft gar nicht in erster Linie darum, Tatsachen in Erfahrung zu bringen. Sie beschäftigen sich mit den vielen neuen Dingen, die sie täglich entdecken, und wünschen sich aufmerksame und anregende Gesprächspartner, die an ihren Gedanken und Ideen teilnehmen.

Die Mutter der dreijährigen Johanna ist etwas angestrengt. Manchmal kommt sie bei der Beantwortung der vielen Fragen ihrer Tochter selbst ins Stottern. Neulich hat sie sich z.B. eine Erklärung dafür zusammengereimt, warum der Backofen heiß ist. Johanna war mit der Erklärung wohl nicht ganz zufrieden, denn sie stellte die gleiche Frage noch sieben Mal! Beim letzten Mal riss der Mutter der Geduldsfaden. Sie fragte einfach zurück: »Was meinst du denn, warum er heiß

Fragen über Fragen *(margin note)*

ist?« Johanna antwortete prompt: »Weil der Auflauf dann heiß wird.« Die Mutter nickte zerstreut. Erstaunlicherweise war Johanna nun völlig zufrieden. Sie machte es sich am Küchentisch gemütlich, schien vor sich hin zu träumen und sagte schließlich entschieden: »Aber Eis ist kalt.«

Im Umgang mit einem dreijährigen Kind muss man also kein wandelndes Lexikon sein. Komplizierte physikalische oder technische Erklärungen sind meist nicht das, was die Kinder brauchen. Oft überfordern sie ein dreijähriges Kind sogar. Es versteht zwar die Erklärung, es ist aber noch nicht in der Lage, die komplizierten Sachverhalte mit seinen eigenen sprachlichen Möglichkeiten auszudrücken. Oft müssen Kinder neues Wissen mit ihren eigenen Worten formulieren, um wirklich darüber verfügen zu können. Gelingt ihnen das nicht, können sie auch keine Ordnung in die vielen neuen Informationen bringen. Erst allmählich lernen sie, sich mithilfe von Sprache Gedankenwelten aufzubauen, die sich vom Hier und Jetzt lösen können.

Dreijährige haben deshalb auch noch große Schwierigkeiten, wenn sie berichten wollen, was sie am Wochenende erlebt haben. Ihnen fällt der Austausch über etwas, das sie gerade gebaut haben und das vor ihnen auf dem Tisch liegt, viel leichter. Oft ist es deshalb schwierig, den Erzählungen eines Dreijährigen zu folgen, wie hier bei Mia:

Mia: »… der Affe hat eine Banane dedessen.«
Was hat sie erlebt? Hat sie einen Ausflug in den Zoo gemacht? Ein neues Buch angeguckt? Oder eine Tierdokumentation im Fernsehen gesehen?

Dreijährige haben noch wenige Vorstellungen davon, dass ihr Gesprächspartner nicht die gleichen Kenntnisse der Situation hat wie sie selbst. Einleitende Sätze wie »Gestern waren wir im Zoo, da hat der Affe …« fehlen in der Regel. Für die Zuhörerin ist es dann erst einmal schwierig, sich ein eigenes inneres Bild zu einer kindlichen Erzählung zu schaffen.

Manchmal helfen einfühlsame Fragen. Manchmal ist es auch hilfreich, kurz von einem eigenen Erlebnis zu berichten: »Ich war schon mal im Zoo, da war auch ein Affe …« Wenn Mia merkt, dass wirkliches Interesse an ihren Erlebnissen besteht, wird sie vielleicht zusätzliche Informationen liefern. Es gibt aber auch Zwei- und Dreijährige, die an diesem Punkt das Gespräch lieber beenden und sich dem aktuellen Spielgeschehen zuwenden. Für sie ist es unglaublich anstrengend, rein sprachlich auf Erlebtes zurückzugreifen. In solchen Momenten ist es sicherlich nicht sinnvoll, sie weiter zum Sprechen zu drängen. Eine kurze Antwort, die Mias Äußerung würdigt und ihr Interesse signalisiert, kann das Gespräch zu einem »erfolgreichen« Abschluss bringen: »Die Banane hat dem Affen bestimmt gut geschmeckt.«

Es gibt aber auch Situationen, in denen Kinder Fragen über Fragen stellen. Manchmal gewinnt man den Eindruck, dass es ihnen dabei gar nicht um Informationsbeschaffung, sondern um die pure Freude am Aufrechterhalten des Gespräches geht. Die Möglichkeit, ein immer weiter fragendes Kind nach seinen eigenen Erklärungen zu fragen, so wie es Johannas Mutter in unserem Beispiel gemacht hat, ist deshalb manchmal gar nicht so schlecht. Das Kind hat sich möglicherweise schon seine eigenen Gedanken gemacht und freut sich, wenn es diese äußern darf. Manchmal entstehen auch im Gespräch Antworten, die für das Kind befriedigend sind.

Je älter Kinder werden, desto wichtiger wird es für sie, über ihre Erlebnisse auch zu sprechen. Vierjährigen gelingt es meist schon viel häufiger, dem Gesprächspartner die für das Verstehen wichtigen Informationen zu liefern. Um zu berücksichtigen, was der andere bereits weiß und was nicht, müssen sie kurz die »Perspektive« wechseln und sich in den Gesprächspartner hineinversetzen:

Die Perspektive wechseln

»Gestern war ich im Schwimmbad. Ich bin gerutscht und das Wasser war gar nicht kalt.«

Gleichzeitig lernen sie, dass andere Kinder andere Gefühle, Wünsche und Vorstellungen haben können als sie selbst. Sie lernen, die Perspektive zu wechseln, sich in andere hineinzuversetzen und eigene Pläne auch einmal zurückzustellen. Konflikte können sie gelegentlich schon mithilfe von Sprache lösen. Dabei brauchen sie Vorbilder und manchmal auch Unterstützung.

Mit vier Jahren wollen viele Kinder auch Pläne machen. Bisher haben sie ihren Handlungen oft im Nachhinein eine Bedeutung gegeben, z.B. etwas spontan gemalt und dann als Dinosaurier benannt. Jetzt können sie zuerst überlegen, dass sie ein Raumschiff bauen wollen und dann Pläne für die Umsetzung machen.

Im Verlauf der Kindergartenzeit wird Sprache immer wichtiger für die Kinder. Sie entwickeln Interesse am Planen, Fragen, Erklären, Hypothesen bilden und sie schaffen sich Vorstellungswelten mithilfe von Sprache:

»Was wäre, wenn hier im Boden ein Riss wäre und da kämen Tiere raus?«

Manchmal bleiben sie bei ihren Rollenspielen auch komplett bei der Sprache und müssen gar nicht mehr handeln:

Drei Kinder sitzen auf Stühlen in der Puppenecke: »Du wärst der Vater und du wärst bei der Arbeit. Und dann würdest du nach Hause kommen. Dann würdest du mit dem Hund rausgehen.« »Ja, und dann wär der Hund weggelaufen.«

Diese Kinder steigen vielleicht irgendwann wieder in ein aktives Rollenspiel ein, aber für den Moment reicht es ihnen völlig aus, ihre Spielwelt sprachlich zu konstruieren.

2.4 Mit anderen in Kontakt treten – Die sozial-kommunikative Entwicklung

Kommunikation ist entscheidend dafür, dass wir mit anderen in Kontakt treten, dass wir Beziehungen eingehen und gestalten können. Die Fähigkeit zum sozialen Kontakt lernen Babys schon früh in den Beziehungen zu ihren Mitmenschen.

Mit etwa vier bis sechs Monaten lächeln Babys gezielt. Das Lächeln entsteht jetzt nicht mehr zufällig, sondern hat eine wichtige Rolle im Austausch mit den Bezugspersonen. Über das Lächeln werden die Erwachsenen motiviert, mit dem Baby zu kommunizieren. Ganz automatisch stellen sie sich dabei genau auf die Fähigkeiten des Babys ein. Sie verwenden dabei eine besondere Sprache und benutzen viel Gestik und Mimik. Wenn die Babys ihrerseits Töne von sich geben, nehmen die Eltern diese auf wie eine inhaltsreiche Botschaft und übersetzen sie mit eigenen Worten:

> Eltern reagieren auf das »Brabbeln« wie auf eine inhaltsreiche Botschaft

»Ja, du bist jetzt ganz sauer, weil du Hunger hast. Gleich bekommst du etwas.«

Die Babys lernen dadurch, dass Äußerungen kommunikative »Brücken« zwischen Menschen bauen, dass Äußerungen sich auf Gegenstände oder Ereignisse beziehen und es beim Sprechen ein stetiges Abwechseln gibt (vgl. Jampert et al. 2009, S. 102).

Im Laufe des ersten Lebensjahres wird durch die Fortschritte in der motorischen Entwicklung eine immer größere Selbstständigkeit möglich (vgl. Zollinger 1995). Die Kinder können nun Nähe und Distanz zu den Personen selbst regulieren. Sie haben bereits erfahren, dass Menschen und Dinge weiterexistieren, auch wenn sie nicht zu sehen sind. Sie beginnen deshalb, die Anwesenheit der Bezugsperson zu kontrollieren. Sie »fremdeln«.

Etwa zur gleichen Zeit können die meisten Kinder einfache kommunikative Gesten einsetzen, z.B. Nicken und Kopfschütteln, Zeigegesten oder »winke-winke« als Abschiedsritual. Wenn sie diese Gesten benutzen und dabei erfahren, wie zuverlässig die Bezugspersonen auf diese Zeichen reagieren, lernen sie schon ganz viel über die Macht, die sprachliche Zeichen haben können.

Im letzten Viertel des ersten Lebensjahres haben die meisten Kinder sich so viele Kenntnisse im Umgang mit Dingen und Personen angeeignet, dass sie diese erstmals miteinander verknüpfen können. Sie widmen sich gemeinsam mit einer anderen Person einer Sache und können ihre Aufmerksamkeit zwischen Person und Sache aufteilen. Solche Situationen *geteilter Aufmerksamkeit* entstehen z.B., wenn Kinder einen Ball rollen lassen, ihm mit dem Blick folgen und den Blick dann auf die Mutter richten, als ob sie fragen wollen: »Was meinst du dazu?« Dieser Blick (»triangulärer« oder »referentieller Blickkontakt«) ist der eigentliche »Ursprung der Sprache« (Zollinger 1995). Von nun an ist Sprache keine Begleitung des Spiels mehr, sondern sie dient dem Austausch zwischen Personen (a.a.O.). Kinder interessieren sich nun besonders dafür, was andere mit Gegenständen tun und was sie dazu sagen. Sie beginnen, die Gegenstände einem Gegenüber zu geben oder auf Dinge zu zeigen. Dabei zeigen sie fast immer ei-

> Der »trianguläre Blickkontakt«

nen erwartungsvollen Gesichtsausdruck. Das Gegenüber ist nun zu einem echten »Du« geworden (a. a. O.).

Für die Sprachentwicklung ist wichtig, dass die Kinder in dieser Zeit positive Erfahrungen mit Kommunikation machen. Wenn die Bezugspersonen sich für das interessieren, was sie »zu erzählen« haben, wenn sie die Kinder nicht unterbrechen und Blickkontakt halten, können die Kinder Freude an der Kommunikation entwickeln und sie gewinnen den Mut, mit Sprache auf andere zuzugehen.

Im Kindergartenalter lernen Kinder, wie sie über Sprache mit anderen in Kontakt treten können, wie sie mihilfe von Sprache gemeinsame Pläne machen oder Konflikte lösen können. Gegen Ende der Kindergartenzeit sind manche darin schon richtige Meister.

Acht Jungen spielen Fußball. Nach kurzen Spielsequenzen werden immer wieder die Regeln diskutiert, abgeglichen, umgeändert und erläutert. Selbst als ein Kind im Gerangel stürzt, schaffen es die Jungen, dieses Problem ohne Hilfe der Erwachsenen zu lösen. Sie trösten und handeln dann mit der gegnerischen Mannschaft einen »Freistoß« aus.

Zwei Kinder spielen Bauarbeiter. Lange verhandeln sie darüber, wer der »Chef« ist. Schließlich wird eine Lösung gefunden, mit der beide gut leben können: Es gibt einen Chef und einen Unterchef.

Die Fähigkeit zum Perspektivwechsel ermöglicht es den Kindern nun (manchmal!), Rücksicht auf die Bedürfnisse anderer zu nehmen. Sie »üben« den Perspektivwechsel auch im Rollenspiel, wenn sie sich in ganze andere Personen oder Zeiten (Ritter, Dinosaurier) einfühlen. Ihr Sprechen zeigt dabei, wie intensiv sie in der Rolle stecken. Wenn sie z. B. ihre Stimme ganz tief machen, weil sie als autoritärer Polizist einen Räuber gefangen nehmen, oder wenn sie als »Mutter« mit ganz hoher Stimme zu ihrem Baby sprechen. Auch Wörter wie »Kollege« oder »Kumpel«, Ausdrücke wie »Okay, Chef« oder »Was darf es sein?« zeigen an, dass die Kinder über ihren eigenen Horizont hinausgehen.

2.5 Die Rolle des Inputs – Sprachvorbild und soziales Umfeld

Die Besonderheiten von Sprache, die an kleine Kinder gerichtet ist

Damit ein Kind seine sprachlichen Fähigkeiten entwickeln kann, ist es auf ein Umfeld angewiesen, in dem es Sprache aufnehmen kann. Zu Beginn des Spracherwerbs nimmt es Sprache vor allem von den erwachsenen Bezugspersonen auf. Dabei unterscheidet sich die Sprache, die die Erwachsenen an kleine Kinder richten, von der Sprache, die sie z. B. untereinander benutzen, oder von der Sprache, die sie an ältere Kinder richten. Was charakterisiert die Sprache, die Erwachsene an kleine Kinder richten (vgl. Szagun 2010)?

- Zunächst einmal ist diese Sprache einfacher. Sie enthält mehr Einwortäußerungen, die Äußerungen sind insgesamt kürzer und weniger komplex.
- Die an kleine Kinder gerichtete Sprache enthält viele Fragen und Aufforderungen.
- Sie enthält Wiederholungen von ganzen Sätzen und von Satzteilen.
- Sie enthält viele Inhaltswörter, also vor allem Substantive und Verben.
- Silben und Wörter werden klarer voneinander abgegrenzt.
- Die Sprechgeschwindigkeit ist langsamer.
- Der genutzte Frequenzbereich ist größer; dadurch können größere Unterschiede in der Tonhöhe gemacht und extremere Tonlagen verwendet werden.
- Insgesamt ist die Tonlage höher.
- Die an kleine Kinder gerichtete Sprache bezieht sich vor allem auf die Gegenwart und die aktuelle Situation.

Interessanterweise gibt es aber auch Kulturen, in denen diese speziellen Merkmale der an kleine Kinder gerichteten Sprache fehlen. In diesen Kulturen erwerben die Kinder Sprache genauso mühelos.

In Untersuchungen konnte gezeigt werden, dass einige der Kriterien der Sprache, die Erwachsene an kleine Kinder richten, den Spracherwerb günstig beeinflussten, andere aber nicht (a.a.O.): Als förderlich für die kindliche Sprachentwicklung erwiesen sich Fragen und Erweiterungen, als eher nicht förderlich dagegen wörtliche Wiederholungen und ein direktiver Gesprächsstil mit vielen Imperativen (»Mach …«, »Geh …«). Förderlich waren außerdem die Bereitschaft, dem kindlichen Gesprächsthema zu folgen, sowie ein akzeptierender Gesprächsstil. Eher negative Auswirkungen hatte es, wenn die Erwachsenen ihr eigenes Gesprächsthema verfolgten. Es wurde gefolgert, dass Erweiterungen der kindlichen Äußerungen wahrscheinlich deshalb so förderlich sind, weil die Kinder hier natürlich besonders aufmerksam sind. Denn die Äußerungen der Erwachsenen betreffen ja das von ihnen gewählte Thema. Der Inhalt ist oft schon geklärt, der gemeinsame Hintergrund vorhanden. Möglicherweise verschafft das den Kindern Verarbeitungskapazität, sodass sie die angebotene Sprache optimal für sprachliches Lernen nutzen können.

Interessant ist auch, dass die Bezugspersonen, wenn sie mit kleinen Kindern sprechen, auf den Inhalt des Gesagten reagieren und nicht auf die grammatische Form. Die Zustimmung oder Ablehnung der Eltern bezieht sich in der Regel auf die inhaltliche Ebene, auch dann, wenn die kindliche Äußerung Fehler enthält (a.a.O.). Es zeigte sich auch, dass Mütter fehlerhafte Äußerungen ihrer Kinder häufiger wiederholen als korrekte. Auf diese Weise erhalten die Kinder ein implizites Feedback, das sie auf unaufdringliche Art und Weise über die Art ihrer Fehler informiert (a.a.O.; vgl. Korrektives Feedback in Kapitel 3.5). Besonders spannend ist die Tatsache, dass die Kinder bevorzugt selbst die Äußerungen nachahmen, die ihre eigene unvollständige oder fehlerhafte Äußerung grammatikalisch korrekt wiedergeben (Szagun 2010). Diese Art der »Fehlerkorrektur« behindert das Gespräch nicht. Kinder wollen ja nicht korrekte Grammatik lernen, sondern sie wollen kommunizieren (a.a.O.).

Was ist also ein gutes Sprachvorbild? Zunächst ist wichtig, dass in der Umgebung des Kindes überhaupt genug gesprochen wird. Auf diese Weise kann das Kind Lautsystem, Wörter und Grammatik seiner Sprache erlernen. Es kann sich aber auch wichtige Kommunikationsregeln abschauen. Günstig für die Sprachentwicklung ist es, wenn die Bezugspersonen:

- Spaß an Kommunikation vermitteln
- zuhören, nicht unterbrechen
- Blickkontakt halten
- deutlich und nicht zu schnell sprechen
- genug sprechen, aber nicht so viel, dass die Kinder überfordert sind oder nicht zu Wort kommen
- ihre Sprache an die sprachlichen Fähigkeiten der Kinder anpassen.

Der letzte Punkt ist nicht ganz einfach umzusetzen. Damit ist z.B. nicht gemeint, dass mit dem Kind in Babysprache gesprochen werden soll. Ein Kind, das noch keine Wörter sprechen kann, sondern in langen Lautketten vor sich hinbrabbelt, wird sich freuen, wenn die Eltern seine Laute aufgreifen. Diese können aber ruhig um ein paar Wörter erweitert werden:

Kind: »Da-da-da …«
Erwachsener: »Ja, **da** ist die Nase, **da** ist der Fuß.«

Ein Kind, das sich gerade an den ersten Wörtern versucht, wird dagegen begeistert sein, wenn es das neue Wort in einem oder mehreren kleinen Sätzen wiederentdecken kann:

»Den **Ball** hast du gefunden? Ui guck mal, der **Ball** kann rollen. Der **Ball** rollt bis zu dir.«

Wenn ein Kind selbst den Hund »Wauwau« nennt, bekommt es durch einen Satz wie »Ja, das ist der Hund, der macht wauwau« einerseits Bestätigung, andererseits kann es das neue Wort »Hund« aufnehmen.

Besonders gerne lernen Kinder von anderen Kindern. Oft entwickeln sich die sprachlichen Leistungen rasant weiter, wenn ein Kind in den Kindergarten kommt. Gelegentlich gibt es aber auch »Rückschritte«.

Florian ist vier Jahre alt. Er kann bereits alle Laute bilden, baut grammatisch korrekte Sätze und hat einen großen Wortschatz. Seit seine zweijährige Schwester anfängt mehr zu sprechen, lispelt Florian.

Solche »abgeschauten« Sprachstörungen stellen kein Problem dar. Das Kind zeigt sprachliche und metasprachliche Kompetenz, wenn es in der Lage ist, sein Sprechen willkürlich zu verändern. Oft finden Erwachsene ein kleines lispelndes Mädchen ja auch ganz niedlich. Florian folgert natürlich daraus, dass auch er mithilfe des Lispelns besondere Aufmerksamkeit oder Zuwendung bekommt. Hilfreich für

Florian wäre es sicherlich, wenn er viel Aufmerksamkeit für Leistungen bekäme, die ihn in seiner Rolle als der große Bruder bestärken. Ermahnungen, endlich wieder »richtig« oder »vernünftig« zu sprechen, helfen dagegen nicht weiter. Gelegentlich kommt es auch vor, dass ganze Gruppen von Kindern bestimmte Ausspracheregeln, z.B. das Lispeln, wie einen Modetrend übernehmen (vgl. auch Tracy 2008) oder eine Art »Babysprache« entwickeln. Meist sind das vorübergehende Erscheinungen. Auch hier hilft vor allem Gelassenheit der Erzieherinnen und Eltern. Die Kinder zeigen mit diesem Verhalten ja durchaus sprachliche Kompetenz.

Dialekt sprechen?

Viele Eltern sind unsicher, ob sie mit ihrem Kind Dialekt sprechen sollen. Sie fürchten, dass ein Dialekt sprechendes Kind in der Schule Nachteile haben oder gehänselt werden könnte. Meist ist diese Sorge unbegründet. Über die Sprache werden ja auch Gefühle transportiert. Dies gelingt vielen Eltern in ihrem Dialekt viel müheloser als in mühsam kontrolliertem Hochdeutsch. Wenn das Kind den Dialekt als Muttersprache erwirbt, die ihm Sicherheit und Geborgenheit vermittelt, wird es in aller Regel keine Schwierigkeiten haben, Hochdeutsch als seine »zweite Sprache« zu lernen. Dabei gibt es viele Möglichkeiten, mit Hochdeutsch in Berührung zu kommen: im Kindergarten, beim Vorlesen aus Büchern oder beim Anschauen von Kinderfilmen (vgl. Stengel/von der Hude 1997).

Sprachförderung im Kindergarten

3

In diesem Kapitel erfahren Sie:
- wie sich alltagsintegrierte von additiver Sprachförderung unterscheidet
- welche Kinder Sprachförderung und welche Kinder Sprachtherapie brauchen
- wie sprachförderndes Verhalten aussieht
- welche Bedürfnisse mehrsprachige Kinder haben
- dass die Erstsprache eine wichtige Rolle spielt
- wie Sie sprachliche und kommunikative Fähigkeiten bei Kindern einschätzen können
- welche Spiele besonders welche sprachliche Ebene einbeziehen.

Der Kindergarten hat neben dem Betreuungs- und Erziehungsauftrag auch einen Bildungsauftrag, der in den Kindergartengesetzen und Bildungsvereinbarungen der Länder geregelt ist. Sprache wird dabei als »Schlüsselqualifikation« für den weiteren Bildungserfolg gesehen. Die Sprachförderung ist deshalb ein besonderer Schwerpunkt der Bildungsarbeit im Kindergarten. Es ist sehr erfreulich, dass hierüber auch in der öffentlichen und politischen Diskussion Einigkeit besteht.

Umso vielfältiger waren dagegen in den letzten Jahren die Ansichten darüber, was Sprachförderung im Kindergarten eigentlich meint, welche genauen Ziele sie verfolgt und wie sie praktisch auszusehen hat. In jedem Land und jeder Kommune gibt es unterschiedliche Schwerpunkte der sprachlichen Bildungsarbeit und ganz unterschiedliche Konzepte zur Sprachförderung.

3.1 Was ist Sprachförderung?

Unter »Sprachförderung im Kindergarten« versteht man alle Maßnahmen, die im Kindergartenalltag von den pädagogischen Fachkräften eingesetzt werden, um die Sprachentwicklung der Kinder zu unterstützen. Dabei können zunächst zwei grundsätzliche Herangehensweisen unterschieden werden:

Alltagsintegrierte vs. additive Sprachförderung

»Bei den vorschulischen Sprachfördermaßnahmen wird zwischen ganzheitlichen Sprachförderkonzepten (alltagsintegrierte Sprachförderung) und sprachstrukturellen Förderprogrammen (additive Sprachförderung) unterschieden. Ganzheitliche Sprachförderkonzepte stehen in der Tradition des situationsorientierten Ansatzes: Sprachförderung soll an die aktuellen Bedürfnisse und Interessen der Kinder anknüpfen. Es werden zwar Rahmenkonzepte vorgegeben, aber keine konkreten Inhalte (vgl. Bunse/Hoffschildt 2008). Anstelle eines isolierten Programms soll die Sprachförderung in die Gesamtkonzeption der Kindertageseinrichtung integriert werden.

Bei der Durchführung sprachstruktureller Förderprogramme werden einzelne oder mehrere Sprachebenen (z.B. Wortschatz, Grammatik, phonologische Bewusstheit) systematisch gefördert. Dabei folgt man einem festgelegten zeitlichen Ablaufplan mit vorgegebenem Material, d.h. der Erzieher bzw. die Erzieherin oder die Lehrkraft fördert eine Gruppe von Kindern nach einem festgelegten Vorgehen mehrmals pro Woche, je nach Vorgabe des Programms oder den strukturellen Rahmenbedingungen« (Lisker 2011, S. 60).

Im Folgenden werden Grundzüge einer alltagsintegrierten Sprachförderung skizziert. Alltagsintegrierte Sprachförderung beruht vor allem auf dem Wissen und einer bestimmten Haltung der Erzieherinnen, die der Selbstreflexion bedarf. Sie ist nicht an ein bestimmtes Thema oder an bestimmte Tätigkeiten geknüpft, sondern zieht sich durch den gesamten Kindergartenalltag. Deshalb lässt sie sich auch vollkommen problemlos mit sprachstrukturellen Sprachfördermaßnahmen kombinieren. Sprachstrukturelle Förderprogramme im Einzelnen vorzustellen würde den Rahmen dieses Buches sprengen. Eine Übersicht über Konzepte und Programme in den jeweiligen Bundesländern findet sich z. B. bei Lisker (2011).

3.2 Wer braucht Sprachförderung?

Sprachförderung ist im Bildungsauftrag für alle Kinder verankert. Alle Kinder brauchen beim Spracherwerb gute Sprachvorbilder und Kommunikationspartner, die ihnen zuhören und sie ernst nehmen. Sie brauchen Situationen, in denen sie mit Erwachsenen und mit Kindern über das sprechen können, was sie interessiert. Dies erfordert eine aktive Gestaltung und Nutzung von Sprech- und Kommunikationssituationen durch die Erzieherinnen. Darüber hinaus gibt es aber Zielgruppen, für die Sprachförderung besonders wichtig ist:

- Kinder, die zu Hause unzureichende sprachliche Anregungen bekommen, brauchen besonders nötig gute Sprachvorbilder und interessierte Kommunikationspartner.
- Kinder, die Deutsch als Zweitsprache erwerben, benötigen ein umfangreiches und variationsreiches Sprachangebot in deutscher Sprache. Sie brauchen die Würdigung auch ihrer kleinsten Kommunikationsversuche (und sei es zuerst auf non-verbalem Weg!) und die Wertschätzung ihrer Muttersprache.
- Kinder mit einem erhöhten Risiko für eine Lese-Rechtschreibschwäche brauchen eine gezielte Förderung der phonologischen Bewusstheit.
- Kinder aus schwierigen familiären oder sozialen Bedingungen brauchen besonders viel Sicherheit in der Kommunikation und reichhaltige sprachliche Anregung.
- Kinder, die nur selten die Möglichkeiten haben, zu Hause mit Büchern und Schriftkultur in Berührung zu kommen, brauchen »Erzähler«, »Vorleser« und Vorbilder im Umgang mit Büchern und Schrift.

Das heißt aber nicht, dass mit aufwendigen Methoden ermittelt werden muss, welche Kinder vorrangig Sprachförderung brauchen. Alltagsintegrierte Sprachförderung kommt allen Kindern zugute, und jede feinfühlige Erzieherin hat ein Gespür dafür, welche Kinder sich im Kontakt miteinander ausreichend sprachliche Lernmöglichkeiten verschaffen und welche besonders dringend erwachsene Zuhörer und Sprachvorbilder benötigen.

Sprachförderung sollte dazu führen, dass Kinder Sprache situationsangemessen verwenden können, dass sie ihre Wünsche und Bedürfnisse äußern und erfolgreich mit anderen in Kontakt treten können.

3.3 Wer braucht Sprachtherapie?

Bei etwa sechs bis acht Prozent der Kinder eines Jahrganges (vgl. Scharff-Rethfeld 2005; Tracy 2008) fällt auf, dass sie Sprache nicht so schnell und mühelos erwerben wie die anderen Kinder. Sie haben Schwierigkeiten mit der Aussprache, erwerben Wörter nur sehr langsam oder haben Probleme beim Grammatikerwerb. Diese Kinder haben Störungen der Sprachentwicklung, wie sie in Kapitel 4 beschrieben werden. Für sie reicht eine allgemeine Sprachförderung nicht aus. Sie benötigen eine gezielte Sprachtherapie, die ganz individuell für sie geplant wird und so aufgebaut ist, dass sie ihnen ermöglicht, ihre Defizite auszugleichen. Die Sprachtherapie wird ärztlich verordnet. Sie ist nicht Aufgabe von Erzieherinnen, sondern von Logopädinnen und Sprachtherapeutinnen.

Aufmerksame Erzieherinnen, die sich mit der Sprachentwicklung auskennen, können aber Kinder, die eine Sprachtherapie brauchen, frühzeitig erkennen bzw. einen entsprechenden Verdacht äußern. Sie können die Eltern beraten und unterstützen und aufzeigen, wo es logopädische oder sprachtherapeutische Diagnostik- und Behandlungsmöglichkeiten gibt (vgl. auch Siegmüller et al. 2007).

Die therapeutische Versorgung ist eindeutig im fünften Sozialgesetzbuch geregelt: Sprachstörungen im Kindesalter gelten rechtlich als Krankheit. Der Bundesausschuss Ärzte/Krankenkassen hat Heilmittelrichtlinien verabschiedet, in denen festgelegt ist, bei welchen Sprachstörungen welches Heilmittel zu verordnen ist. Auch eine logopädische oder sprachtherapeutische Behandlung fällt in die Rubrik »Heilmittel«. Eine Verordnung für eine logopädische oder sprachtherapeutische Behandlung kann nach einer kinderärztlichen, HNO-ärztlichen oder phoniatrischen Untersuchung ausgestellt werden (vgl. Sprachentwicklung mit Hindernissen, Broschüre des dbl 2004).

Auch für Kinder mit Sprach-, Sprech- und Schluckstörungen, die im Rahmen einer Behinderung auftreten, besteht eine klare rechtliche Regelung. Sie haben einen Rechtsanspruch auf Maßnahmen der Rehabilitation, Frühförderung und Wiedereingliederung. Die rechtlichen Grundlagen hierfür stehen im neunten Sozialgesetzbuch (a. a. O.). Sprachförderung im Kindergarten kann die Sprachtherapie natürlich unterstützen.

3.4 Was bedeutet alltagsintegrierte Sprachförderung?

Sprachliche Fähigkeiten entwickeln sich in Kommunikationssituationen
Wenn Kinder im Kindergarten kommunizieren, tun sie das mit einer bestimmten Absicht. Sie wollen andere auffordern, etwas Bestimmtes zu tun, sie über ein Ereignis informieren, ihnen ihre Pläne oder Überlegungen mitteilen oder etwas über ein Erlebnis erzählen. Sie wollen Gedanken und Gefühle ausdrücken, von Erfahrungen berichten, Wünsche und Ideen kundtun oder Streitigkeiten lösen

und Kompromisse aushandeln (vgl. Funk et al. 2010). Die Kinder handeln also mit Sprache. Dabei benötigen sie nicht nur die sprachlichen Fähigkeiten im engeren Sinn wie ein ausreichendes mentales Lexikon, eine entsprechende Aussprache und grammatische Regeln, die ihnen das Bilden von Sätzen ermöglichen. Viele der aktuellen Sprachförderkonzepte fordern deshalb ausdrücklich einen »weiten Blick auf Sprache« (vgl. Jampert et al. 2009; www.fruehe-chancen.de). Das heißt, es sollen nicht nur die »hörbaren« sprachlichen Fähigkeiten betrachtet werden, sondern auch die sozial-kommunikativen und kognitiven Fähigkeiten der Kinder.

Kinder wagen sich vor allem dann in neue Kommunikationssituationen, wenn sie darauf vertrauen können, dass sie mithilfe von Sprache tatsächlich ihr Ziel erreichen. Dazu brauchen sie positive Erfahrungen mit Kommunikation und aufmerksame und verständnisvolle Kommunikationspartner, die ihre Anliegen ernst nehmen.

Das gelingt vor allem dann, wenn die pädagogische Fachkraft versucht, die Mitteilungsabsicht der Kinder zu verstehen und nicht hauptsächlich ihre Fehler oder Defizite. Wenn sie entdeckt, dass auch Kinder sich mitteilen möchten, die vermeintlich wenig sprechen, »schlecht« sprechen oder »schlecht« Deutsch sprechen, dass die Kinder dazu vielleicht non-verbale Möglichkeiten nutzen, wird sie Wege finden, um auch mit diesen Kindern in kommunikativen Austausch zu kommen.

Sprache wird immer gefördert

Alltagsintegrierte Sprachförderung geschieht im Alltag der Kinder. Das heißt, »Sprachförderzeit« findet immer und nicht zu einem bestimmten Zeitpunkt statt. Alltägliche Routinen (Wickeln, An- und Ausziehen, Mahlzeiten …) bieten mit ihrer wiederkehrenden Struktur besonders gute Möglichkeiten für die Sprachförderung. Im Grunde wird aber der gesamte Kindergartenalltag daraufhin betrachtet, welche Situationen für die Sprachförderung genutzt werden könnten (a.a.O.). Dabei wird davon ausgegangen, dass Kinder dann besonders aufnahmefähig für sprachliches Lernen sind, wenn die Inhalte, über die gesprochen wird, wichtig und interessant für sie sind. Das kann ein Sachthema (»Ich habe eine Kellerassel gefunden«) ebenso sein, wie eine hauswirtschaftliche Tätigkeit (»Darf ich das Mehl reinschütten?«) oder ein Bewegungsangebot (»Guck mal, ich bin hier drunter durchgekrabbelt«).

Sprache im Alltag fördern

Sprache wird von allen gefördert

Sprachförderung ist nach diesem Verständnis Aufgabe von allen pädagogischen Fachkräften, die mit den Kindern zu tun haben. Alltagsintegrierte Sprachförderung braucht Erzieherinnen, die die Kinder in ihrem sprachlichen, kommunikativen, sozialen und kognitiven Lernen unterstützen.

Florian, zweieinhalb Jahre alt, zeigt stolz auf seine neue Jacke: »Guck mal, meine neue Jacke! Die Mama hat die gekauft, weil die warm ist.« Seine Erzieherin Maria freut sich. Sie hat von Florian zum ersten Mal einen Nebensatz gehört, den er mit der entsprechenden Konjunktion (»weil«) einleitet. Auch die Stellung des

Verbs ist korrekt. Florian »weiß« anscheinend schon, dass das Verb im Nebensatz an die letzte Stelle wandert. Maria erkennt, dass Florian nun »Meilenstein IV« der Grammatikentwicklung (Tracy 2008) erreicht hat und nimmt sich vor, mit Florian häufiger über kausale Zusammenhänge zu sprechen, um ihm die Möglichkeit zu geben, die neue Errungenschaft weiter auszubauen (»Weißt du, warum das Kind in diesem Buch weint?«).

Konzepte zu alltagsintegrierter Sprachförderung

Das Schöne an dieser Betrachtungsweise ist, dass auf die pädagogischen Fachkräfte keine neue, zusätzliche Aufgabe zukommt. Es geht bei alltagsintegrierter Sprachförderung auch nicht um vollkommen neue Dinge. Sprach- und Kommunikationsförderung im Alltag wird in vielen Kitas ja schon lange und erfolgreich betrieben. Trotzdem kann und soll jeder, der alltagsintegrierte Sprachförderung ernst nimmt, dieses Konzept für sich selbst stetig weiterentwickeln. Denn es geht ja darum, die eigene Arbeit immer weiter zu professionalisieren, die eigene Haltung stetig zu reflektieren und dabei immer auch persönlich ein wenig weiterzuwachsen. Bewusstes, sprachförderndes Verhalten muss geübt werden. Das geht z. B. sehr gut über Videoaufnahmen.

Einige der aktuellen Konzepte zur Sprachförderung zielen deshalb vor allem darauf ab, die Erzieherinnen in ihrem professionellen Tun weiter zu stärken und sprachförderndes Verhalten immer mehr zu üben und zu etablieren. Dazu gehören:

- Die Offensive »Frühe Chancen« des Bundesministeriums für Familie, Senioren, Frauen und Jugend. Sie richtet sich an Einrichtungen, die auch Kinder unter drei Jahren betreuen und die überdurchschnittlich häufig von Kindern mit besonderem Sprachförderbedarf besucht werden. Im Rahmen der Bundesinitiative werden seit 2011 insgesamt rund 4.000 sogenannte »Schwerpunkt-Kitas« gefördert und erhalten eine halbe zusätzliche Stelle für die Sprachförderung (www.fruehe-chancen.de).
- Das Deutsche Jugendinstitut hat in seinem Projekt »Sprachliche Bildung und Förderung für Kinder unter Drei« ein Konzept zur alltagsintegrierten sprachlichen Bildung und Begleitung für die Altersgruppe der Null- bis Dreijährigen erarbeitet. Es basiert auf dem bereits entwickelten Sprachförderansatz »Sprachliche Förderung in der Kita für die drei- bis sechsjährigen Kinder« (www.dji.de).
- Das »Heidelberger Elterntraining zur frühen Sprachförderung« ist ein Programm, bei dem Eltern zweijähriger »Late Talker« (vgl. Kapitel 4.1) so geschult werden, dass sie »ihre Alltagskommunikation sprachförderlicher (...) gestalten« (Buschmann 2009, S. 19). Für das Elterntraining konnte die Effektivität nachgewiesen werden: Mit diesem Training holte ein deutlich größerer Prozentsatz der Late Talker bis zum Alter von drei Jahren den sprachlichen Rückstand auf. Ausgehend von diesen Ergebnissen und von den Überlegungen, dass viele Kinder mehrere Stunden täglich außerfamiliär betreut werden, entwickelte die Heidelberger Gruppe ein Konzept zur Vermittlung sprachförderlichen Verhaltens für Erzieherinnen (Buschmann et al. 2010). Auch hierfür konnte (an einer bisher allerdings kleinen Gruppe) die Effektivität nachgewiesen werden (Buschmann/Jooss 2011).

• Der Deutsche Bundesverband für Logopädie (dbl e.V.) hat sich ausführlich mit dem Thema »Alltagsorientierte Sprachförderung« befasst: Das Konzept »Sprachreich« zielt ebenfalls darauf ab, die sprachfördernden Kompetenzen der Erzieherinnen zu stärken und zu erweitern. In einer Studie mit sechs Erzieherinnen (vgl. Föllner 2011) konnte nachgewiesen werden, dass die pädagogischen Fachkräfte nach der Sprachreich-Fortbildung sprachfördernde Verhaltensweisen signifikant häufiger zeigten.

Über was soll bei der Sprachförderung gesprochen werden?

Schließlich stellt sich noch die Frage, über welche Dinge eigentlich in der alltagsintegrierten Sprachförderung gesprochen werden sollte, denn Sprache dient ja zum einen dem Austausch zwischen Personen, aber gleichzeitig bezieht sie sich auf Dinge oder Sachverhalte (vgl. Zollinger 1995). Für Kinder ist sprachlicher Austausch also dann interessant, wenn ihnen die Beziehung zum Gesprächspartner wichtig ist und der Gegenstand oder der Sachverhalt, über den gesprochen wird, ihre Aufmerksamkeit erregt. Wenn Kinder von sich aus anfangen, über etwas zu sprechen, ist ihr Interesse natürlich gegeben. Und wenn wir uns auf ihre Entdeckungen, auf ihre Fragen und Überlegungen einlassen, können auch wir bestimmt viele lustige und spannende Dinge erfahren.

Dem Thema der Kinder folgen

3.5 Sprachförderndes Verhalten

Als Dialogpartner zur Verfügung stehen

Ein ganz wichtiger Grundpfeiler einer sprachfördernden Haltung ist, Kinder mit ihren Kommunikationsanliegen wahrzunehmen und ihnen positive Erfahrungen mit Kommunikation zu ermöglichen.

Obwohl auch das eigene Sprachvorbild eine wichtige Säule der Sprachförderung darstellt, geht es keinesfalls darum, Kinder zu belehren oder sie mit Sprache zuzuschütten.

Einige Kinder der Bärengruppe spielen auf dem Hof. Ganz aufgeregt suchen sie ihre Erzieherin. Sie haben ein Stück Schale von einem Vogelei gefunden. Es entwickelt sich eine angeregte Unterhaltung über Vögel, in die sich zahlreiche Kinder einbringen. Es werden viele verschiedene Vogelarten genannt, von der Meise bis zum Adler, den ein Kind im Urlaub gesehen hat. Es wird erörtert, was Vögel fressen und umgekehrt, welchen anderen Tieren sie als Nahrung dienen. Auch verschiedene Arten des Fliegens werden thematisiert, und sofort fangen die Kinder an, flatternd oder gleitend mit ausgebreiteten Armen über den Hof zu »fliegen«.

In dieser Situation hat Sprachförderung stattgefunden. Die Kinder hatten viele Möglichkeiten, ihren Wortschatz zu erweitern oder zu differenzieren. Sie konnten Substantive wie Nest, Ei oder verschiedene Vogelnamen und Verben wie flattern, gleiten, fliegen, schweben in Bezug zu dem Gesehenen bringen. Vor allem aber haben sie gemerkt, dass ihr Interesse ernst genommen wurde und ihre Fragen und ihre eigenen Ideen und Überlegungen gehört wurden. Das ist viel wirkungsvoller, als die Kinder zu belehren und sie mit Informationen zu beliefern. Die Erzieherin hatte in dieser Situation vor allem die Aufgabe einer Moderatorin, die aufpasst, dass alle Kinder zu Wort kommen. Sie hat kurze Fragen gestellt, wie »Wie bewegen sich die Vögel eigentlich?«, um den Kindern weitere Impulse für ihren Austausch zu geben, und sie hat später Material bereitgestellt, z. B. Vogelbücher und Malsachen. Vielleicht hat sie auch im Buch nach einem Adler gesucht oder selbst ein Bild mit einem Vogelnest gemalt.

Die Erzieherin als Moderatorin

Natürlich werden solche Situationen oft durch die »fitten« und sprachlich schnellen und gewandten Kinder gestaltet. Durch ihre Fragen und ihre Redebeiträge sind sie für die anderen Kinder wichtige Vorbilder. Daneben ist es wichtig, auch für die Kinder, die langsamer sind oder sich schwerer tun, Situationen zu schaffen, in denen sie sich mit der nötigen Unterstützung und mit der nötigen Zeit äußern können.

Bei sehr kleinen Kindern oder Kindern, die (noch) sehr wenig sprechen, kann der Dialog auch non-verbal entstehen:

Cayan spielt im Sandkasten. Dann geht er mit einem breiten Lächeln auf seine Erzieherin Claudia zu und hält ihr eine ganze Hand voll Sand entgegen. Claudia freut sich: »Oh, hast du mir einen Kuchen gebacken?« Cayan nickt und strahlt nun noch mehr.

Obwohl Cayan kein einziges Wort gesprochen hat, konnte er mit seinem kommunikativen Anliegen »landen« und mit Claudia in einen (kurzen) Dialog kommen. Auch Zeigegesten oder die Blickrichtung können einen Dialog einleiten (siehe auch Kapitel 3.5.

Mike schaut gebannt aus dem Fenster. Elke, seine Erzieherin, stellt sich neben ihn und sagt: »Guckst du den Arbeitern zu? Da wird der Rasen gemäht.« Mike blickt zu Elke und dann wieder nach draußen und sagt: »Da … mäht.«

Zuhören

Manchmal entsteht der Eindruck, in der Sprachförderung ginge es in erster Linie um ein »Ausgießen« von Sprache über den Kindern. Wenn man Sprache in einem kommunikativen Sinn betrachtet, ist das Zuhören allerdings fast noch wichtiger.

Auch Kinder wollen sich mitteilen. Auf unterschiedlichen verbalen (Zustimmung äußern, interessiert nachfragen) und non-verbalen Wegen (lächeln, nicken) können wir Interesse und Anteilnahme signalisieren. Das »sprachfördernde Zuhören« setzt die volle Aufmerksamkeit für den Gesprächspartner voraus, und sei es nur für einen ganz kurzen Moment.

Sprechfreude wecken

Die wichtigste Voraussetzung für einen erfolgreichen Spracherwerb ist die Freude am Sprechen und an der Kommunikation. Sprechfreude kann vor allem dann entstehen, wenn die Kinder merken, dass ein echtes Interesse an ihrer Person und an ihren Anliegen besteht und der erwachsene Gesprächspartner sich Zeit zum Zuhören nimmt (nehmen kann). Wichtig ist dann natürlich, dass er auf das reagiert, was das Kind erzählt und nicht darauf, wie es etwas erzählt. Negativ wirkt sich auf die Sprechfreude aus, wenn:

- Kinder Angst vor Fehlern oder vor Bewertung haben (»Der Jan spricht echt schlecht …«)
- der erwachsene Kommunikationspartner nicht oder nur wenig auf das Gesagte reagiert
- der erwachsene Kommunikationspartner unterbricht
- der erwachsene Kommunikationspartner abfragt oder »vorführt«, z.B. zum Erzählen eines bestimmten Sachverhaltes auffordert
- der erwachsene Kommunikationspartner korrigiert
- der erwachsene Kommunikationspartner nachsprechen lässt und explizit übt, wie bestimmte Wörter gesprochen werden.

Gina kommt aus dem Kindergarten nach Hause. Aufgeregt beginnt sie zu erzählen: »Mama, weißt du, wer heute zu uns detommen ist?« Die Mutter macht keine Anstalten zu raten, stattdessen korrigiert sie: »Das heißt gekommen!« Gina spürt bei der Mutter kein Interesse an dem, was sie zu erzählen hat. Sofort verliert sie die Lust, von ihrem Kindergartenvormittag zu berichten.

Wenn bei diesem Versuch die richtige Aussprache nicht gelingt, ist der Frust für das Kind (und häufig auch für die Bezugsperson) groß. Aber selbst wenn die richtige Aussprache tatsächlich gelingt, heißt das noch lange nicht, dass das Kind ein bestimmtes Wort oder den richtigen Laut von nun an in sein spontanes Sprechen einbauen kann. Ein Wort einmal korrekt zu imitieren ist eine völlig andere Anforderung, als es beim eigenen freien Sprechen zu benutzen.

Die non-verbale Kommunikation

Gerade sehr kleine Kinder oder Kinder, die kaum Deutsch verstehen, sind zunächst auf die non-verbalen Anteile der Kommunikation angewiesen, um überhaupt mit den pädagogischen Fachkräften in Beziehung treten zu können. Eine Geste, die anzeigt, worum es gerade geht, kann diesen Kindern den Einstieg erleichtern. Auch die Sprachmelodie bietet den Kindern wichtige Hinweise (siehe Kapitel 1.7). Sie hilft ihnen vor allem zu verstehen, ob jemand sie freundlich einlädt, etwas zu tun, ob sie etwas falsch gemacht haben und sich Ärger eingehandelt haben oder nachdrücklich zu etwas aufgefordert werden.

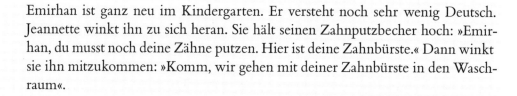

Emirhan ist ganz neu im Kindergarten. Er versteht noch sehr wenig Deutsch. Jeannette winkt ihn zu sich heran. Sie hält seinen Zahnputzbecher hoch: »Emirhan, du musst noch deine Zähne putzen. Hier ist deine Zahnbürste.« Dann winkt sie ihn mitzukommen: »Komm, wir gehen mit deiner Zahnbürste in den Waschraum«.

Die Blickrichtung zeigt, worum es gerade geht

Einen wichtigen Anteil an der nonverbalen Kommunikation hat der Blickkontakt. Er ist ein ganz wesentlicher Bestandteil der Kommunikation überhaupt. Blickkontakt signalisiert dem Gesprächspartner Interesse, Gesprächsbereitschaft und Akzeptanz und zeigt, dass ihm zugehört wird. Außerdem lässt sich über den Blick die Aufmerksamkeit lenken und gemeinsame Aufmerksamkeit herstellen (siehe Kapitel 1.1).

Sedaf ist neu im Kindergarten und spricht noch sehr wenig. Frauke, ihre Erzieherin, versucht zu beobachten, womit sich Sedaf beschäftigt. Sie hat den Eindruck, dass Sedaf intensiv zuschaut, als zwei etwas ältere Kinder ein Puzzle lösen. Frauke holt ein Puzzle aus dem Schrank und beginnt, die ersten Teile zu legen. Sie merkt, dass Sedaf zuschaut und sucht den Blickkontakt zu ihr. Als sie das nächste Teil in die Hand nimmt, schaut sie Sedaf fragend an. Sedaf kommt vorsichtig näher und zeigt auf eine Ecke. Das Teil passt und Sedaf strahlt. Nun bezieht Frauke auch Sprache ein. Sie legt das nächste Teil auf den Tisch, schaut Sedaf an und fragt: »Wo könnte das Teil denn bloß passen?«

Sprachvorbild sein

Kinder brauchen sprachliche Vorbilder, um Wörter, Aussprache und Grammatik zu erlernen. Dabei lernen sie umso lieber von jemandem, den sie auch ansonsten als Vorbild attraktiv finden und zu dem sie eine vertrauensvolle und partnerschaftliche Beziehung haben.

Erzieherinnen zeigen als Sprachvorbild günstiges Verhalten, wenn sie

- deutlich, laut genug und vor allem nicht zu schnell sprechen
- genug sprechen, aber nicht so viel, dass die Kinder überfordert sind oder nicht zu Wort kommen
- »falsche« Wörter oder Sätze noch einmal richtig anbieten, ohne das Kind auf seine »Fehler« aufmerksam zu machen (vgl. Kapitel 3.5)
- in Alltagssituationen Sprache anbieten
- neue Wörter oft und variationsreich wiederholen (Beispiel Kleidung: »Oh, du hast dir schon alleine die Jacke angezogen. Schaffst du es auch, den Reißverschluss zuzumachen? Guck mal, Marvins Jacke hat gar keinen Reißverschluss. Marvins Jacke hat Knöpfe.«)
- mit variablem Satzbau sprechen, sodass die Kinder gut grammatische Regeln »erforschen« können (Beispiel Satzklammer: »Machst du bitte deine Jacke zu?« »Hey, du hast sie ja schon zugemacht.« »Du kannst ja schon ganz alleine deine Jacke zumachen.« Beispiel Verbflexion: »Ich geh*e* nach draußen.« »Geh*st* du schon mal mit mir?« »Vielleicht geh*t* Anna auch schon mit.«)

- nicht zu viel sprechen. Eine weit verbreitete Metapher ist die des »Sprachbades«. Das Kind soll in angenehmer Sprache baden dürfen. Das heißt, ihm wird viel Sprache angeboten. Aber dabei darf nicht einfach Sprache »über dem Kind ausgeschüttet werden«. Das Anbieten von Sprache macht nur Sinn, wenn das Kind mit seiner Aufmerksamkeit »dabei« ist, und wenn man dem Kind genug Möglichkeiten für eigene (sprachliche) Aktivität lässt.

Gute Sprachvorbilder vermitteln darüber hinaus auch,
- dass sie Spaß und Freude an der Kommunikation haben
- dass sie selbst Sprache wichtig finden als Mittel, um mit anderen über Pläne und Ideen zu sprechen
- dass Sprache vielfältige Spielmöglichkeiten eröffnet
- dass sie Sprache nutzen, um Konflikte zu lösen
- dass Sprache das Mittel ist, um Regeln aufzustellen, die für alle verbindlich sind (evtl. in Form von Schrift oder Symbolen für alle sichtbar aufgehängt)
- dass sie sich für geschriebene Sprache interessieren
- dass sie sich für andere Herkunftssprachen interessieren
- dass sie Medien nutzen, um sich Informationen zu beschaffen.

Handlungen sprachlich begleiten

Sprachförderung findet in Spiel- und Handlungssituationen statt. Eine gute Möglichkeit, gemeinsame Tätigkeiten oder gemeinsames Spielen als Sprechgelegenheit aufzugreifen, bietet das handlungsbegleitende Sprechen:
- Beim Spiel mit der Holzeisenbahn: »Hey, du hast ja ein Haus neben die Schienen gestellt. Ist das vielleicht der Bahnhof?«
- Beim gemeinsamen Obstschneiden für den Nachtisch: »Du hast die Äpfel ganz klein geschnitten. Das wird bestimmt gut schmecken. Guck mal, ich schneide gerade die Banane.«

Beim handlungsbegleitenden Sprechen kann sowohl eine Tätigkeit des Kindes als auch eine eigene Tätigkeit mit Sprache begleitet werden. Ganz wichtig ist auch hier, darauf zu achten, wo sich das Kind gerade mit seiner Aufmerksamkeit befindet und nicht zu viel zu sprechen. Das Kind soll ja unbedingt auch zu Wort kommen!

Wiederholung und Feedback

Im Spracherwerb spielen Wiederholungen eine wichtige Rolle. Deshalb sind tägliche Routinen wie das Begrüßungsritual, das Decken des Frühstückstisches, das Aufräumen, das An- und Ausziehen so geeignet für die Sprachförderung. Die Dinge und Handlungen, um die es geht, können immer wieder gemeinsam besprochen und das schon Gelernte kann stetig erweitert werden. Gerade Kinder, die noch wenig Sicherheit mit den (deutschen) Wörtern haben, profitieren von solchen Situationen, weil sie sich schneller sprachlich beteiligen können als in ganz neuen Situationen.

Wiederholen von Tätigkeiten

Alle Eltern wiederholen normalerweise auch ganz automatisch die Äußerungen ihrer Kinder (vgl. Kapitel 2.5). Werden vorausgegangene Sätze oder Satzteile des Kindes wiederholt, wird dadurch Interesse und Verständnis signalisiert.

»Guck mal, hab ich schon angezogen.« »Was? Du hast schon ganz alleine deine Jacke angezogen?«

Das Kind wird bestätigt und bekommt die Rückmeldung, dass es verstanden wurde. Wiederholungen sind deshalb eine gute Möglichkeit, dem Gesprächspartner Feedback zu geben. Wiederholungen in der Kommunikation mit Kindern bieten außerdem die Möglichkeit, die kindliche Äußerung zu erweitern und weiterzuführen.

Wiederholen und Erweitern

Wiederholen von Äußerungen

Kleine Kinder, Kinder mit sprachlichen Problemen oder Kinder, die noch nicht viel Deutsch sprechen, äußern sich möglicherweise zunächst in sehr knapper Form. Für sie ist es ganz besonders wichtig, dass ihre Kommunikationsanliegen aufgegriffen werden und auch sie kleine »Gespräche« führen können. Wenn der erwachsene Gesprächspartner ihre Äußerungen nicht nur wiederholt, sondern auch noch erweitert, haben sie eine tolle Lernmöglichkeit. Der Erwachsene kann sich in diesem Fall ganz sicher sein, dass das Kind interessiert ist, denn es geht ja um Dinge, über die es selbst sprechen wollte.

1.) Jakob: »Guck mal, ich hab einen Baum gemalt.«
Erzieherin: »Lass mich mal gucken. Oh ja, einen großen Baum mit vielen Blättern hast du gemalt, und hier ist der dicke Baumstamm, oder?«
2.) Berkan läuft beim Spaziergang neben Claudia, seiner Erzieherin. Plötzlich nimmt er ganz aufgeregt ihre Hand und zeigt nach oben: »Große Kran!« Claudia schaut nach oben: »Oh ja, da ist ein ganz großer Kran, und guck mal, ein Mann sitzt oben drin.« Berkan sagt: »Ja, Mann fährt.« Darauf meint Claudia: »Genau, der Mann lenkt den Kran. Oh, warum kommt denn der Eimer jetzt runter?« Berkan erwidert: »Sand hoch!« Und Claudia fragt: »Meinst du, er zieht Sand hoch?« Berkan erklärt: »Ja, zieht Sand hoch.« Claudia sagt daraufhin: »Ich glaube, jetzt können wir nicht sehen, was er hochzieht. Aber manchmal zieht der Kran bestimmt Sand hoch. Und vielleicht lässt er den Eimer mit dem Sand woanders wieder runter.« Viel später, als der Spaziergang sich schon dem Ende nähert, kommt Berkan noch einmal zu Claudia: »Große Kran zieht Sand hoch.«

Korrektives Feedback

Das »korrektive Feedback« ist eine gute Möglichkeit, um Kindern Rückmeldung auf ihre Äußerung zu geben und ihnen gleichzeitig die Möglichkeit zu eröffnen, ihre »fehlerhaften« Äußerungen noch einmal in korrekter Form zu hören. Bei dieser »verbesserten Wiederholung« wird die Äußerung des Kindes korrekt wiederholt, ohne dass es auf den Fehler hingewiesen wird.

Das Wichtigste ist dabei, dem Kind inhaltliches Feedback zu geben, ihm also zu signalisieren: »Ich habe dich verstanden und das, was du zu sagen hast, interessiert mich.«

Kind: »Ich hab son Suhe angezogen.«
Erzieherin: »Oh, das ist ja toll, dass du schon ganz alleine deine Schuhe angezogen hast!«

Das Kind hat gleichzeitig die Möglichkeit, die korrekte Aussprache zu hören. Das geschieht aber ganz beiläufig. Beim Kind kommt an, dass der Erwachsene seine Leistung wahrnimmt und würdigt.

Das korrektive Feedback erfolgt unmittelbar nach der kindlichen Äußerung. Dabei ist ganz wichtig, dass der Erwachsene sich wirklich auf den Inhalt der kindlichen Äußerung bezieht und das Gespräch weiterführt. Ansonsten würde das Feedback schnell künstlich:

1.) Kind: »Ich habe eine Sonne demalt.«
Erwachsener: »Du hast eine Sonne gemalt.«
2.) Kind: »Ich habe eine Sonne demalt.«
Erwachsener: »Du hast eine Sonne gemalt? Zeig doch mal. Oh ja, eine große gelbe Sonne hast du gemalt.«

Das korrektive Feedback kann auf allen sprachlichen Ebenen eingesetzt werden:

Aussprache
Kind: »Und dann waren wir auf dem Krekker …«
Erwachsener: »Ihr wart auf einem Trecker? Wer durfte denn alles mit dem Trecker fahren?«

Grammatik
Kind: »Die Mama hat mir das Brot so klein geschneidet.«
Erwachsener: »Das ist gut, dass deine Mama das Brot kleingeschnitten hat. Dann kannst du es jetzt viel besser essen.«

Wortschatz
Kind: »Da wau-wau!«
Erwachsener: »Ja genau, da ist der Hund, der macht wau-wau.«

Kind: »Und die Mama hat zum Geburtstag so was bekommen für Inliner, das kann man an die Beine machen, dass man sich nicht wehtut.«
Erwachsener: »Hat deine Mutter Knieschoner zum Geburtstag bekommen? Hast du denn auch Inliner?«

Korrektives Feedback auf unterschiedlichen sprachlichen Ebenen

Schwierigkeiten in der Verständigung

Während die Eltern ihre Kinder oft noch ganz gut verstehen, stehen Erzieherinnen und fremde Personen häufig vor der Frage, wie sie reagieren sollen, wenn Kinder ihnen etwas erzählen und sie nicht wissen, um was es geht. Manchmal kann man sich mit zustimmendem Nicken oder mit allgemeinen Fragen (»Ja wirklich?«, »Ach, so war das?«) für eine Weile aus der Affäre ziehen. Was aber passiert, wenn das Kind kurz darauf eine Frage stellt, die sich auf den Inhalt des Gesagten bezieht? Viele Kinder kennen die Erfahrung gescheiterter Kommunikationsversuche. Deshalb sind sie häufig besonders sensibel, wenn es um die Frage geht, ob ihr Gegenüber sie verstanden hat. Wenn sie in so einer Situation ihren Gesprächspartner entlarven und feststellen, dass sein Verständnis nur gespielt war, sind sie enttäuscht und verunsichert. Sie profitieren nur dann von einer Kommunikationssituation, wenn sie auch sicher sein können, dass der Gesprächspartner wirklich verstanden hat, was sie ihm übermitteln wollten.

Einem Kind, das schwer verständlich spricht, sollte man deshalb vor allem mit Ehrlichkeit begegnen. Wenn etwas unklar geblieben ist, sollte man das offen ansprechen oder versuchen, den Inhalt durch eine Frage zu klären. Man kann dem Kind dabei gleichzeitig ein Feedback über das geben, was man schon verstanden hat. Wenn man dabei das Anliegen des Kindes nicht genau erkannt hat und etwas »Falsches« rückmeldet, wird es einen vermutlich korrigieren. Es kann auch sinnvoll sein, den Inhalt allmählich einzugrenzen: »Ich habe verstanden, dass ihr weggefahren seid. Wer ist mitgefahren? Mama und Oma …?« »Seid ihr zu einer Feier gefahren oder habt ihr einen Ausflug gemacht?« Für das Kind ist es oft so mühsam, das zu übermitteln, was es sagen will, dass es nach ein paar Minuten frustriert aufgeben will. Der Abbruch der Kommunikation bedeutet aber erneute Frustration für das Kind. In diesen Situationen sollte man ihm zeigen, dass man wirklich daran interessiert ist, was es zu sagen hat, und dass man bereit ist, ihm zu helfen und die nötige Zeit zu investieren. Manchmal gehört aber auch Fingerspitzengefühl dazu, zu entscheiden, ob die Fortführung des Gespräches noch sinnvoll ist.

3.6 Reflektieren der eigenen Arbeit

Alltagsintegrierte Sprachförderung setzt voraus, dass die pädagogischen Fachkräfte sich stetig mit dem eigenen Verhalten auseinandersetzen. Besonders aufschlussreich für die eigene Arbeit können kurze Videosequenzen sein, denn oft ist es viel leichter, das eigene Verhalten auf diese Weise »von außen« zu beobachten und zu reflektieren. Fragen hierzu können sein:

- Was hat das Kind gesagt?
- Was wollte es vielleicht damit ausdrücken?
- Wie habe ich reagiert?
- Wer führt in der Situation? Wer bestimmt das Geschehen?
- Gibt es geteilte Aufmerksamkeit? Wenn ja, durch wen wird sie gesteuert? (vgl. auch Buschmann 2009)

Habe ich
- zugehört?
- Pausen gelassen?
- verstanden, was das Kind mir sagen wollte?

- auf das, was es mir sagen wollte, mehr geachtet als auf die sprachliche Form?
- dem Kind Feedback gegeben (wiederholt, was es mir gesagt hat)?
- wiederholt und erweitert?
- korrektives Feedback gegeben?
- non-verbale Anteile der Kommunikation wahrgenommen/selbst genutzt?
- Prosodie bewusst genutzt?
- Blickkontakt hergestellt/gehalten?

3.7 Sprachförderung bei Kindern, die Deutsch als Zweitsprache lernen

Kinder, die Deutsch als Zweitsprache lernen, brauchen eine besonders sprachförderliche Umgebung. Damit sie noch auf die gleichen Erwerbsmechanismen zurückgreifen können, die sie im Erstspracherwerb so erfolgreich machen (Tracy 2008), heißt das vor allem, die Sprachförderung sollte möglichst früh beginnen.

Im Grunde geht es beim Zweitspracherwerb im Kindergarten um einen »natürlichen« Zweitspracherwerb (vgl. Kapitel 1), das heißt, die Kinder lernen die deutsche Sprache »implizit«, also in natürlichen Kommunikationssituationen, so wie sie auch ihre erste Sprache gelernt haben. Je jünger die Kinder sind, desto besser funktioniert das. Für die Erzieherinnen bedeutet Sprachförderung dann vor allem, die Sprachentwicklung der Kinder genau zu beobachten, das Sprachangebot variationsreich und interessant zu gestalten, Kommunikationssituationen zu schaffen, die Kinder zur Kommunikation einzuladen und ihre Sprechversuche anzuerkennen (Sander/Spanier 2005).

Für Kinder, die zu Beginn ihrer Kindergartenzeit nur sehr wenig Deutsch verstehen und sprechen, ist der Aufbau einer vertrauensvollen Beziehung besonders wichtig. Ein paar Wörter in der Erstsprache des Kindes können dabei wichtige Brücken bauen. Leider gibt es nur selten pädagogische Fachkräfte, die die Erstsprache mit den Kindern teilen. Die Eltern sind aber sicherlich gerne bereit, hier als »Lehrer« zu helfen.

Bei etwas älteren Kindern ist es dagegen durchaus sinnvoll, auch explizitere Lernmöglichkeiten anzubieten (Tracy 2008). Das geschieht z. B. dann, wenn man sich das Wissen der Kinder darum, dass sie es mit zwei verschiedenen Sprachsystemen zu tun haben, für das Lernen zunutze macht und mit ihnen über Wörter in verschiedenen Sprachen spricht, wenn man mit ihnen darüber spricht, mit wem sie welche Sprache sprechen oder überlegt, welche Sprachen überhaupt im Kindergarten gesprochen werden. Häufig haben mehrsprachige Kinder gute metasprachliche Fähigkeiten. Das sollte unbedingt genutzt werden. Denn Kinder, die Deutsch als Zweitsprache lernen, brauchen auf der anderen Seite auch besonders gute Fähigkeiten der phonologischen Bewusstheit, um in einer Sprache, die sie erst nach ihrer Familiensprache gelernt haben, auch im Schriftspracherwerb erfolgreich zu sein (vgl. Grimm/Schwalbach 2010).

Was ist wichtig, wenn Kinder in den Kindergarten kommen, die noch wenig Deutsch sprechen und verstehen?

Das Ziel ist zunächst einmal die Vermittlung von Sicherheit, Wertschätzung und Akzeptanz (a. a. O.). Darüber hinaus sind alle Mittel sinnvoll, die den Kindern ermöglichen zu verstehen, über was gesprochen wird. Das kann der Einsatz von Mimik und Gestik sein, das Zeigen, der Einsatz von Pantomime oder eine besonders deutliche Satzmelodie. Zeichen und Symbole für verschiedene Räume, für den Tagesablauf, für kleine Ämter usw. können ebenfalls die Orientierung erleichtern. Sie bieten später auch wichtige Sprechanlässe.

Kinder, die wenig Deutsch verstehen, brauchen Sicherheit

1.) Samira, ein Kind mit einer Entwicklungsstörung und arabischer Erstsprache, steht zusammen mit der Logopädin vor der Wand im Gruppenraum. Alle Räume des Kindergartens sind auf Fotos zu sehen. Darunter hängen Bilder aller Kinder der Gruppe. Samira sucht ihr Foto: »Das nich, das Tom! Das ich!« »Genau, das bist du auf diesem Foto.« Sie zeigt auf das Foto der Küche: »Ich geh nich da!« »Nee, du gehst nicht in die Küche.« Sie zeigt auf das Bild des Logopädie-Raumes: »Ich geh in du Raum« »Genau, du gehst jetzt mit in meinen Raum.« Samira hängt ihr Foto zu dem Foto des entsprechenden Raumes.

2.) Beim Begrüßungskreis am Morgen wird der Ablauf des Tages besprochen. Für die einzelnen Tätigkeiten werden Magnetkärtchen mit entsprechenden Symbolen an das Whiteboard gehängt. Akin kommentiert: »Erst Fruhstuck, dann rausgehen.«

Feste Rituale und häufig wiederholte Abläufe ermöglichen das Zurechtfinden, aber auch das sprachliche Lernen. Kurze einfache Lieder, Verse oder Fingerspiele, die häufig wiederholt werden, können ebenfalls den Einstieg in die deutsche Sprache erleichtern.

Wertschätzung der Erstsprache

Kinder, die Deutsch als Zweitsprache lernen, haben bereits wichtige Kommunikationserfahrungen in ihrer Erstsprache gemacht. Sie haben schon erfahren, dass sie mithilfe von Sprache Wünsche und Vorstellungen äußern, auf das Handeln anderer wirken, mit anderen in Beziehung treten können usw. All diese Erfahrungen sind ein wichtiger Motor für sprachliches Lernen.

Wenn Kinder kompetent in ihrer Erstsprache sind, haben sie außerdem ein gut strukturiertes mentales Lexikon. Das heißt, in ihrem mentalen Lexikon gibt es schon Strukturen mit Oberbegriffen, Gegensätzen, Synonymen usw. In ihrem mentalen Lexikon ist das Bedeutungswissen gespeichert, das an die Wörter ihrer Erstsprache geknüpft ist. Wenn die Kinder im Zweitspracherwerb an dieses Wissen und diese Konzepte anknüpfen können, fällt ihnen der Worterwerb in der neuen Sprache viel leichter. Die Fähigkeiten in der Erstsprache sind also wichtige Voraussetzungen für den Zweitspracherwerb.

Für Kinder mit mehreren Sprachen ist es ganz wichtig zu erfahren, dass ihre Mehrsprachigkeit ein Reichtum ist und kein Problem. Deshalb ist es so förderlich, wenn die Erstsprachen der Kinder im Kindergarten auch vorkommen. Wenn die Erzieherinnen sich bemühen, Namen richtig auszusprechen, sich vielleicht ein paar türkische, russische … Worte aneignen, signalisieren sie den mehrsprachigen Kindern, dass sie sich für ihre Erstsprachen interessieren.

Auch Bücher in ihrer Sprache vermitteln den Kindern, dass Interesse an ihrer Erstsprache besteht. Viele Bilderbuchklassiker gibt es inzwischen in zahlreichen Sprachen. Mehrsprachige Bücher finden sich z.B. unter www.mein-buechergarten.de. Viele Eltern sind sicherlich auch bereit, aus dem nächsten Urlaub in der Heimat ein Bilderbuch mitzubringen oder traditionelle Kleidungsstücke für die Verkleidungsecke zur Verfügung zu stellen.

In vielen Kindergärten ist es bereits üblich, dass sich die Kinder morgens in verschiedenen Sprachen begrüßen oder Geburtstagslieder in verschiedenen Sprachen gesungen werden. Besonders schön für alle Kinder ist auch ein türkisches, arabisches … Frühstück mit entsprechender Musik. Solche Aktivitäten bieten auch die Möglichkeit, Eltern im Kindergarten willkommen zu heißen.

Sprachförderndes Verhalten

Die in Kapitel 3.5 beschriebenen Grundsätze für sprachförderndes Verhalten gelten in besonderem Maße für Kinder, die mit anderen Erstsprachen aufwachsen und in den Kindergarten kommen, wenn sie noch wenig Kontakt zur deutschen Sprache hatten.

Non-verbale Kommunikation

Bei Kindern, die wenig Deutsch verstehen oder sprechen, ist die non-verbale Kommunikation ein ganz wichtiges Verständigungsmittel! Der Einsatz von Pantomime und Gesten kann ihnen beim Verstehen helfen. Über den Blickkontakt kann ein gemeinsamer Hintergrund hergestellt werden, sodass klar wird, worum es gerade geht.

»Stille Phasen«

In Kapitel 1.12 wurde bereits erwähnt, dass Kinder, die Deutsch als Zweitsprache lernen, manchmal am Anfang ihrer Kindergartenzeit sehr wenig sprechen (vgl. Grimm/Schwalbach 2010; Tracy 2008). Für Erzieherinnen, die mit einem gewissen Anspruch an die Sprachförderung herangehen, ist das oft nicht einfach (vgl. Grimm/Schwalbach 2010). Wichtig ist es, Kindern, die sehr wenig sprechen, immer wieder Kontakt auf sprachlichem und nicht-sprachlichem Weg anzubieten und sie keinesfalls zum Sprechen aufzufordern und auch nicht zu viele Fragen zu stellen.

Regelungen zur Sprachtrennung

Eine günstige Voraussetzung für den Mehrspracherwerb ist eine konsequente Trennung der Sprachen. Das gilt sowohl für Familien, in denen die Kinder von Anfang an mit zwei Sprachen aufwachsen, z.B. weil beide Eltern unterschiedliche Sprachen sprechen, als auch für Kinder, die zu Hause ihre Erstsprache oder Familiensprache sprechen und im Kindergarten Deutsch lernen.

In jeder Familie gibt es irgendwelche Regelungen für den Gebrauch der Sprachen. Zu Hause kann das z.B. das Prinzip »eine Person – eine Sprache« sein. In manchen Familien wird aber auch das Prinzip »Alltagssprache – Wochenendsprache« oder »eine Situation – eine Sprache« verfolgt (siehe Kapitel 1.14). Es kann aber auch sein, dass in der Familie die Familiensprache und außerhalb die Umgebungssprache gesprochen wird oder die Mutter eine andere Sprache mit dem Kind spricht, wenn sie mit ihm alleine ist, als zusammen mit dem Vater. So eine Regelung könnte z.B. dann Sinn machen, wenn der Vater die Sprache der Mutter nicht gut versteht (Sander/Spanier 2005).

Den einzig richtigen Weg im Umgang mit der Mehrsprachigkeit gibt es nicht. Wichtig ist, dass eine Regel gefunden wird, mit der sich alle wohl fühlen, und diese Regel möglichst konsequent eingehalten wird. Die Regelung sollte auf jeden Fall gewährleisten, dass die Kinder Sprachanregung in beiden (allen) Sprachen bekommen. Dazu müssen die gesprochenen Sprachen vom jeweiligen Sprachvorbild gut beherrscht werden. Es macht keinen Sinn, wenn mehrsprachige Eltern, die sich selbst im Deutschen nicht sicher fühlen, mit ihren Kindern Deutsch sprechen, in der Annahme, ihnen damit den Zugang zur deutschen Sprache zu erleichtern.

Regelungen für den Kindergarten müssen gemeinsam im Team gefunden werden. Keinesfalls sollte den Kindern verboten werden, in ihrer Erstsprache zu sprechen. Vor allem dann, wenn die Anzahl der mehrsprachigen Kinder, die wenig Deutsch sprechen, sehr groß ist, müssen aber Regelungen gefunden werden, mit denen alle gut leben können. Das kann z.B. sein:

- Die Kinder dürfen untereinander ihre Erstsprache sprechen, aber sobald ein Kind dazu kommt, dass diese Erstsprache nicht versteht, wird Deutsch gesprochen. Deutsch wird auf diese Weise zur »Verkehrssprache« erklärt.
- In allen Rollenspielbereichen (Bauteppich, Puppenecke …) dürfen die Kinder ihre Erstsprachen verwenden; bei den Mahlzeiten, beim Morgenkreis, bei Bastel- und Spielangeboten wird Deutsch gesprochen.

Förderbereich Wortschatz

Kinder, die im Kindergarten Deutsch als zweite Sprache lernen, haben idealerweise schon viele Wörter in ihrer Erstsprache gelernt. Deshalb ist es besonders schön, wenn Eltern ein Thema in der Erstsprache noch einmal aufgreifen:

Im Flur der Kita hängt ein Plakat, auf dem Fotos von Kindern zu sehen sind, die unterschiedliche Gefühle zeigen. Ein Kind guckt traurig, eines fröhlich, eines zeigt Angst usw. Ayse zieht ihre Mutter zu dem Plakat und zeigt ihr die Bilder, natürlich insbesondere die, auf denen sie selbst als »Fotomodell« zu sehen ist. Johanna, die Gruppenleiterin, hört, dass sich Ayse lebhaft mit ihrer Mutter auf Türkisch unterhält. Nun bittet sie Ayses Mutter, die türkischen Wörter für die dargestellten Gefühle und Eigenschaften neben die deutschen Wörter zu schreiben. Kurze Zeit später holt ein türkischer Vater seinen Sohn ab. Er lächelt, als er das strahlende Gesicht seines Sohnes auf dem Foto sieht und daneben das türkische Wort für »glücklich«.

Bei Kindern gibt es unterschiedliche Sprachlernstrategien. Manche Kinder nutzen eher das Lexikon als Einstieg, während andere komplette Phrasen kommunikativ verwenden und erst später in Einzelwörter auflösen (vgl. Kapitel 1.3). Um den Kindern möglichst schnell den Zugang zu ersten Kommunikationssituationen zu ermöglichen, kann man auch versuchen, am Anfang auf die eher ganzheitliche Sprachlernstrategie zu setzen und bestimmte feststehende Ausdrücke zu etablieren. Wenn die Erzieherinnen z.B. beim Essen immer wieder als Modell fungieren und sagen: »Ich bin *fertig*« oder »Ich möchte noch *mehr*« bzw. »Ich bin schon *fertig* mit den Nudeln« oder »*Ich möchte noch mehr* Gemüse«, werden sicherlich sehr schnell einige der Kinder diese Ausdrücke übernehmen.

Förderung des (deutschen) Wortschatzes

In welchen Situationen lässt sich der Wortschatz am besten fördern? Ganz wichtig ist, dass das in natürlichen Kommunikationssituationen geschieht. Alltägliche Handlungen wie An- und Ausziehen, Wickeln, Zähne putzen, Frühstück usw. bieten sich deshalb an, weil der »gemeinsame Hintergrund« in diesen Situationen völlig klar ist und immer wiederkehrende Handlungen sich wunderbar mit immer wiederkehrenden Wörtern verbinden lassen. Damit ist allerdings nicht gemeint, dass immer die gleichen Sätze verwendet werden sollen. Es geht nicht darum, dass die Kinder diese Sätze auswendig lernen sollen. Aber in den täglichen Routinen und Standardsituationen werden viele Dinge immer wieder benutzt, viele Tätigkeiten immer wieder getan. Wenn darüber gesprochen wird, und zwar in abwechslungsreicher Sprache, haben die Kinder gute Lernmöglichkeiten.

Aber Wortschatzförderung lässt sich auch mit jeder Art von »Projekt« verbinden, unabhängig davon, ob es sich um ein Bastelangebot, eine hauswirtschaftliche Tätigkeit oder naturwissenschaftliches Experimentieren handelt. Wichtig ist, dass die Kinder mit ihren Überlegungen zu Wort kommen und dass neue Wörter an Handlungen und damit an sinnlich Erfahrbares geknüpft werden können.

Welche Wörter sollen angeboten werden? Die Auswahl eines Wortschatzes für die Förderung sollte immer von der Frage geleitet sein, welche Wörter für das Kind kommunikativ relevant sind. Am Beginn der Kindergartenzeit sind das möglicherweise eher Bedürfnisse wie »trinken«, »essen«, »Pipi machen«. Je nachdem, womit ein Kind sich gerne beschäftigt, können dann Themenbereiche wie »Mahlzeiten/Essen«, »Personen«, möglicherweise aber auch »Anziehen« oder »Spielen« weiter ausgebaut werden.

Welche Wörter sind für das Kind kommunikativ relevant?

Ganz wichtig ist, bei der Förderung des Wortschatzes an alle Wortarten zu denken. Gerade weil es eine Vielzahl an Materialien und Abbildungen gibt, liegt der Fokus zuerst häufig auf den Nomen. Für den Aufbau der Grammatik sind aber die Verben ganz besonders wichtig (vgl. Kapitel 1.9). Kommunikativ sind dagegen Wörter wie »nein«, »nicht«, »doch«, »mehr«, »fertig« sehr machtvoll.

Förderbereich Grammatik

Beim Sprechen kombinieren wir immer Wörter miteinander. Wenn wir die »Meilensteine« der Grammatikentwicklung (siehe Kapitel 1.9) im Kopf haben, können wir das allerdings auf eine Art und Weise tun, die es den Kindern erleichtert, den jeweils nächsten Erwerbsschritt zu tun:

Cayahan fängt an, die Satzklammer zu beachten, allerdings noch vereinzelt. Er ruft seinem Freund zu: »Warte! Ich mitkomme. Ich musse noch aufräume.«
Während er im ersten Satz den Partikel »mit« noch nicht vom Verb ablöst (»Ich komme mit«), sind in der Konstruktion mit Modalverb (müssen) beide Positionen der Satzklammer besetzt (Ich **mu**sse noch **aufräume**). Seine Erzieherin Susanne hat registriert, dass er an »Meilenstein III« arbeitet. Sie fragt den Freund: »Kannst du warten? Cayahan **räumt** schnell noch **auf**. Dann **kommt** er **mit**.«

3.8 Sprachförderung bei Kindern unter drei Jahren

Je jünger ein Kind ist, desto wichtiger ist es, dass sich die Erwachsenen in der Sprachförderung an seiner Aufmerksamkeit orientieren, wenn sie ihm sprachliche Angebote machen. Der »trianguläre Blickkontakt« (siehe Kapitel 1.4) zeigt den erwachsenen Gesprächspartnern ja eigentlich genau, womit sich die Kinder gerade beschäftigen und worüber sie sich austauschen möchten. Die Erzieherinnen können dann dem Interesse der Kinder folgen, herausfinden, worauf gerade ihre Aufmerksamkeit gerichtet ist, und auf einfühlsame Weise versuchen, darüber mit ihnen in einen kommunikativen Austausch zu kommen.

3.9 Förderung der phonologischen Bewusstheit

Die phonologische Bewusstheit (siehe Kapitel 1.8) stellt eine wichtige Vorläuferfähigkeit für das Erlernen von Lesen und Schreiben dar. Diese Erkenntnis hat dazu geführt, dass verschiedene Programme für das Vorschulalter entwickelt wurden. Gerade zur Förderung der phonologischen Bewusstheit bietet sich der Einsatz fertiger Programme an, weil es sehr schwierig ist, das Wort- und Lautmaterial entsprechend auszuwählen. Aber:

- Ein Programm zum Training der phonologischen Bewusstheit darf nicht einziger Baustein in einem Sprachförderkonzept sein. Die phonologische Bewusstheit ist *ein* Bereich der Sprachentwicklung, wenn auch ein für den Schriftspracherwerb wichtiger.
- Ein Training der phonologischen Bewusstheit darf nicht den Blick verstellen für behandlungsbedürftige Sprachstörungen. Es ist sinnvoll, Kinder mit großen Schwierigkeiten in der phonologischen Bewusstheit logopädisch oder sprachtherapeutisch untersuchen zu lassen.

Das Würzburger Trainingsprogramm (Küspert/Schneider 2003) ist z.B. ein Programm zur Förderung der phonologischen Bewusstheit, das im letzten Kindergartenhalbjahr eingesetzt werden soll. Es konnte inzwischen nachgewiesen werden, dass sich die Fähigkeiten der phonologischen Bewusstheit mit diesem Programm tatsächlich verbessern lassen (vgl. auch Lisker 2011 sowie www.bildungsserver.de).

Das große Verdienst des Würzburger Trainingsprogrammes ist es, dass die »phonologische Bewusstheit« immer häufiger als wichtige Grundlage für den Schriftspracherwerb und als relevanter Förderbereich gesehen wird.

Das Würzburger Trainingsprogramm wies aber in seiner ursprünglichen Form einige methodische Schwierigkeiten auf. Geisler (2003) hat diese sehr umfassend und anschaulich beschrieben.

Inzwischen gibt es eine neuere und überarbeitete Auflage (2006), bei der nach Angabe der Autoren das Wortmaterial so ausgewählt wurde, dass diese Schwierigkeiten nicht auftreten.

3.10 Förderung der Literacy

Der Begriff »Literacy« hat im Deutschen keine Entsprechung. Er umfasst Lesekompetenz und Schreibkompetenz, lässt sich aber im Kindergarten vor allem auf das Interesse an Schriftsprache, an Büchern, Geschichten und am gemeinsamen Erzählen beziehen (vgl. Ulich 2003).

1.) Im Gruppenraum hängt ein Tierplakat. Unter jedem Tierbild steht der Tiername. Sarah steht vor dem Plakat und sucht alle großen und kleinen »s«, weil sie das »s« aus ihrem eigenen Namen kennt. Jonas gesellt sich dazu und sucht die Anfangsbuchstaben seines Namens, wird allerdings nur beim »Jaguar« fündig.
2.) Drei Mädchen spielen Einkaufen. Nach einiger Zeit kommen sie auf die Idee, sich Einkaufszettel zu schreiben.
3.) Kevin möchte auf jedes seiner gemalten Bilder seinen Namen schreiben: »Damit jeder weiß, dass ich das gemalt habe.«
4.) Marc sitzt mit seinem Freund Jan auf dem Sofa in der Bücherecke. Er »liest« seinem Freund seine Lieblingsgeschichte vor. Dabei verwendet er Wörter wie »plappern« und »schreiten«, die er im normalen Alltag nicht benutzt.

Kindern Literacy-Erfahrungen zu ermöglichen, meint nicht, ihnen schon im Kindergarten Lesen und Schreiben beizubringen. Es geht darum, ihnen einen Zugang zu Geschichten und zur Erzählkultur zu ermöglichen, ihr Interesse an Büchern und ihre Neugier auf das Symbolsystem »Schrift« zu erhalten oder zu wecken. Die Kinder sollen die Möglichkeit haben (wie Marc in unserem Beispiel) zu entdecken, dass sich die Sprache in Geschichten von unserer Alltagssprache unterscheidet. Und wenn sie anfangen, sich für Buchstaben zu interessieren, sollen sie auch im Kindergarten Möglichkeiten für die weitere Auseinandersetzung mit diesem spannenden Thema finden. Gerade Kinder aus Elternhäusern, in denen kaum gelesen wird, brauchen die Möglichkeit, Lesen und Schreiben als Eintrittsmöglichkeit in eine spannende Welt zu entdecken und nicht als reine technische Fertigkeit, die man unter vielen Mühen erlernen muss.

Wie kann nun eine Förderung der Literacy im Elementarbereich konkret aussehen (vgl. Ulich 2003)?

- **Vorlesen und gemeinsames Anschauen von Bilderbüchern:** Je nach sprachlichem Entwicklungsstand der Kinder können hier unterschiedliche Schwerpunkte gesetzt werden (Benennen von Objekten: »Guck mal, was ist das denn da?«; Versprachlichen von Handlungen; Beziehungen und Abfolgen zwischen Bildern herstellen: »Er schaut unter das Bett, weil er seinen Hund sucht«; innere Bilder entstehen lassen; Vorausdeuten: »Was passiert als nächstes?«). Wichtig ist, dass die Kinder neben der Freude an Geschichten allmählich lernen, Sprache auch losgelöst von der unmittelbaren Realität zu verstehen.

Häufig gibt es auch »Vorlesepaten«, die von außen in den Kindergarten kommen, um Kindern in kleineren Gruppen vorzulesen. Informationen über Vorlesepaten und viele Ideen, wie man das Vorlesen zu einem spannenden Erlebnis machen kann, gibt es unter www.stiftunglesen.de.

Aber auch beim »Vorlesen« ist zunächst einmal, anders als der Begriff es nahelegt, darauf zu achten, dass das Kind zu Wort kommt mit seinen Entdeckungen und Überlegungen (vgl. Buschmann 2009).

Auch beim »Vorlesen« sollen die Kinder zu Wort kommen

- **Leseecke:** Sind Bücher frei für die Kinder verfügbar? Gibt es einen gemütlichen Platz zum Lesen? Können die Kinder Bücher für zu Hause ausleihen?
- **Schreibecke:** Gibt es Papier und geeignete Stifte für die ersten Schreibversuche? Werden diese unterstützt? Gibt es ansprechende Buchstaben (z. B. Magnete, Holzbuchstaben …)? Gibt es Plakate mit Buchstaben, z. B. das Alphabet?
- **Anregung zu Rollenspielen mit Schriftsprache:** Die Auseinandersetzung mit der Schriftsprache kann auch in Rollenspielen gefördert werden, wenn die Kinder »Post« oder »Büro« spielen oder sich als »Kellner« aufschreiben, was gewünscht wird und später die »Rechnung« bringen.
- **Lexikon gemeinsam mit den Kindern erstellen:** Auch die Herstellung eines gruppeneigenen Lexikons kann großen Spaß machen. Die Kinder malen Abbildungen von Gegenständen oder Tieren, schneiden Bilder aus Katalogen aus und ordnen sie nach Themen. Anschließend werden die Bilder mit dem Namen des jeweiligen Tieres oder Gegenstandes beschriftet.
- **Anwesenheitsbuch:** Wenn die Kinder, je nach Alter, morgens ihren Namen in ein Anwesenheitsbuch eintragen oder ein Kreuzchen hinter ihrem Namen machen können, erleben sie, dass Schrift ganz konkret mit ihnen selbst zu tun hat. Sie fühlen sich wichtig und wahrgenommen.
- **Tagesplan, Wochenplan, »Ämter«:** Auch Pläne, wie sie häufig in Kindergärten existieren, lassen sich so führen, dass sie auch für die Kinder Informationen liefern und die Verlässlichkeit von geschriebenen Regeln ausdrücken. Ältere Kinder können z. B. kleine »Ämter« wie das Holen der Getränke zum Früh-

stück oder das Abschließen der Spielfahrzeuggarage übernehmen. Solche Pläne bestehen natürlich nicht nur aus Schrift, sondern auch aus Symbolen und Bildern.

3.11 Zusammenarbeit mit Eltern

Die Zusammenarbeit mit den Eltern schafft eine wichtige Grundlage für die Sprachförderung. Von den Eltern kann die pädagogische Fachkraft Informationen über die familiäre und soziale Situation der Kinder, ihr sprachliches Umfeld, über Interessen und Aktivitäten bekommen. Sie erfährt, wie die Eltern ihr Kind sehen, was sie sich für seine Zukunft erhoffen und welche Wünsche und Erwartungen sie dabei an den Kindergarten haben.

Kleine Kinder, die beim Erzählen noch nicht berücksichtigen können, was der Gesprächspartner bereits an Informationen hat, sind darauf angewiesen, dass sich Eltern und Erzieherinnen gegenseitig die nötigen Informationen liefern, damit die Anliegen und Wünsche oder die kleinen »Geschichten« zu verstehen sind (vgl. Jampert et al. 2011).

Julia ist zweieinhalb Jahre alt. Auf dem Weg vom Kindergarten nach Hause sagt sie plötzlich: »Ich bin ganz hoch geklettert.« Die Mutter rätselt: »Warst du auf dem Klettergerüst?« Julia schüttelt den Kopf. Die Mutter stellt noch mehrere Fragen, bis Julia sich schließlich abwendet und vorausläuft. Am nächsten Tag erfährt die Mutter, dass Julias Gruppe einen Spaziergang zu einem Spielplatz gemacht hat, auf dem es einen Kletterturm gab.

Der gemeinsame Hintergrund für Kind und Eltern lässt sich auch gut mithilfe einer Digitalkamera und eines digitalen Bilderrahmens herstellen. Aktuelle Fotos von Unternehmungen und aus dem Gruppenalltag geben Einblicke und können Gesprächsanlässe zwischen Eltern und Kind sein.

In Kapitel 1.4 »Die frühe Kommunikation« wurde beschrieben, dass Eltern normalerweise mit intuitiven Fähigkeiten ausgestattet sind, um die (sprachliche) Entwicklung ihres Kindes bestmöglich zu unterstützen. Gerade bei Kindern, die sich mit der Sprachentwicklung schwer tun, passiert es aber, dass durch Ängste und Sorgen, die die Eltern in Bezug auf die (sprachliche) Entwicklung ihres Kindes haben, diese intuitiven Fähigkeiten nicht mehr ausreichend tragen. Wenn den Eltern vermittelt wird, wie Sprachförderung in der Einrichtung gesehen wird, welche Ziele die pädagogischen Fachkräfte verfolgen und wie sie diese umsetzen, können auch Transfereffekte stattfinden. Wenn die Eltern sprachförderndes Verhalten in der Gruppe erleben können, wenn sie eingeladen werden, zuzuschauen und mitzuspielen, können sie sich wichtige Verhaltensweisen abschauen.

Ein Wort zum Thema »Fernsehen«

Leon ist zum zweiten Mal in der logopädischen Praxis. Unruhig rutscht er auf seinem Stuhl hin und her. Dann fragt er: »Warum ist es hier so leise?« Auf die Rückfrage, welche Geräusche ihm denn fehlen würden, antwortet er: »Fernsehen oder Radio.«

Für Kinder unter drei Jahren ist Fernsehen grundsätzlich wenig förderlich. Sie sind mit der Bilder- und Tonfülle überfordert. Ihre visuellen Verarbeitungsmöglichkeiten sind noch nicht so gut, dass sie die häufig schnellen Schnitte verarbeiten können. Weil sie keine Möglichkeit haben, das Gesehene und Gehörte zu entschlüsseln, bringt ihnen der Fernsehkonsum auch keinen Informationszuwachs.

Während ein Kind vor dem Fernseher stillsitzt, kann es keine eigenen Erfahrungen machen, sich bewegen oder eigene Ideen produzieren. Viele Kinder sind deshalb nach dem Fernsehen schlecht gelaunt und können nichts mit sich anfangen. Das Fernsehen sollte deshalb immer zeitlich begrenzt sein. 30 Minuten Stillsitzen sind für ein Vorschulkind schon eine ganze Menge.

Fernsehen ist nicht vergleichbar mit echter Kommunikation. Das Kind kann keine Fragen stellen, seine eigenen Eindrücke und Gefühle nicht äußern und das Gesehene im Gespräch verarbeiten. Die Flut der Bilder läuft in schnellem Tempo weiter. Anders als beim Lesen kann das Kind das Tempo nicht mitbestimmen. Sieht das Kind eine Sendung gemeinsam mit den Eltern an, kann es anschließend mit ihnen darüber sprechen, seine Fragen klären und das Gesehene verarbeiten. Wenn es sich ergibt, kann dann im Laufe der nächsten Tage gemeinsam Bezug auf den Inhalt genommen werden.

Eltern und pädagogische Fachkräfte sind herausgefordert, interessante Alternativen zum Fernsehprogramm aufzuzeigen und dem Kind durch ihr Verhalten eine Wertschätzung von Sprache zu vermitteln. Und Erzieherinnen sind herausgefordert, die Eltern in diesem Punkt verständnisvoll und einfühlsam zu beraten und sie zu informieren.

Zusammenarbeit mit Eltern im Rahmen interkultureller Pädagogik

Bei Kindern mit einer anderen Familiensprache, die Deutsch als Zweitsprache erwerben, ist eine Zusammenarbeit mit den Eltern besonders wichtig. Fast alle Eltern wünschen sich, dass ihre Kinder später erfolgreich in der Schule sind und einen Beruf ergreifen können, der ihnen Freude macht und mit dem sie eine eigene Familie ernähren können. Wenn die Eltern aber nichts darüber wissen, auf welche Weise der Kindergarten versucht, diese Ziele zu erreichen, und wenn ihnen nicht klar ist, wie das deutsche Schul- und Bildungssystem aufgebaut ist und funktioniert, können sie auch wenig Beitrag dazu leisten. Machen die Erzieherinnen aber ihre eigene Arbeit transparent, erklären sie den Eltern, welche Lernmöglichkeiten mit bestimmten Tätigkeiten verbunden sind, und machen sie sie auf kleine Fortschritte ihrer Kinder aufmerksam, können Mütter und Väter Vertrauen in die Arbeit des Kindergartens gewinnen und sie viel leichter unterstützen. Umgekehrt können die Eltern berichten, was ihnen im Umgang mit ihren Kindern wichtig ist und wo sie Fortschritte in der Entwicklung sehen.

Manchmal ist es schwierig, gerade die Eltern mehrsprachiger Kinder zu erreichen, und Erzieherinnen sind nicht selten frustriert, weil Elternangebote nur spärlich besucht werden. Vielleicht ist es aber gar nicht immer mangelndes Interesse, was die Eltern fernhält. Stellen wir uns doch einmal mal vor, wir würden für einige Jahre in China leben. Alles käme uns fremd vor, die Sprache bliebe uns auch nach einiger Zeit nahezu unverständlich, das Essen würde uns immer wieder vor Rätsel stellen, und trotz allen Bemühens bliebe es schwierig für uns, nicht unwissentlich gegen die dortigen Regeln der Höflichkeit zu verstoßen. Ein Elternabend in einem chinesischen Kindergarten würde uns einiges abverlangen: Wir würden nur Bruchstücke des Gesprochenen verstehen, das Essen, das gereicht würde, wäre uns fremd, da wir die Gepflogenheiten nicht kennen würden, wären wir unsicher, was man von uns erwartet … Was würden wir uns wünschen, damit wir unseren Mut zusammennehmen und hingehen würden? Wahrscheinlich würden wir uns am ehesten trauen, wenn wir bereits eine Beziehung zu einer der Erzieherinnen oder zu anderen Eltern hätten. Wenn wir ungefähr wüssten, was für den Abend geplant ist und wer außer uns kommt, würde das unsere Bereitschaft, uns auf die neue Situation einzulassen, vermutlich ebenfalls fördern.

Wenn die Eltern selbst so wenig Deutsch sprechen und verstehen, dass eine Verständigung kaum möglich ist, ist der Einsatz von Dolmetschern oft die einzige Möglichkeit. Vielleicht kann auch Vertrauen geweckt werden, wenn eine andere Mutter mit derselben Erstsprache eine Art »Patenschaft« übernimmt, die Abläufe des Kindergartens erklärt oder bei Verständigungsproblemen »übersetzt«. Wenn es um sehr persönliche Dinge geht, kann diese Strategie aber auch sehr heikel sein. Ein professioneller, zur Verschwiegenheit verpflichteter Dolmetscher ist dann sicher sinnvoller.

Viele Eltern sind auch verunsichert, inwieweit ihre persönlichen Regelungen zur Sprachtrennung von Institutionen wie dem Kindergarten akzeptiert werden. Manchmal fühlen sich Eltern auch unter Druck, mit den Kindern Deutsch sprechen zu müssen. Der Kindergarten hat hier erst einmal die Aufgabe, Wissen zur mehrsprachigen Entwicklung zu vermitteln. Wenn die Eltern erfahren, wie wichtig eine sichere Beherrschung der Erstsprache für den weiteren Lernerfolg der Kinder ist, fühlen sie sich manchmal entlastet, weil sie die schwierige Aufgabe »den Kindern Deutsch beizubringen« anderen überlassen und in der Sprache sprechen können, in der sie selbst sich am wohlsten fühlen. Auf dieser Grundlage ist es dann auch nicht schwierig, den Eltern zu vermitteln, wie wichtig ein regelmäßiger Besuch des Kindergartens ist.

Die Eltern finden so in ihrer Erziehungsverantwortung Bestärkung, denn die Erstsprache können nur sie ihrem Kind weitergeben. Vor allem wenn es um Emotionen geht, z.B. beim Trösten, beim Schimpfen, beim zärtlichen Schmusen, ist es viel leichter, sich der Muttersprache zu bedienen als einer später gelernten Sprache.

Auch für das kulturelle Wissen, das mit der Herkunftssprache verknüpft ist, sind die Eltern die Experten. Sie können auch gefragt werden, wenn es darum

Eltern über mehrsprachige Entwicklung informieren

geht, den Erstsprachen der Kinder im Kindergarten einen Raum zu verschaffen. So gibt es mittlerweile viele Bilderbücher in verschiedenen Sprachen. Ein Elternnachmittag, auf dem das gleiche Bilderbuch auf Deutsch, Türkisch und Russisch vorgelesen wird, kann allen Beteiligten viel Spaß machen und regt die Kinder zum Nachdenken über den Reichtum ihrer Sprachen an. Wenn die Eltern über Vorhaben oder kleine Projekte informiert sind, wenn sie wissen, womit ihr Kind den Tag verbracht hat, können sie sich das Erlebte von den Kindern in der Erstsprache berichten lassen. Auf diese Weise kann das Lernen deutscher Wörter an Wortwissen in der Erstsprache anknüpfen.

Es gibt inzwischen eine Vielzahl von Beratungsblättern in mehreren Sprachen, die den Eltern Informationen und Tipps für die mehrsprachige Erziehung an die Hand geben (z.B. unter: www.kinderaerztliche-praxis.de/merkblaetter oder: www.ifp.bayern.de/materialien/elternbriefe.html).

Gerade bei zweisprachig aufwachsenden Kindern ist es ganz wichtig, die Sprechfreude zu erhalten oder zu fördern. Häufig sprechen die Kinder nicht beide Sprachen gleich gut. Manchmal entscheiden sie sich auch für den ausschließlichen Gebrauch einer Sprache. Dann sollte die andere Sprache konsequent weiter angeboten werden, ohne dass das Kind genötigt wird, sie auch zu sprechen. Das Kind sollte immer selbst entscheiden dürfen, welcher der Sprachen es sich bedient, und auch zu Hause gilt: Inhalt vor Form!

3.12 Ermittlung des Sprachstandes/Feststellung von Förderbedarf/Diagnostizieren/Beobachten/Dokumentieren

Die Überschrift legt es bereits nahe: Ganz unterschiedliche Zielsetzungen werden von Fachleuten verfolgt, wenn es darum geht, den sprachlichen Entwicklungsstand von Kindern zu erfassen. Dementsprechend vielfältig sind die Methoden und Verfahren, die für diese Aufgabe zur Verfügung stehen. Und es gibt wieder ganz unterschiedliche Vorgaben durch Länder und Kommunen.

Eine Übersicht findet sich unter anderem unter www.bildungsserver.de. Vom Deutschen Jugendinstitut wurden mehrere Expertisen in Auftrag gegeben, die ebenfalls eine Übersicht bieten: www.dji.de. Eine kritische Betrachtung der unterschiedlichen Herangehensweisen findet sich z.B. bei Kany und Schöler (2010) sowie bei Fried (2004).

Begriffsklärung
Die Klärung der Begrifflichkeiten kann zunächst einmal helfen, die Zuständigkeiten und Aufgaben der verschiedenen fachlichen Disziplinen und Institutionen klarer zu sehen (vgl. Grimm/Schwalbach 2010).

Was ist ein (Sprachentwicklungs-)Test?

Ein Test ist ein wissenschaftlich abgesichertes Verfahren, das eine Erfassung eines bestimmten Merkmals oder einer bestimmten Eigenschaft erlaubt. Tests sind standardisiert, das heißt die Rohwerte für die erfassten Merkmale können in Werte umgerechnet werden, die zeigen können, wo eine Person in Bezug auf dieses Merkmal im Vergleich zu einer Stichprobengruppe steht. Tests sind auch normiert, das heißt über den Vergleich mit den Ergebnissen anderer Personen, in diesem Falle mit der Altersnorm, kommt man zu einer quantitativen Aussage über den Ausprägungsgrad bestimmter Merkmale.

Dabei wird davon ausgegangen, dass diese Merkmale in der Normstichprobe normalverteilt sind. Das heißt, im mittleren Leistungsbereich gibt es viele Messwerte und im ganz oberen und ganz unteren nur jeweils wenige. Deshalb ist es auch unsinnig, von Aufgaben zu sprechen, die »zu schwierig« oder »zu leicht« für bestimmte Personen sind. Schließlich sollen mit dem Test das gesamte Leistungsspektrum und eben auch überdurchschnittliche oder unterdurchschnittliche Leistungen erfasst werden können. Auf diese Weise können die Eigenschaften oder Leistungen einer Person mit einer Bezugsgruppe verglichen werden. Tests werden in der Diagnostik eingesetzt. Sie sind so konstruiert, dass sie im Idealfall objektiv, gültig und zuverlässig sind.

> **Objektivität** bedeutet: Ist das Ergebnis des Tests vom Untersucher unabhängig, das heißt erzielt ein anderer Untersucher das gleiche Ergebnis?
> **Validität** meint Gültigkeit. Misst der Test das, was er vorgibt zu messen?
> **Reliabilität** bedeutet: Wie zuverlässig ist der Test? Ergibt eine wiederholte Testung dasselbe Ergebnis?

Bei einem Test müssen deshalb die Anweisungen genau umgesetzt werden. Es ist keinesfalls erlaubt, Testanweisungen so umzuformulieren, dass die Kinder sie besser verstehen, oder Testaufgaben in irgendeiner Weise abzuändern. Wenn ein Test genau nach Instruktion durchgeführt wird und die Testperson nicht aufgrund von Krankheit, Müdigkeit o.ä. eingeschränkt ist, kann ein Test also für die entsprechenden Eigenschaften oder Fähigkeiten ermitteln, wo eine Person im Vergleich zu einer Bezugsgruppe steht. Es sollte klar sein, dass für Kinder, die mehrsprachig aufwachsen, Sprachentwicklungstests, die ausschließlich für die deutsche Sprache konzipiert wurden, nicht geeignet sind.

Sprachentwicklungstests sind im therapeutischen Rahmen sinnvoll und notwendig, um Sprachentwicklungsstörungen zu diagnostizieren, entsprechende Therapieverfahren auszuwählen und Behandlungserfolge messen zu können. Dabei werden immer verschiedene Sprachentwicklungstest zueinander in Beziehung gesetzt und durch eine ausführliche Anamnese (z.B. im Gespräch mit den Eltern) sowie durch Spontanspracherhebungen und Beobachtungen ergänzt. Erzieherinnen sollten Risikofaktoren und Anzeichen für eine Sprachentwicklungsstörung kennen (vgl. Kapitel 4), um bei einem begründeten Verdacht eine ausführliche Diagnostik durch Ärzte, Sprachtherapeutinnen oder Logopädinnen und ggf. Psychologen zu initiieren.

Was ist ein Screeningverfahren?

Ein Screening soll möglichst ökonomisch Entwicklungsrückstände oder Entwicklungsrisiken aufdecken – und zwar nach Möglichkeit bevor eine echte Entwicklungsstörung entsteht. Ein Screening kann dann Auskunft darüber geben, wann eine weitere Diagnostik sinnvoll ist. Standardisierte Screenings betrachten in der Regel einen engen Ausschnitt des Entwicklungsprofils, anhand dessen sie eine prognostische Aussage für einen anderen begrenzten Leistungsbereich beanspruchen (vgl. auch Leu et al. 2011). Die Konsequenz aus einem Screening kann eine Folgeuntersuchung oder eine Förderung in einem eng umgrenzten Leistungsbereich sein. Ein Screening sollte ebenfalls standardisiert und normiert sein. Bei einem Screening ist das Ergebnis aber nicht der Ausprägungsgrad eines bestimmten Merkmals, sondern eine Zuordnung zu einer von zwei Gruppen – z.B. »Das Kind hat ein Risiko für eine Sprachentwicklungsstörung« oder »Das Kind hat kein Risiko für eine Sprachentwicklungsstörung«.

HASE (= Heidelberger auditives Screening in der Einschulungsdiagnostik) nach Schöler und Brunner (2008) ist z.B. ein Verfahren, das mit dem Nachsprechen von Sätzen, der Zuordnung von Wörtern zu Wortfamilien, dem Wiedergeben von Zahlenfolgen und dem Nachsprechen von Kunstwörtern ein Risiko für die Ausprägung einer Schriftspracherwerbsstörung ermittelt. Insbesondere die Aufgabe »Nachsprechen von Sätzen« ist nach Meinung der Autoren auch gut geeignet, um in einem Screening das Risiko für Sprachentwicklungsstörungen zu ermitteln.

Viele Verfahren, die Screening genannt werden, genügen im Hinblick auf Objektivität und Verlässlichkeit nicht den genannten Kriterien. Wenn sie aber den Anspruch erheben, zwischen altersgemäßer Entwicklung und Förderbedarf bzw. weiterem Diagnostikbedarf zu unterscheiden, sollten sie methodischen Ansprüchen genügen. Deshalb gilt natürlich auch für Screenings, dass sie streng nach Anweisung durchgeführt werden müssen. Im Kindergarten wird z.B. häufig das »Bielefelder Screening« eingesetzt, um das Risiko für die Entwicklung einer Lese-Rechtschreibschwäche einzuschätzen und auf dieser Basis zu entscheiden, ob eine Förderung der »phonologischen Bewusstheit« sinnvoll ist.

Wünschenswert wären auch Screenings, die bei Unklarheiten zwischen sprachlichem Förderbedarf und behandlungsbedürftigen Sprachentwicklungsstörungen unterscheiden können.

Informelle Verfahren

Es gibt eine große Anzahl an Verfahren, die die genannten Gütekriterien nicht besitzen. Bei diesen Verfahren wurde nicht methodisch überprüft, ob das, was sie zu messen vorgeben, auch mit den Aufgaben erfasst werden kann. Die Konstruktion solcher Verfahren ist deshalb immer sehr von der theoretischen Haltung der Entwickler abhängig (vgl. auch Leu et al. 2011). Wichtig ist auch zu betrachten, wie eindeutig die Bewertungskriterien sind. Einschätzungen wie »nie – manchmal – häufig – immer« sind stark von der bewertenden Person abhängig (a.a.O.).

Epidemiologische Erhebungen

Solche Erhebungen sollen Daten von großen Stichproben liefern, beispielsweise von kompletten Kindergartenjahrgängen. Eine Fragestellung kann z. B. lauten, wie viele Kinder im Vorschulalter sprachauffällig sind. Die einzelnen Untersuchungen liefern unterschiedliche Ergebnisse, weil sich sowohl die Erhebungsinstrumente als auch die betrachteten Sprachentwicklungsbereiche unterscheiden.

Sprachstandserhebungen

Sprachstandserhebungen sollen einer orientierenden Einschätzung der Sprachfähigkeiten eines Kindes dienen, um zu entscheiden, ob ein Kind zusätzliche Sprachförderung benötigt. Oft ist allerdings nicht geklärt, inwieweit es sich bei diesen Verfahren eigentlich um epidemiologische Erhebungen handelt. Sprachstandserhebungen sind nicht geeignet, um behandlungsbedürftige Sprachentwicklungsstörungen zu identifizieren. Die Entscheidung über den Therapiebedarf und die Diagnosestellung bei sprachentwicklungsgestörten Kindern kann nur durch Fachleute getroffen werden, die sich mit der Sprachentwicklung und ihren möglichen Störungen auskennen und über Verfahren verfügen, mit denen sie verlässliche Aussagen über den Behandlungsbedarf treffen können (vgl. Broschüre des dbl 2004).

Diagnostik

Das Ziel von Diagnostik ist normalerweise die Feststellung eines Behandlungsbedarfes und die Auswahl der entsprechenden Therapieform. In einer logopädischen oder sprachtherapeutischen Diagnostik wird z. B. festgestellt, ob eine behandlungsbedürftige Sprachentwicklungsstörung vorliegt. Gleichzeitig können mithilfe von Tests und informellen Verfahren aber auch Aussagen darüber getroffen werden, auf welchen sprachlichen Ebenen die Therapie ansetzen sollte und welche Therapieverfahren dabei zum Einsatz kommen.

Beobachtung

Auf der Grundlage der alltäglichen Beobachtungen im Kindergarten machen sich die Erzieherinnen ein Bild von der Entwicklung eines jeden Kindes. Ziel dabei ist es, Fähigkeiten eines Kindes und deren Weiterentwicklung zu erfassen, zu dokumentieren und schließlich Lern- und Förderziele abzuleiten, an denen sich dann das pädagogische Verhalten orientiert. Beobachtungsverfahren dienen also nicht der Auslese in Kinder mit und ohne Förderbedarf, sondern als Grundlage für die individuelle Förderung jedes Kindes.

Sie können neben den formal-sprachlichen Fähigkeiten auch das Kommunikationsverhalten der Kinder in unterschiedlichen sozialen Kontexten, ihre non-verbalen Fähigkeiten sowie ihr Interesse an Sprache und Schrift in den Blick nehmen.

Beobachtungsverfahren unterliegen aber immer der Gefahr der subjektiven und selektiven Wahrnehmung sowie der fehlenden Trennung von Beobachtung und Interpretation (vgl. Leu et al. 2011).

Wofür ist der Kindergarten zuständig?

Zunächst stellt sich die Frage, welche Zielsetzung im Kindergarten verfolgt wird, wenn die Sprachentwicklung der Kinder eingeschätzt werden soll. Zum einen ist es wichtig, so früh wie möglich die Kinder identifizieren zu können, die eine Sprachentwicklungsstörung haben oder als Risikokinder für eine solche gelten (vgl. Kapitel 4.1). Diese Kinder brauchen eine logopädische oder sprachtherapeutische Therapie bzw. regelmäßige Kontrolldiagnostik.

Erzieherinnen sind oft die ersten Ansprechpartner, wenn sich Eltern Sorgen um die Sprachentwicklung ihres Kindes machen. Oft sind sie es auch, die den ersten Verdacht einer Sprachentwicklungsstörung äußern. Sie sollten die Sorgen der Eltern ernst nehmen und Risikofaktoren sowie Anzeichen für eine Sprachentwicklungsstörung kennen (vgl. Kapitel 4), um bei einem begründeten Verdacht eine ausführliche Diagnostik durch Ärzte, Sprachtherapeutinnen oder Logopädinnen und gegebenenfalls Psychologen zu initiieren. Screeningverfahren, z.B. im Rahmen der U7 beim Kinderarzt, können helfen, diese Kinder zu identifizieren (vgl. Albers 2010).

Zum anderen stellt sich die Frage, welche Kinder Sprachförderung bekommen sollten. Wenn nach dem Konzept der alltagsintegrierten Sprachförderung gearbeitet wird, müssen die Erzieherinnen im Grunde den sprachlichen Förderbedarf nicht ermitteln. Denn »wenn Sprachförderung zu einem normalen Anteil des Kita-Alltags wird, der grundsätzlich auf alle Kinder abzielt, so ist eine Erhebung des Sprachstandes in der Gruppe durch die ErzieherInnen nicht notwendig. Hierdurch werden ErzieherInnen entlastet und die Trennung zwischen medizinisch verordneter Sprachtherapie und pädagogischer Förderung wird deutlich« (Siegmüller et al. 2007, S. 90).

Beobachtung und Dokumentation als Grundlage sprachlicher Förderung

Das Verfahren, das somit das »Handwerkszeug« der pädagogischen Fachkräfte im Kindergarten schlechthin ist, ist die Beobachtung. Die Praxis des Beobachtens hat in der aktuellen Bildungsdiskussion einen hohen Stellenwert. Es herrscht breite Einigkeit darüber, dass Beobachten und Dokumentieren für den pädagogischen Alltag unverzichtbar sind. Aber auch hier gibt es eine große methodische Vielfalt (vgl. Bensel/Haug-Schnabel 2005). Für die Beobachtung sprachlicher Fähigkeiten bietet sich die sogenannte »freie Kurzzeitbeobachtung« oder »Fokusbeobachtung« an. Die Erzieherin konzentriert sich eine gewisse Zeit lang ganz auf die Beobachtung eines einzelnen Kindes. Günstig ist es, wenn sie möglichst viele Äußerungen des Kindes wörtlich protokolliert oder aufnimmt. Anschließend können die kindlichen Äußerungen im Hinblick auf Wortschatz, Grammatik oder auf die Frage, wie situationsadäquat sie sind, betrachtet und konkrete Ziele für die weitere Förderung oder eine weitere Diagnostik abgeleitet werden. Der Vorteil dieser Methode besteht darin, dass der Fokus nicht nur auf Schwächen oder Defizite gerichtet ist, sondern gerade auch Stärken und Fähigkeiten der Kinder ins Blickfeld rücken.

Simone, die Gruppenleiterin der Mondgruppe, hat sich heute vorgenommen, Melike zu beobachten. Sie hat Melike bisher als sehr schüchternes türkisches Mädchen erlebt. Seit einiger Zeit spielt Melike im Kindergarten häufig mit Sabrina. Im Moment sitzen die beiden gerade in der Puppenecke und »machen Frühstück«. Dabei unterhalten sich die Mädchen angeregt darüber, welches Geschirr auf den Frühstückstisch gehört. Simone protokolliert Melikes Äußerungen und ist sehr erstaunt:
Melike: »Wir brauchen noch ein Tasse und diese … wie heißt noch mal …«
(Sabrina: »Gabel? Nee, die doch nicht zum Frühstück.«)
Melike: »Doch, ein Gabel brauchen wir auch. Die Puppe esst auch Tomaten bei Frühstück. Ich tu das nach den Tisch.«

In dieser kurzen Situation konnte Simone viele von Melikes Fähigkeiten entdecken. Melike bringt ihre eigenen Vorstellungen sprachlich ein, sie verfügt über den notwendigen Wortschatz, um ihre Pläne bei Gegenargumenten zu verteidigen und fragt nach, wenn ihr ein Wort fehlt. Dadurch, dass sie sich in diese sprachliche Auseinandersetzung begibt, schafft sie sich im Grunde selbst ihre Sprachfördersituation. Simone freut sich über Melike und hat gleichzeitig erste Ideen für eine sprachliche Förderung, weil sie Melikes Interessen (Rollenspiele, Puppenecke) und ihre Offenheit und Lernbereitschaft für neue Wörter beobachtet hat.

Fähigkeiten beobachten

Es gibt eine Vielzahl von Beobachtungs- und Einschätzbögen, die bestimmte Themenfelder vorgeben und damit eine Struktur für die ansonsten manchmal unübersichtliche Datenfülle bieten. Denn wenn die Beobachtung strukturiert dokumentiert wird, lassen sich Wertungen, Vorurteile und die Fixierung auf Schwächen viel leichter verhindern. Gute Beobachtungsbögen gehen auch über eine bloße Feststellung des Ist-Zustandes hinaus und bieten die Möglichkeit, eine Entwicklung zu dokumentieren und konkrete pädagogische Ziele abzuleiten.

Sinnvoll kann es auch sein, sich Fragestellungen und Überschriften für die Beobachtung zu notieren und dahinter jeweils eine Lücke zu lassen für das Protokollieren wörtlicher Äußerungen, die entweder direkt in der Situation oder später auf der Grundlage einer Videoaufnahme mitgeschrieben werden. Je nach Alter des Kindes könnten dann mögliche Fragen sein:

Kommunikatives Verhalten

- Initiiert das Kind Kommunikation (zu Kindern/zu Erwachsenen)?
- Äußert es Gefühle, Gedanken, Meinungen, Wünsche?
- Spricht es über vergangene Erlebnisse?
- Beachtet es Gesprächsregeln (ich bin dran/du bist dran, andere aussprechen lassen)?
- Stellt es Fragen (welche)?
- Wie reagiert es, wenn es sich nicht verständlich machen kann?
- Wie äußert es sich, wenn es ein Spielzeug haben möchte (verbal/non-verbal)?
- Kann es in Konflikten Lösungsvorschläge machen?
- Kann es auf Lösungsvorschläge anderer (Kinder/Erwachsene) eingehen?
- Bittet es um Hilfe (in Konflikten, bei Handlungen)?

Sprachlich-kognitive Fähigkeiten

* Versucht das Kind, die Perspektive anderer einzunehmen (in Büchern, beim Einfühlen in Konflikte anderer Kinder)?
* Plant es Rollenspiele (»So tun als ob«, »Du wärst ...«)?
* Plant es Handlungen mithilfe von Sprache?
* Tauscht es sich über Entdeckungen/Erfahrungen aus (mit anderen Kindern/ mit Erwachsenen)?

Non-verbale Ausdrucksformen

* Sucht/hält das Kind Blickkontakt?
* Nutzt es Prosodie (Fragen stellen, Spannung aufbauen, mit verstellter Stimme sprechen)?
* Beteiligt es sich an Gesten und Gebärden bei Liedern (z. B. Mitklatschen ...)?
* Versucht es Liedteile, Morgenrituale mitzusingen/mitzusprechen?
* Zeigt es Dinge?
* Reagiert es auf non-verbale Verständigungshilfen?
* Kann es pantomimisch einen Begriff, eine Handlung darstellen?

Sprachverständnis

* Kann das Kind einfache verbale Aufforderungen befolgen (z. B. »Hol bitte deine Tasche«)?
* Scheint es sich dabei an der Situation/an Mimik und Gestik zu orientieren?
* Antwortet es angemessen auf Fragen?
* Kann es Geschichten folgen?
* Kann es Geschichten(teile) mit eigenen Worten nacherzählen?

Wortschatz

* Inhaltswörter: Verwendet das Kind Nomen (→ Gegenstände), Verben (→ Handlungen) und Adjektive (→ Eigenschaften)?
* Funktionswörter: Verwendet es Artikel (der, die, das, ein, eine), Konjunktionen (weil, dass, damit, wenn) und Präpositionen (auf, unter, neben, vor, hinter)?
* Verwendet es allgemeine Wörter wie »Sache«, »Ding«, »so was«, »machen«?
* Gibt es ein Lieblingsthema/Spezialgebiet?
* Fragt es nach Namen und Bezeichnungen?
* Imitiert es neue Wörter?
* Umschreibt es Dinge, wenn ihm ein Wort fehlt?

Aussprache/Phonologische Bewusstheit

* Spricht das Kind für Außenstehende verständlich?
* Werden Laute ausgelassen/ersetzt?
* Klingt die Betonung angemessen?
* Verbessert es sich selbst?
* Nutzt es Laute/Lautmalereien beim Spielen?

- Singt es Quatschlieder, sagt es Quatschwörter (willkürliche Veränderungen der Lautgestalt)?
- Merkt es sich Lieder/Reime?
- Erkennt es Reime?
- Findet es Reime?
- Hört es Laute aus Wörtern heraus (z.B. »Ameise fängt mit a an«)?
- Kann es Wörter in Silben segmentieren (z.B. »mit-klat-schen«)?

Grammatik
- Bildet das Kind Mehrwortsätze?
- Verwendet es Grammatik situationsangemessen (beim Antworten ist meist *nicht* ein ganzer Satz erforderlich)?
- Flektiert (beugt) es das Hauptverb (Meilenstein III nach Tracy 2008)?
- Steht das flektierte Verb in der Zweitposition (Meilenstein III nach Tracy 2008)?
- Kommt die Satzklammer vor (Aufspaltung trennbarer Verben: »Ich *zieh* mich *aus*«)?
- Kommen Nebensätze vor?
- Ist die Wortstellung in Nebensätzen korrekt = Verbendstellung (Meilenstein IV nach Tracy 2008)?
- Ist die Stellung der Satzglieder flexibel (»Ich habe einen großen Hund gesehen«, »Einen großen Hund habe ich gesehen«)?
- Wendet es Regeln auch bei unregelmäßigen Formen an (geschneidet, geesst)?

Literacy
- Hat das Kind Interesse an Büchern?
- Hört es gern Geschichten/lässt es sich gerne vorlesen?
- Hat es Interesse an Buchstaben/Schrift?

Besondere Fähigkeiten (!!!)
-
-

Ermittlung des Sprachstandes bei Mehrsprachigkeit

Die Identifikation von Kindern mit Sprachentwicklungsstörungen spielt auch bei Kindern mit Deutsch als Zweitsprache eine Rolle. Sie sind nicht häufiger, aber auch nicht seltener davon betroffen als einsprachige Kinder (vgl. Kapitel 1.1). Anhaltspunkte geben auf jeden Fall Informationen über den sprachlichen Stand in der Erstsprache, denn eine Sprachentwicklungsstörung zeigt sich *immer* in beiden Sprachen. Pädagogische Fachkräfte sollten idealerweise mit Sprachtherapeutinnen oder Logopädinnen kooperieren (vgl. auch Albers 2010).

Für die Ableitung von Förderzielen für Sprachförderung im Kindergarten ist wieder die regelmäßige Beobachtung das Mittel der Wahl. Was ist wichtig, bei der Beobachtung mehrsprachiger Kinder? Im Grunde gelten die gleichen Maßstäbe wie für die Beobachtung der Fähigkeiten in der Erstsprache:

- Die Beobachtung geschieht auf der Grundlage einer vertrauensvollen Beziehung zum Kind.
- Nicht allein sprachsystematische Ebenen (Wortschatz, Grammatik, Aussprache) werden betrachtet, sondern auch kognitive und sozial-kommunikative Fähigkeiten, das Interesse an Sprache(n), der Umgang mit Medien usw.
- Für die Beobachtung müssen also vor allem Rahmenbedingungen geschaffen werden, die Interaktion ermöglichen.
- Auch bei mehrsprachigen Kindern sollte das Bemühen um das Ableiten von Regeln erkannt und gewürdigt werden: Ein Kind, das Formen wie »ge-esst«, »geschneidet« oder »der lauft« verwendet, hat verstanden, wie in unserer Sprache Partizipien gebildet oder Verben konjugiert werden. Lediglich die Bildung der verschiedenen unregelmäßigen Formen hat es noch nicht gelernt.
- Je jünger die Kinder sind, desto mehr müssen die sprachlichen Fähigkeiten in natürlichen Situationen erfasst werden.
- Das komplexe, individuelle sprachliche Gefüge wird erkundet: Wer spricht mit wem wann welche Sprache?
- Wenn möglich sollten Informationen über den sprachlichen Stand in der ersten Sprache gewonnen werden (z.B. mithilfe von Elternfragebögen). Eine Sprachentwicklungsstörung liegt nicht vor, wenn Schwierigkeiten nur in einer Sprache auftreten!

Folgende Fragestellungen könnten bei der Beobachtung mehrsprachiger Kinder wichtig sein:
- Im Kontakt mit welchen Kindern benutzt das Kind im Kindergarten seine Familiensprache?
- Im Kontakt mit welchen Angehörigen spricht das Kind in seiner Familiensprache?
- Sucht das Kind Kontakt zu Kindern mit der gleichen Erstsprache?
- Sucht es Kontakt zu Kindern, die Deutsch sprechen?
- Sucht es Kontakt zu Kindern mit anderen Erstsprachen (welchen?)?
- Produziert es längere, zusammenhängende Äußerungen in seiner Familiensprache?
- Ist es bereit, im Kontakt mit deutschsprachigen Erwachsenen Wörter seiner Familiensprache zu nennen?
- Wechselt es je nach Erfordernis ohne größere Mühe von einer Sprache in die andere?
- Dolmetscht es für andere Kinder?
- Mischt es seine Sprachen?
- Versucht es, Deutsch zu sprechen, ist dabei aber sehr leise oder schwer zu verstehen?
- Wie reagiert es, wenn es sich nicht verständlich machen kann?

Inzwischen gibt es eine Vielzahl an Verfahren, die helfen sollen, den Sprachentwicklungsstand mehrsprachiger Kinder einzuschätzen. Leider wird noch manchmal versucht, die Sprachentwicklung mehrsprachiger Kinder mit Verfahren zu erfassen, die nur die Deutschkenntnisse der Kinder betrachten. Damit wird man dem komplexen Gefüge einer mehrsprachigen Entwicklung nicht gerecht! Bei Kindern, die mit mehreren Sprachen aufwachsen, ist es ganz wichtig, herauszufinden, wie ihre Fähigkeiten in der (den) anderen Sprache(n) sind. Natürlich gibt es nur selten Erzieherinnen, die die Erstsprachen der Kinder beherrschen und wirklich genau darüber Auskunft geben können, wie der Entwicklungsstand in der jeweiligen Erstsprache ist. Deshalb ist meist die einzige Möglichkeit, die Eltern zu den Fähigkeiten in der Erstsprache zu befragen. Leider beschränkt sich der Austausch oft auf sehr knappe Informationen.

> Erzieherin: »Wie sieht es denn bei Cayan im Türkischen aus?«
> Vater: »Gut. Auf Türkisch versteht er alles und kann alles sagen.«

Um Informationen zu erhalten, die über ein »Alles in Ordnung« oder »Sie spricht gut« hinausgehen, sind Elternfragebögen in der jeweiligen Sprache sehr hilfreich, z. B. als download beim Deutschen Bundesverband für Logopädie: www.dbl-ev.de unter CPLOL-Elternfragebögen.

3.13 Spielideen zur allgemeinen Sprachförderung

Der Reiz der alltagsintegrierten Sprachförderung liegt darin, dass in jeder Situation sprachliche Förderung stattfinden kann. Gerade die ganz alltäglichen Verrichtungen bieten aufgrund ihrer wiederkehrenden Struktur und ihres allgemein bekannten Ziels eine perfekte Gelegenheit. Aber auch viele der »klassischen« Spiele und Angebote im Kindergarten haben Sprachförderpotenzial.

Lieder, Reime, Fingerverse

Lieder, Reime und Verse machen den meisten Kindern Freude und haben eine positive Wirkung auf die Sprachentwicklung. Die Kinder erwerben ein Gefühl für die eigene Stimme, für den Rhythmus, für Reime, und sie erlernen möglicherweise neue Wörter. Besonders viel Spaß macht das in Verbindung mit Bewegung:

> Große Uhren machen tick tack
> Kleine Uhren machen ticke tacke
> Und die kleinen Taschenuhren machen ticketicketicketicke
> (Hier ändert sich die Sprechgeschwindigkeit und die Kinder können sich im Rhythmus hin und her bewegen.)

Auch die Entwicklung der phonologischen Bewusstheit wird mit Reimen und Versen angeregt. Besonders gut ist es, wenn die Kinder dabei selbst aktiv werden können. So kann z. B. in einem Vers zunächst das Reimwort ausgelassen und von den Kindern erraten werden:

Es war einmal ein Mann, der hatte einen Zahn. Der Zahn, der tat ihm weh, da sprang er in den S... Der See war ihm zu kalt, da ging er in den W...

Vielleicht ergibt sich anschließend ein Gespräch über Reime, oder es werden Bilder gemalt oder aufgeklebt von Wörtern, die sich reimen (Schwein, Bein, Wein ... Turm, Wurm, Sturm ... Kamm, Schwamm, Lamm ... Vase, Nase, Hase ... Rose, Hose, Dose).

Mit Sprache spielen und experimentieren

Leider reagieren Erwachsene oft ablehnend oder wenig interessiert, wenn Kinder anfangen, mit Sprache zu experimentieren. Gemessen an der Erwachsenennorm produzieren die Kinder ja tatsächlich nur Unsinn. Aber die Kinder können mit diesem »Unsinn« ihre sprachlichen Fähigkeiten optimal einüben und verbessern. Wenn sie entdecken, dass man kreativ und fantasievoll mit Sprache umgehen kann, dass es erlaubt ist, »komische Sachen zu sagen«, die Stimme zu verstellen, sich Wörter auszudenken oder Wörter zu verändern, gewinnt Sprache eine ganz neue Bedeutung. Sprache ist nicht mehr nur »Mittel zum Zweck«, sondern sie selbst ist nun der Grund für Spaß und Albernheiten. Die Kinder erwerben ein Wissen *über* Sprache und lernen, Sprache losgelöst von ihrem Inhalt zu betrachten.

- **Tierlaute und Lautmalereien:** Viele Kinder erzeugen gerne Geräusche, selbst wenn der eigene Wortschatz noch gering ist. Beim Bauernhof- oder Zoospiel werden Tierstimmen nachgeahmt, beim Spiel mit Autos erklingt ein »tuuuuut« oder ein lautes Motorengeräusch. Wenn in den Rollenspielen immer nur die gleichen »Comic«-Geräusche verwendet werden (bumm, krach, boing), kann man den Kindern helfen, das Repertoire an Lautmalereien zu erweitern. Die Kinder können angeleitet werden, sich verschiedene Tierlaute oder Motorengeräusche anzuhören (es gibt z.B. CDs mit verschiedenen Geräuschen) und gemeinsam versuchen, diese nachzuahmen und dann zu erraten.
- **Geheimsprachen:** Viele Kinder denken sich irgendwann »Geheimsprachen« aus. Manchmal ist das unverständliches Kauderwelsch, zu dem die »Übersetzung« mitgeliefert werden muss. Es gibt aber auch Geheimsprachen, die durch eine regelmäßige Veränderung der normalen Sprache entstehen. Sie zu sprechen ist sehr anspruchsvoll und erst ab einem Alter von mindestens fünf Jahren zu erwarten. Hier zwei Beispiele:
  B-Sprache: Nach jeder Silbe wird eine Silbe mit -b und dem Vokal aus der eigentlichen Silbe eingefügt: Kabannst dubu diebie Bebe-Sprabachebe sprebecheben?
  I-Sprache: An jedes Wort wird als Endung ein -i angefügt: Dassi isti zummi kapputti lacheni.
- **Quatschwörter:** Quatschwörter machen fast allen Kindern Spaß. Je abstruser sie klingen, desto lustiger. Auch Eigennamen zu verändern, kann lustig sein (Jonas, Jonoss, Jonuss ...). Viele Eigennamen eignen sich auch für erste Reimversuche: Anne-Tanne, Frank-Schrank.

- **Silbensprache (phonologische Bewusstheit im weiteren Sinne):** Die Kinder sitzen im Kreis. Jedes Kind nennt seinen Namen in »Silbensprache«, also z.B. Si-mon. Dazu kann ein Ball weitergegeben werden. Auf ähnliche Weise können die Kinder auch Tiernamen oder Wörter aus anderen Themenfeldern zerlegen.
- **Wörter mit bestimmten Anlauten oder Endlauten:** Ein Anfangs- (oder End-) laut wird vorgegeben. Die Kinder sollen nun möglichst viele Wörter zu diesem Laut finden. Möglich ist auch »Kofferpacken« mit Dingen, die alle den gleichen Anfangs- oder Endlaut haben. Achtung: Hier muss man wieder darauf achten, sich nicht von der Schriftsprache täuschen zu lassen. Bei »Eimer« hört man kein /r/ am Ende, ebenso wenig wie »Hund« mit /d/ aufhört.
- **Zungenbrecher:** Das (beabsichtigte) Versprechen bei Zungenbrechern regt die Kinder zum Üben schneller Sprechbewegungen, aber ebenso zum Nachdenken über Sprache an.
- **Lieder, in denen etwas verändert oder weggelassen wird:** Zwei Beispiele: »Drei Chinesen mit dem Kontrabass«, »Auf der Mauer auf der Lauer«.
- **Rollenspiele:** Das Verstellen der eigenen Stimme ermöglicht den Kindern nicht nur, sich in anderen Rollen zu erleben, sondern hilft ihnen auch, die Möglichkeiten der eigenen Stimme kennenzulernen. Sie können ausprobieren, welche Stimme zu welcher Rolle passt. Kinder können ihre sprachlichen Kompetenzen im Rollenspiel auch dadurch erweitern, dass sie dabei zwischen verschiedenen Sprechstilen wechseln, z.B. einen Kunden siezen oder auch mal den Konjunktiv verwenden: »Was hätten Sie gerne?« Handpuppen, eine Verkleidungskiste, ein Arztkoffer oder eine Spielzeugkasse regen häufig zu diesen Spielen an.

Spiele zur Förderung der auditiven Aufmerksamkeit

Spiele, die die auditive Aufmerksamkeit fördern, verlangen zuerst ein bisschen Konzentration, machen aber vielen Kindern großen Spaß.

- **Hinhören:** Alle sind für eine kurze Zeit ganz leise. Welche Geräusche gibt es im Kindergarten (z.B. Stimmen aus den anderen Räumen, Küchengeräusche), welche Geräusche von draußen sind wahrnehmbar (Autos, Zug, Vögel)?
- **Rotkäppchen:** Die Kinder sitzen im Kreis. Eine Geschichte wird erzählt. Immer wenn ein bestimmter Name oder ein bestimmtes Wort auftaucht, sollen die Kinder aufstehen. Namen (z.B. »Rotkäppchen«) zu erkennen, ist dabei einfacher als andere Wörter zu erkennen.
- **Geräusche lokalisieren:** Wer findet einen versteckten Wecker, der laut tickt?
- **Alltagsgeräusche/Tiergeräusche nachahmen:** Wer kann krähen wie ein Hahn, einen tropfenden Wasserhahn nachmachen?
- **Geräusche/Klänge differenzieren:** Mehrere Kinder sitzen im Kreis. In der Mitte liegen verschiedene Musikinstrumente oder Dinge, mit denen man Geräusche erzeugen kann (Locher, Dose mit Perlen, Schlüssel, Seidenpapier zum Rascheln usw.). Ein oder mehrere Kinder schließen die Augen. Ein anderes Kind geht in die Mitte und produziert ein Geräusch. Können die Kinder, die die Augen geschlossen halten, erraten, womit das Geräusch erzeugt wurde?

- **Geräusche merken:** Mehrere Kinder sitzen im Kreis. In der Mitte liegen verschiedene Musikinstrumente oder Dinge, mit denen man Geräusche erzeugen kann. Ein oder mehrere Kinder schließen die Augen. Ein anderes Kind geht in die Mitte und produziert zwei (später evtl. drei oder vier) Geräusche nacheinander. Können die Kinder, die die Augen geschlossen hatten, erraten, welches Geräusch zuerst und welches danach zu hören war?
- **Geräuschmemory:** Leere Filmdöschen oder »Überraschungseier« werden mit unterschiedlichen Materialien gefüllt (Reis, Sand, Wasser, Büroklammern usw.). Jeweils zwei Döschen haben den gleichen Inhalt. Die Kinder dürfen immer zwei Döschen schütteln, um Paare herauszufinden.
- **Laut oder leise?:** Die Abstufungen von »laut – leise« und »hoch – tief«, »langsam – schnell« werden in Bewegungen umgesetzt. Die Kinder können z.B. bei lauten Trommelschlägen laut aufstampfen, bei leisen schleichen oder bei schnell aufeinander folgenden Trommelschlägen schnell rennen, bei langsamen Schlägen ganz langsam gehen …

Spiele, die den Wortschatz fördern

Viele Rollenspiele bieten die Möglichkeit, neue Wörter in ihrem Bedeutungsbezug kennenzulernen. Beim Puppenhaus bieten sich das Wortfeld »Möbel« sowie die Verben »einräumen«, »sitzen«, »schlafen«, »essen« sowie außerdem Präpositionen und Farbadjektive an. Beim Kaufladen geht es um »Obst und Gemüse« sowie um die Verben »kaufen«, »bezahlen«, »kosten«, »brauchen«, um die Zahlwörter und vielleicht die Adverbien »mehr« und »genug«. Im Spiel mit Puppen und Kleidern stehen natürlich die Kleidungsstücke im Vordergrund, aber auch die Verben »an- und ausziehen«, verschiedene Farben, »zu groß« oder »zu klein« usw.

Gerade in solchen Spielen können Kinder voneinander lernen. Wenn der Eindruck entsteht, dass die Kinder »Input« benötigen, kann man auch gemeinsam den Karton mit dem Plastikobst oder den Puppenmöbeln auspacken und die Dinge benennen, bevor man den Kindern die Sachen zum Spielen überlässt.

Besonders anregend für Rollenspiele, in denen es um Kommunikation geht, sind zwei Spielzeugtelefone oder Handys.

Beim Erwerb neuer Wörter ist es ganz wichtig, dass die Kinder nicht nur visuelle Informationen mit dem neuen Wort verbinden. Wenn die Kinder einen neuen Gegenstand auch anfassen dürfen, erfahren können, was seine Funktion ist oder wie er riecht und schmeckt, können sie das neue Wort mit Informationen unterschiedlicher Sinneskanäle verknüpfen. Das erleichtert ihnen den Wortabruf ganz erheblich. Für die Kinder ist es deshalb wichtig, neue Gegenstände nicht nur auf Abbildungen kennenzulernen, sondern sie auch »in echt« erleben zu dürfen. Das führt auch dazu, dass es nicht bei der Wortklasse der Nomen bleibt, sondern die Kinder lernen z.B. beim gemeinsamen Aufbau eines Regals verschiedene Werkzeuge und die dazugehörigen Handlungen kennen. Beim Anrühren von Plätzchenteig erleben sie Küchengeräte und was man damit macht, beim Ausflug lernen sie die Zootiere kennen und wie die sich verhalten, was sie fressen usw.

- **»Ich sehe was, was du nicht siehst«:** Ein Kind beschreibt z.B. einen Gegenstand mit den Worten »Ich sehe was, was du nicht siehst, und das ist grün«. Die anderen Kinder erraten, welcher grüne Gegenstand gemeint sein könnte. Statt der Farbe kann auch die Form angegeben werden (»… und das ist eckig«) oder die Funktion (»… und damit kann man etwas bauen«). Achtung: Vielen Kindern fällt der Satz »Ich sehe was, was du nicht siehst, und das ist …« extrem schwer. Leichter geht es z.B. mit dem verkürzten Satz: »Ich sehe etwas Grünes.«
- **Fragen stellen:** Einige Spiele helfen den Kindern zu entdecken, wie wichtig Fragen sind, um sich Informationen zu beschaffen. Gleichzeitig kann daraus eine Strategie beim Erwerb neuer Wörter und beim Strukturieren des mentalen Lexikons werden. Ein Bild mit vielen Einzelheiten liegt in der Mitte. Ein Kind darf sich einen Gegenstand aussuchen. Durch Fragen versuchen die anderen Kinder nun, herauszufinden, um welchen Gegenstand es sich handelt (»Ist es grün, kann man damit fahren, kann man es essen?«). Für viele Kinder sind solche Fragen zuerst einmal ungewohnt. Wenn die Erzieherin mitmacht und als Modell fungiert, greifen sie mögliche Frageformen schnell auf.
- **Spiele mit »offenen Wortlisten«:** Spiele mit sogenannten »offenen Wortlisten« können viel Spaß machen und helfen den Kindern bei der Ordnung ihres Lexikons. Vorgegeben wird z.B. ein Anfangslaut. Die Kinder sollen alle »Wörter mit a« nennen, die ihnen einfallen. Es kann aber auch ein Oberbegriff vorgegeben werden wie »Zootiere« oder eine kurze Beschreibung: »Womit kann man fahren?« »Was kann man essen?« Damit die Bewegung nicht zu kurz kommt, kann dabei ein Ball geworfen oder gerollt werden.
- **Bilderbücher betrachten:** Viele Bilderbücher eignen sich zur lustvollen (!) Wortschatzerweiterung. Bücher, auf denen Alltagsgegenstände in ihrer Funktion zu erkennen sind, begeistern vor allem Kinder zwischen einem und drei Jahren. Kinder zwischen zwei und vier Jahren interessieren sich häufig dafür, im Bilderbuch eigene Erlebnisse wiederzuentdecken, z.B. einen Zoobesuch, einen Urlaub. Über das Entdecken von Tätigkeiten (»Guck mal, was der hier macht«) kann spielerisch der Gebrauch von Verben geübt werden. Ganz wichtig ist beim gemeinsamen Bilderbuchbetrachten auch, die Kinder zu Wort kommen und einen Dialog entstehen zu lassen (vgl. Buschmann 2009).
- **Bilderbücher herstellen:** Über verschiedene Kataloge oder Zeitschriften zum Zerschneiden oder Zerreißen werden die Kinder begeistert sein. Häufig ergeben sich aus einem solchen Angebot auch Gesprächsmöglichkeiten für die Kinder untereinander. Mit ein bisschen Anleitung können die Kinder die Bilder nach Kategorien ordnen (z.B. Möbel, Nahrungsmittel, Kleidung, Verkehrsmittel) und aufkleben.
- **Pantomime bei Verben:** Ein Kind macht eine Bewegung vor und die anderen suchen nach einem Verb, das diese Tätigkeit trifft (z.B. schleichen, rühren, springen …).
- **Beschreiben mit Adjektiven:** Adjektive beschreiben häufig etwas, das wir mit unseren Sinnen wahrnehmen. Manchmal genügt es, einfach einmal eine Wahrnehmung bewusst zu erleben. So kann man, wenn die Kinder beim Frühstück

verschiedenes Obst auspacken, dazu auffordern, die Obstsorten zu erfühlen (Die Orange ist »ribbelig«, der Apfel ist glatt, der Pfirsich ist samtig …).

- **Kimspiele:** Auch hier wird die Aufmerksamkeit der Kinder auf die sinnliche Wahrnehmung gelenkt. Gleichzeitig werden Adjektive zur Beschreibung gebraucht: sauer – süß, rau – glatt, dick – dünn usw.
- **Dinge suchen (→ Adjektive):** Die Kinder sitzen im Kreis. Es gibt zwei Gruppen. Jede Gruppe hat ein Körbchen. Jeweils ein Kind aus der Gruppe darf innerhalb von fünfzehn Sekunden möglichst viele Gegenstände mit einer bestimmten Eigenschaft (z.B. rot, rund …) im Raum suchen. Die Gruppe, die jeweils die meisten Gegenstände im Körbchen hat, bekommt einen Punkt.
- **Abstufungen (Adjektive):** Fünf ganz unterschiedliche Dinge werden nach ihrer Größe, Länge oder nach ihrem Gewicht sortiert. Anschließend kann man über die entstandenen Reihen sprechen (länger, kürzer, schwerer, leichter …).
- **Ball verstecken (Präpositionen):** Ein kleiner Ball wird im Gruppenraum versteckt. Das Kind, das ihn gefunden hat, erzählt den anderen, wo der Ball versteckt war, z.B. auf dem Regal, im Korb, hinter dem Vorhang …
- **Sprechen über Wörter:** Gemeinsam wird überlegt, welches schöne und welches weniger schöne Wörter sind. Wer hat ein Lieblingswort? Dabei werden die Kinder dazu angeregt, über Sprache und Wörter nachzudenken. Möglicherweise entwickeln sie auch eine erste Vorstellung davon, dass man Bedeutungsaspekt und Lautgestalt der Wörter getrennt betrachten kann:

»Mein schönstes deutsches Wort ist ›Libelle‹, weil ich Wörter mit dem Buchstaben ›l‹ liebe und dieses Wort sogar drei davon hat. Das Wort lässt sich irgendwie so leicht sprechen. Das flutscht so auf der Zunge. Aber ich finde auch, dass Libellen so schön flattern und genau das erkennt man auch in dem Wort« (Sylwan Wiese, neun Jahre, Gewinner des Wettbewerbs »Das schönste deutsche Wort«, zitiert in: Limbach 2005).

Spiele zur Unterstützung der Grammatik

Auch die Grammatikentwicklung kann am besten durch ein gutes Vorbild und korrektives Feedback unterstützt werden. Es empfiehlt sich nicht, die Kinder richtige Sätze nachsprechen zu lassen, denn auswendig gelernte, korrekte Sätze helfen ihnen nicht weiter. Einige Spiele sind gut geeignet, um den Kindern in Bezug auf die unterschiedlichen Verb-Endungen das richtige Sprachvorbild zu liefern:

- Kaufladen: »Was möcht*est* du?« »Ich möcht*e* …«
- Würfelspiele: »Ich *bin* dran.« »Du *bist* dran.« »Sophia *ist* dran.«
- Rollenspiele, z.B. mit Autos: »Ich fahr*e* zu …« »Wohin *fährst* du?«

Spiele, die Wahrnehmung und Beweglichkeit im Mundbereich fördern

- Beim **Grimassenschneiden** werden sämtliche Gesichtsmuskeln trainiert. Motivierend ist es auch, wenn die Kinder zuerst geschminkt werden und dann komische Grimassen machen. Bunte Punkte können auf die Wange geklebt und mithilfe der Zunge zerbeult oder sogar zum Runterfallen gebracht werden. Es kann auch sehr lustig sein, wenn jeweils ein Kind eine Grimasse vormacht, die die anderen nachmachen sollen.

- **Schnalzen und Blubbern:** Mit dem Mund kann man eine Vielzahl an Geräuschen erzeugen. Man kann mit der Zunge schnalzen, mit den Lippen »blubbern«, pfeifen, mit Geräusch pusten usw. Alle Geräusche erfordern eine gute Koordination und Kraft der Mundmuskeln.

- **Ach, du dicke Backe:** Wer »dicke Backen« macht, trainiert sein Gaumensegel, die Lippen- und die Wangenmuskeln.

- Beim **Pusten** werden Lippen- und Wangenmuskulatur und das Gaumensegel gekräftigt. Außerdem kann man üben, mit starkem oder weniger starkem Druck zu pusten. Wird ein Stück Watte oder eine Feder in eine bestimmte Richtung gepustet, muss das Kind auch die Lenkung des Luftstroms beherrschen. Manche Kinder, denen es schwer fällt, den Luftstrom zu lenken, können mithilfe eines Strohhalmes gut die Pusterichtung kontrollieren.

Behandlungs-bedürftige Störungen von Sprache, Sprechen und Stimme

4

In diesem Kapitel erfahren Sie:
- etwas über Symptomatik, Häufigkeit und Ursachen von
  - Sprachentwicklungsstörungen
  - kindlichen Stimmstörungen
  - Stottern
  - Poltern
- wie der Weg zur Logopädin oder Sprachtherapeutin aussehen kann
- wie Sie mit Kindern umgehen können, die die Sprache nicht so mühe-los erwerben.

Die meisten Kinder lernen ihre Sprache(n) und das Sprechen ohne besondere Schwierigkeiten. Es gibt aber auch Kinder, die sich von ihren Altersgenossen dadurch unterscheiden, dass sie Sprache nicht störungsfrei erwerben, dass sie stottern oder Stimmstörungen haben. Diese Kinder benötigen eine spezielle Diagnostik, in der ihre Schwierigkeiten, aber auch ihre Fähigkeiten in Bezug auf Sprache und Sprechen genau erfasst werden. In einer individuell für sie geplanten logopädischen oder sprachtherapeutischen Behandlung kann ihnen dann gezielt geholfen werden.

Die pädagogischen Fachkräfte im Kindergarten sind häufig neben den Kinderärzten die ersten Ansprechpartner, wenn sich Eltern Sorgen um die Sprachentwicklung ihres Kindes machen. Von ihnen erwarten die Eltern eine Einschätzung darüber, ob die Entwicklung ihres Kindes sich noch im Bereich des »Normalen« bewegt.

4.1 Störungen der Sprachentwicklung

Störungen der Sprachentwicklung sind dadurch gekennzeichnet, dass die Kinder die Sprache später und auch langsamer als andere Kinder erwerben (Grimm 1997) und inhaltliche Abweichungen vom normalen Spracherwerb zeigen (vgl. Interdisziplinäre Leitlinie). Sprachentwicklungsstörungen können die Sprachproduktion oder das Sprachverständnis betreffen – und zwar auf einer, mehreren oder allen sprachlich-kommunikativen Ebenen (Prosodie, Aussprache, Wortschatz, Grammatik und Kommunikation).

Bei den Störungen der Sprachentwicklung werden zwei Untergruppen unterschieden (Siegmüller 2011):

- *Spezifische* oder *umschriebene* Sprachentwicklungsstörungen (SSES oder USES), bei denen primäre Beeinträchtigungen (sensorische Schädigungen, neurologische Schädigungen, kognitive Beeinträchtigungen, emotionale Störungen) explizit ausgeschlossen werden.
- *Eingebettete Sprachentwicklungsstörungen*, also Sprachentwicklungsstörungen im Rahmen von primären Störungsbildern, z. B. bei Syndromen, im Rahmen von Hörstörungen usw.

Es gibt jedoch auch Kritik an dieser Unterteilung: Nierhaus (2010) gibt zu bedenken, dass es neben den Kindern mit eindeutig diagnostizierten Primärbeeinträchtigungen viele Kinder gibt, bei denen neben einer Sprachentwicklungsstörung auch Beeinträchtigungen der allgemeinen Entwicklung, der Motorik, der Wahrnehmung, des Hörens und des Spiel- oder Sozialverhaltens auffallen.

Häufigkeit von Sprachentwicklungsstörungen

Die Angaben der Häufigkeit von Sprachentwicklungsstörungen variieren beträchtlich. In den letzten Jahren gab es immer wieder Schlagzeilen, nach denen die Anzahl der Sprachentwicklungsstörungen dramatisch angestiegen sei (»Jedes vierte Kind ist sprachgestört«). Die Frage, ob die Sprachentwicklungsstörungen tatsächlich stark zugenommen haben, ist äußerst umstritten. Aktuelle Angaben für die spezifischen Sprachentwicklungsstörungen variieren zwischen drei und 15 Prozent. International und stabil über viele Jahre wird eine Häufigkeit zwischen sechs und acht Prozent angenommen (z. B. Tracy 2008; Grimm unter: www.uni-bielefeld.de). Eindeutig ist jedoch, dass Sprachentwicklungsstörungen insgesamt, auch bei vorsichtigen Schätzungen, relativ häufig sind. Selbst wenn nur drei Prozent eines Jahrganges betroffen wären, würde sich in fast jeder Kindergartengruppe oder Schulklasse ein betroffenes Kind finden.

> Bei 6 bis 8 Prozent eines Jahrganges sind SSES zu erwarten

Spezifische Sprachentwicklungsstörungen

»Kinder mit einer spezifischen Sprachentwicklungsstörung zeigen ein verzögertes Einsetzen, einen verlangsamten Verlauf und eine mögliche Stagnation in der Sprachentwicklung« (Nierhaus 2010, S. 23). Der Zusatz *spezifische* oder *umschriebene* Sprachentwicklungsstörung weist darauf hin, dass es sich um eine Störung handelt, die ganz speziell die sprachlichen Fähigkeiten betrifft.

Kinder mit einer spezifischen Sprachentwicklungsstörung haben laut Definition keine sensorischen Schädigungen, einen Intelligenzquotienten (non-verbaler IQ) im Normbereich, keine schwerwiegenden neurologischen Schädigungen, keine Hörschädigung, keine geistigen Behinderungen oder schweren Verhaltensstörungen und keine auffällig gestörte emotionale oder soziale Entwicklung. Auch ungünstige sozio-kulturelle Bedingungen als vermutete Entstehungsursache werden ausgeschlossen.

Ursachen von spezifischen Sprachentwicklungsstörungen

Bei den spezifischen Sprachentwicklungsstörungen wurde inzwischen intensiv nach möglichen zugrunde liegenden Defiziten gesucht. In verschiedenen Studien fanden sich folgende Befunde (vgl. Schöler et al. 1997; Rosenfeld/Horn 2011):

- Das phonologische Arbeitsgedächtnis ist beeinträchtigt. Kinder mit einer SSES haben Schwierigkeiten beim Wiederholen von Nichtwörtern (z. B. »ri-to-pa«). Je länger die Nichtwörter sind, desto weniger können sie von SSES-Kindern nachgesprochen werden.
- SSES-Kinder haben Schwierigkeiten, die Prosodie so für das sprachliche Lernen vor allem im Bereich der Morphologie (vgl. Kapitel 1.5, 1.7, 1.9) zu nutzen, wie das die anderen Kinder tun (z. B. Kauschke 2012).
- Kinder mit einer SSES haben eine Schwäche bei der Bildung und systematischen Überprüfung von Hypothesen.

Bislang bleibt aber ungeklärt, in welchem Zusammenhang diese Befunde mit den Sprachentwicklungsstörungen zu sehen sind. So ist z. B. nicht klar, ob es sich um Ursachen oder parallel entstandene Probleme handelt. Bisher muss man davon ausgehen, dass es nicht eine alleinige Ursache für Sprachentwicklungsstörungen gibt, sondern viele unterschiedliche Faktoren eine Rolle spielen.

Im normalen Spracherwerb ergänzen sich die genetische Ausstattung der Kinder und das sprachliche und kommunikative Verhalten der Umwelt in perfekter Weise. Deshalb ist es naheliegend, Ursachen für Störungen entweder in der genetischen Ausstattung oder im Sprachangebot der Umwelt zu vermuten.

Genetische Faktoren

Für die Entstehung einer spezifischen Sprachentwicklungsstörung gelten genetische Faktoren als Hauptursache. In vielen Familien treten gehäuft SSES auf, und Jungen sind häufiger von SSES betroffen als Mädchen.

Allerdings gibt es nicht ein »SSES-Gen«. Vielmehr muss man davon ausgehen, dass unterschiedliche genetische Faktoren eine Rolle spielen (Rosenfeld/Horn 2011). Möglicherweise gelingt, bedingt durch genetische Faktoren, die Sprachverarbeitung nicht so effektiv wie bei anderen Kindern. Dadurch können SSES-Kinder den sprachlichen Input nicht so gut nutzen und der Spracherwerb verläuft langsamer und mühsamer. Insgesamt bestätigt die Forschung den starken Einfluss einer genetischen Komponente.

Umweltfaktoren

Häufig werden veränderte gesellschaftliche Bedingungen für die Zunahme von Sprachentwicklungsstörungen verantwortlich gemacht. Dabei wird davon ausgegangen, dass durch die vermehrte Nutzung und Verbreitung von Medien wie Computer und Fernsehen für die Kinder weniger Kommunikationsmöglichkeiten bestehen. Aber Umweltfaktoren, insbesondere Fernsehkonsum oder ungünstiges Sprachvorbild durch die Eltern, spielen eine sehr viel geringere Rolle bei der Entstehung von SSES als oft in den Medien dargestellt wird (Grimm unter: www.uni-bielefeld.de). Sie allein sind nie die Ursache für eine Sprachentwicklungsstörung. Es gibt Studien, die zeigen, dass die Fähigkeiten der Kinder, Sprache zu erwerben, so robust sind, dass sie auch unter ungünstigen Bedingungen funktionieren. Umgekehrt gilt aber in jedem Fall: Hat ein Kind Schwierigkeiten mit der Sprachentwicklung, braucht es in besonderem Maße »genug« und auch »passende« sprachliche Anregung.

Gelegentlich suchen aber auch Therapeutinnen und Erzieherinnen den Grund für Sprachentwicklungsstörungen bei den Eltern. Manchmal scheinen die Dinge ja auch so offensichtlich zu sein:

1.) Franziska hat Probleme mit der Grammatik. Ihre »Sätze« haben Telegrammstil. Beim Erzählen hat sie große Schwierigkeiten, das Erlebte in eine Reihenfolge zu bringen. Kein Wunder, Franziska sieht zu Hause viel fern, sie kennt alle Kinderserien und sitzt manchmal ganze Nachmittage vor dem Fernseher.
2.) Sven lispelt. Klar, das passt ja auch zu seiner Rolle als Familienkasper, über den immer alle lachen.
3.) Katharina spricht kein /k/ und kein /g/, obwohl sie die Laute nach Einschätzung der Erzieherin durchaus bilden kann. Aber wenn sie sich so klein und hilflos anhört, erreicht sie bei ihrer Mutter alles.

Auch wenn die Dinge manchmal so klar scheinen: Erziehungsstil oder elterliches Sprachangebot sind nie *die* Ursache für eine Sprachentwicklungsstörung. Und so ist es nicht sinnvoll, sich mit den Fehlern der Eltern zu beschäftigen. Viel sinnvoller ist es, gemeinsam nach Lösungen zu suchen. Dabei können die Beobachtungen der Erzieherinnen durchaus mit einfließen, wenn sie positiv formuliert werden.

Erziehungsstil oder Sprachangebot der Eltern sind nicht die Ursache für SSES

1.) Franziskas Erzieherin berichtet der Mutter beim Abholen: »Heute hat Franziska ganz begeistert mit mir ein Bilderbuch angeguckt. Sie konnte viele Dinge benennen und hatte Spaß daran, Teile der Geschichte selbst zu erzählen.«
2.) Svens Erzieherin berichtet, wie er über eine Stunde mit einem Mädchen aus seiner Gruppe im Spielhaus verbracht hat. Sven lieferte viele neue Ideen für das Rollenspiel und hatte es gar nicht nötig, wie sonst rumzukaspern.
3.) Katharinas Erzieherin erzählt: »Katharina durfte heute beim Waffelbacken den Teig rühren. Ich hatte den Eindruck, dass es ihr gut tut, wenn man ihr für kleine Aufgaben die Verantwortung überträgt.«

Späte Sprecher – Late Talker

Es gibt Kinder, die später als andere Kinder mit dem Sprechen anfangen. Sie werden als »Late Talker«, also als »Späte Sprecher« bezeichnet, wenn sie bis zum Ende des zweiten Lebensjahres weniger als 50 Wörter sprechen oder keine Zweiwortkombinationen bilden. Eine etwas andere Definition bezeichnet als »Late Talker« die Kinder, die in ihrem Wortschatzumfang unterhalb der zehnten Perzentile liegen, also sozusagen die in Bezug auf das Wortlernen langsamsten zehn Prozent eines Jahrgangs (Szagun 2007).

Auch bei der Definition von Late Talkern werden Primärbeeinträchtigungen ausgeschlossen. Schwierigkeiten im kommunikativen und/oder konzeptuell-symbolischen Bereich (z.B. Symbolspiel und Kategorisierungsfähigkeiten) werden allerdings häufig beschrieben (vgl. Nierhaus 2010; Kauschke 2011).

Ein Teil der Late Talker holt die Entwicklung bis zum dritten Geburtstag wieder auf. Diese Kinder werden als »Late Bloomer«, »späte Blüher« bezeichnet. Aber mehr als die Hälfte der Late Talker entwickeln ab dem dritten Geburtstag sprachliche Auffälligkeiten, die sich entweder als schwache Sprachleistungen zeigen oder als spezifische Sprachentwicklungsstörung (Kauschke 2011), die ohne Behandlung auch in den weiteren Jahren bestehen bleibt. Auch bei den Late Bloomern bleiben sprachliche Leistungen oft im unteren Normbereich oder es gibt spätere Auffälligkeiten in der Entwicklung der phonologischen Bewusstheit.

Nicht alle Late Talker entwickeln also eine SSES, aber fast alle späteren SSES-Kinder waren früher Late Talker (a.a.O.). In der Forschung wird derzeit deshalb intensiv daran gearbeitet, Indikatoren zu entwickeln, um zwischen den Kindern zu differenzieren, die später aufholen (Late Bloomer) und den Kindern, die eine SSES entwickeln. Bisher erlaubt kein einzelner Faktor diese Vorhersage (a.a.O.). Eine Studie (Sachse/von Suchodoletz 2009) ergab, dass die Wahrscheinlichkeit für die Entwicklung einer SSES umso größer war, je niedriger das Wortverständnis im Alter von zwei Jahren und je niedriger die Schulbildung der Mutter war. Insbesondere die Frage, ob neben der Sprachproduktion auch das Sprachverständnis betroffen ist, scheint für die Prognose wichtig zu sein.

Von einer *Sprachentwicklungsverzögerung (SEV)* spricht man vor dem Ende des dritten Lebensjahres – zu dem Zeitpunkt, an dem eine SSES noch nicht sicher diagnostiziert werden kann. Eine SEV besteht, wenn die Sprachentwicklung um mindestens sechs Monate von der Altersnorm nach unten abweicht (vgl. Interdisziplinäre Leitlinie).

Mittlerweile gibt es Screeningverfahren in Form von Elternfragebögen – ELFRA 2 (Grimm/Doil 2000) oder FRAKIS (Szagun et al. 2009) –, die eine Früherkennung von Late Talkern schon z.B. im Rahmen der U7 beim Kinderarzt ermöglichen.

Sprachentwicklungsstörungen in Kombination mit Primärbeeinträchtigungen

Für die spezifische Sprachentwicklungsstörung werden körperliche Gründe explizit ausgeschlossen. Aber es gibt auch Sprachentwicklungsstörungen, die ganz offensichtlich in Verbindung mit bestimmten primären Beeinträchtigungen oder organischen Befunden auftreten.

Sprachentwicklungsstörungen im Rahmen von Hörstörungen

Hörstörungen bei Säuglingen und Kleinkindern sind deshalb so folgenschwer, weil in den ersten Lebensjahren die sogenannte »Hörbahn« ausreift. Zur Hörbahn gehören Nerven und Nervenfasern sowie die für die auditive Wahrnehmung im Gehirn zuständigen Bereiche. Bei der Hörbahnreifung entsteht vor allem im Laufe der ersten beiden Lebensjahre eine funktionsfähige Verschaltung, die die für die Sprachverarbeitung notwendige Aufnahme, Weiterleitung und Verarbeitung akustischer Signale ermöglicht. Dabei entstehen immer mehr Verbindungen zwischen Nervenzellen. Außerdem schreitet die sogenannte »Myelinisierung« der Nervenfasern voran. Es entsteht eine Isolationsschicht mit bestimmten Einschnürungen, die die Weiterleitung von Reizen schneller und effizienter macht.

Die Hörbahnreifung ist auf akustische Reize angewiesen. Wenn ein Säugling oder Kleinkind in dieser »sensiblen Zeit« schlecht hört und entsprechend weniger Höreindrücke an Nerven und Gehirn weitergeleitet werden, bleiben manche Areale möglicherweise lebenslang schwächer ausgebildet.

Die Therapie von Hörstörungen, also die Versorgung mit Hörgeräten oder die operative Belüftung des Mittelohres, muss deshalb unbedingt so früh wie möglich erfolgen.

Hörstörungen, die das Mittelohr betreffen (= Schallleitungsstörungen)

Die meisten Hörstörungen betreffen das Mittelohr (vgl. Kapitel 2.1). Es wird normalerweise mithilfe einer kleinen Röhre, der sogenannten Tube, belüftet. Die Tube mündet in den Nasenrachenraum. Bei jedem Schlucken erfolgt durch die Tube ein Druckausgleich. Wenn nun z.B. die Rachenmandeln (im Volksmund »Polypen«) vergrößert sind, verstopfen sie den Ausgang der Tube und verhindern eine gute Mittelohrbelüftung. Bildet sich durch mangelhafte Belüftung oder gehäufte Mittelohrentzündungen Flüssigkeit oder zäher Schleim im Mittelohr, kann das Trommelfell nicht optimal schwingen, und die winzigen Gehörknöchelchen können den Schalldruck nicht weiterleiten, sodass das Hören beeinträchtigt wird. Eine frühe Erkennung und Behandlung ist entscheidend für die weitere sprachliche Entwicklung. Bei Mittelohrproblemen können schon kleine operative Eingriffe die weitere Entwicklung nachhaltig beeinflussen. Wenn vergrößerte Rachenmandeln die Tube verstopfen, sollten diese entfernt werden. Außerdem kann ein Schnitt ins Trommelfell (»Parazentese«) zum Abfluss von Flüssigkeit und Schleim führen und die Hörfähigkeit wieder herstellen. Bei anhaltenden Tubenfunktionsstörungen verändert sich die Schleimhaut im Mittelohr und produziert einen zähen, leimartigen Schleim. In diesen Fällen wird ein kleines knopfähnliches Röhrchen (»Paukenröhrchen«) ins Trommelfell eingesetzt. Mit diesem wird das Mittelohr dauerhaft belüftet und trockengelegt.

Hörstörungen, die das Innenohr betreffen

Hörstörungen, die das Innenohr betreffen, oder »Schallempfindungsstörungen« sind viel seltener als Schallleitungsstörungen. Schallempfindungsstörungen können angeboren sein oder z.B. als Komplikation einiger Kinderkrankheiten entstehen. Wichtig ist, dass die Störung möglichst früh erkannt und das betroffene Kind auch entsprechend früh mit Hörgeräten versorgt wird.

Wenn ein Kind eine so weitreichende Schallempfindungsstörung hat, dass keine oder nur ganz geringe Hörreste vorhanden sind, gibt es auch die Möglichkeit einer Versorgung mit einem »Cochlea Implantat«. Dabei wird eine Reihe von Elektroden ins Innenohr eingesetzt. Ein Sprachprozessor wandelt den Sprachschall in elektrische Impulse um und leitet diese an die Elektroden weiter. Die Elektroden geben die Impulse an den Hörnerv weiter.

Gehörlosigkeit

Der Begriff »Gehörlosigkeit« bezieht sich meist weniger auf den Schweregrad einer Hörstörung, sondern auf die Zugehörigkeit zur Gehörlosengemeinschaft (Fellinger 2011). Damit ist die Nutzung der deutschen Gebärdensprache (DGS) gemeint und die zu dieser Sprachgemeinschaft gehörige kulturelle Identität. Die DGS ist eine vollwertige Sprache mit eigener Grammatik, die vor allem räumliche Beziehungen nutzt.

Zentrale Hörstörungen

Bei den sogenannten Zentralen Hörstörungen oder zentral-auditiven Verarbeitungsstörungen bzw. auditiven Wahrnehmungsstörungen ist das Hörorgan völlig intakt. Probleme gibt es bei der Wahrnehmung, Weiterleitung und Verarbeitung der Höreindrücke. Die Definitionen von auditiven Wahrnehmungsstörungen sind unterschiedlich und dementsprechend schwierig ist auch eine Diagnose.

Kinder mit zentralen Hörstörungen zeigen fehlende auditive Aufmerksamkeit, sie wirken, als würden sie nicht richtig zuhören. Oft sind sie empfindlich gegenüber Geräuschen. Viele haben Schwierigkeiten beim Richtungshören oder mit der

Diskrimination (der Unterscheidung) von Geräuschen und Lauten. Bei vielen Kindern ist zudem die Hörgedächtnisspanne – das kurzfristige Behalten auditiver Information – eingeschränkt.

Die Ursachen sind häufig ungeklärt. Diskutiert werden chronische Mittelohrentzündungen, Hirnreifungsverzögerungen und Umwelteinflüsse in Form von Über- oder Unterangebot von auditiven Reizen (Lauer 1999, 2011).

Bei zentralen Hörstörungen können die betroffenen Funktionen mit dem Kind, z. B. im Rahmen einer logopädischen Therapie, trainiert werden. Eltern und Erzieherinnen können dem Kind helfen, indem sie überflüssige Geräusche vermeiden und ihm so ermöglichen, das Wesentliche wahrzunehmen.

Anzeichen für Hörstörungen

Weil das Hören für die Sprachentwicklung einen so großen Stellenwert hat, sollen im Folgenden noch einmal Hinweise auf Hörstörungen zusammengefasst werden:

- Mangelnde Reaktion auf Geräusche oder Sprache
- Plötzliches »Verstummen« in einer bis dahin unauffälligen Sprachentwicklung
- Verzögerte Sprachentwicklung
- Auffällige Stimmlage (meist eher zu hoch)
- Auffällige Satzmelodie
- Häufiges Nachfragen
- Kein »Lauschen«
- Kein Interesse an Geschichten, Liedern usw.
- Anzeichen von Überforderung in lauter Umgebung
- Schwierigkeiten, auf Sprache zu hören, wenn es starke Hintergrundgeräusche gibt
- Unpassend erscheinendes Erschrecken bei Geräuschen.

Sprachentwicklungsstörungen im Rahmen von Syndromen, körperlichen oder geistigen Behinderungen

Bei vielen genetischen Syndromen und geistigen Behinderungen treten Sprachentwicklungsstörungen als Symptom auf. Dabei ist die Variationsbreite sehr groß (Siegmüller 2011). Beim Down-Syndrom gibt es z. B. Kinder, die weit entwickelte sprachliche Leistungen zeigen, und andere, bei denen die Sprachentwicklung nahezu ausbleibt (a. a. O.). Oft wird beschrieben, dass die Sprachproduktion schwerer betroffen ist als das Sprachverstehen, sodass ein Wortverständnis oder eine Schlüsselwortstrategie (vgl. auch Kapitel 1.10) eine sprachliche Orientierung im Alltag gut möglich machen.

Extreme motorische Beeinträchtigungen mit Lähmungen sind häufig Begleiterscheinungen von Schädigungen des Zentralnervensystems. Wenn Muskeln oder Körperteile extrem stark angespannt oder gestreckt sind, handelt es sich meistens um eine »spastische Lähmung«. Dann bestehen häufig auch bei älteren Kindern noch Reflexe, die eigentlich längst abgebaut sein müssten und die motorische Entwicklung hemmen. Auch im Mundbereich kann es solche störenden Reflexe geben. Bei Kindern mit spastischen Lähmungen besteht z. B. oft noch ein starker Beißreflex oder ein überstarker Würgereflex. Beide Reflexe erschweren »normale« Bewegungen bei der Nahrungsaufnahme und verhindern, dass die betroffenen Kinder den Mund als Wahrnehmungsorgan in angenehmer Weise erfahren können. Wichtige Lern- und Trainingsmöglichkeiten für die Mundmuskulatur entfallen.

Wenn Kinder große Schwierigkeiten mit dem Erwerb der Lautsprache haben, leisten sogenannte »alternative oder unterstützte Kommunikationsmöglichkeiten« (Einert 2001; Nonn 2011) – z.B. Sprachcomputer, Gebärden, Bildsymbole – wertvolle Hilfe. Sie ermöglichen es den betroffenen Kindern, mit ihrer Umwelt kommunikativ in Kontakt zu treten.

Entwicklungsstörungen in anderen Bereichen

Häufig bestehen neben Sprachentwicklungsstörungen Entwicklungsstörungen in anderen Bereichen. Dabei ist nicht theoretisch geklärt, ob und wie diese mit den sprachlichen Rückständen zusammenhängen.

Entwicklungsstörungen können vielfältige Ursachen haben. Oft lassen sich diese im Nachhinein aber nicht mehr genau erkennen. Manchmal gibt es Hinweise auf eine Schädigung des Kindes, die vor der Geburt (z.B. durch Infektionen, Krankheiten der Mutter), während der Geburt (schwere, lange Geburt, Sauerstoffmangel, Frühgeburt) oder nach der Geburt (Infektion des Neugeborenen, schwere Gelbsucht) erfolgt sein kann.

Störungen der Wahrnehmung

Kinder mit Wahrnehmungsstörungen haben Schwierigkeiten bei der Aufnahme und situationsgemäßen Interpretation von Reizen aus der Umwelt. Bewegungen wie Roller fahren, Fahrrad fahren, Malen, Schreiben, Klettern beherrschen die meisten Kinder irgendwann so gut, dass sie sich nicht mehr darauf konzentrieren müssen. Sie können dann Rad fahren und gleichzeitig aufmerksam ihre Umwelt betrachten oder reden. Man sagt, die Kinder haben diese Bewegungen »automatisiert«. Ein wahrnehmungsgestörtes Kind kann kaum auf automatisierte Bewegungen zurückgreifen. Alle Abläufe erfordern seine vollste Konzentration. Die Kinder können keine ausreichende Erfahrung mit den Gegenständen machen, deshalb bleibt ihr Spielverhalten eintönig und stereotyp. Mit vielen Dingen verbinden sie nichts, die Funktion bleibt ihnen unklar.

Der dreijährige Benny kommt zur Diagnostik in die logopädische Praxis. Er stolpert sofort auf das Spielregal zu und zieht scheinbar wahllos Spielmaterial aus den Fächern. Kartons werden geöffnet, auf den Boden geleert und fallengelassen. Für kein Spiel scheint sich Benny wirklich zu interessieren. Keines behält er länger als ein paar Sekunden in der Hand. Schon nach wenigen Minuten herrscht Chaos im Therapiezimmer. Benny stolpert unglücklich zwischen dem verstreuten Spielzeug herum. Er findet ein Aufziehspielzeug, drückt es auf den Boden, schon verklemmen sich die Metallteile. Die Eltern verdrehen die Augen. »Oh nein, nicht schon wieder!«, scheinen sie zu denken.

Kinder, die in mehreren Entwicklungsbereichen Schwierigkeiten haben, profitieren besonders, wenn die beteiligten Ärzte, Therapeutinnen, Erzieherinnen und die Eltern eng zusammenarbeiten.

Sprachentwicklungsstörungen und Mehrsprachigkeit

Mehrsprachigkeit ist nie die Ursache für SSES

Kinder, die mit mehreren Sprachen aufwachsen, sind nicht häufiger, aber auch nicht seltener von Sprachentwicklungsstörungen betroffen als einsprachige Kinder (Tracy 2008; Scharff-Rethfeld 2005). Mehrsprachige Kinder mit Sprachentwicklungsstörungen sind aber dem großen Risiko ausgesetzt, dass sie nicht erkannt werden, weil ihre Schwierigkeiten mit der Mehrsprachigkeit begründet werden, sodass sie nicht die notwenige sprachtherapeutische Behandlung bekommen. Umgekehrt gibt es jedoch Kinder, die lediglich einen sprachlichen Förderbedarf haben, aber therapeutisch versorgt werden, was unnötig die finanziellen Ressourcen im Gesundheitswesen belastet.

Auch bei mehrsprachigen Kindern gibt es »Late talker«, die erst spät erste Wörter sprechen und ihr Lexikon nur langsam aufbauen. Bei mehrsprachigen Kindern wird eine Late-Talker-Vergangenheit ebenfalls als möglicher Riskofaktor für eine spätere spezifische Sprachentwicklungsstörung diskutiert. Deshalb wird auch im mehrsprachigen Kontext intensiv nach Möglichkeiten gesucht, die vorhersagen, welche der Late Talker vermutlich eine SSES ausbilden werden und welche nicht. Man kann aber schon jetzt sagen:

- Wenn andere Familienmitglieder Sprachentwicklungsstörungen haben oder hatten, besteht ein erhöhtes Risiko.
- Der Verdacht auf eine SSES besteht zudem, wenn Kinder, die früh-sukzessiv bilingual aufwachsen, also den Spracherwerb der zweiten Sprache vor dem Ende des fünften Lebensjahres begonnen haben, qualitative Abweichungen im Erwerb der Satzstruktur und der Verbflexionen zeigen (Wintruff et al. 2011). Wenn diese Kinder nach einem Jahr Kontakt mit der deutschen Sprache Meilenstein III (keine Verbzweitstellung, keine korrekten Verbflexionen) noch nicht erreicht haben, sollte eine logopädische Diagnostik angeregt werden.

»Spezifische Sprachentwicklungsstörungen« zeigen sich bei mehrsprachigen Kindern in beiden (allen) Sprachen (Tracy 2008). Deshalb ist es so wichtig, die Eltern sehr detailliert nach den sprachlichen Fähigkeiten in der Herkunftssprache zu fragen. Gibt es auch in der Herkunftssprache Schwierigkeiten, sollte unbedingt eine Diagnostik bei einer Logopädin oder Sprachtherapeutin erfolgen.

Die sprachlichen Ebenen bei Störungen der Sprachentwicklung

Spezifische Sprachentwicklungsstörungen können sich auf einer oder mehreren der sprachlichen Ebenen Lexikon (= Wortschatz) und Semantik (= Bedeutungswissen), Morphologie und Syntax (= Grammatik) und Phonologie (= Aussprache) zeigen (vgl. auch Siegmüller 2011) oder die kommunikative Ebene, den Gebrauch der Sprache, betreffen.

Die Produktion von Sprache ist immer betroffen. Buschmann und Jooss (2011) gehen davon aus, dass 30 bis 40 Prozent der Kinder mit einer spezifischen Sprachentwicklungsstörung auch schwerwiegende Probleme beim Sprachverstehen haben.

Im Folgenden sollen Störungsbilder auf den einzelnen sprachlichen Ebenen

- Sprachverständnis
- Lexikon
- Aussprache
- Grammatik

genauer betrachtet werden. Von einer Sprachentwicklungsstörung können aber immer mehrere Ebenen gleichzeitig betroffen sein.

Sprache als Hintergrundgeräusch – eingeschränktes Sprachverständnis

Etwa 30 bis 40 Prozent der Kinder mit einer spezifischen Sprachentwicklungsstörung (SSES) haben Defizite in der expressiven (= produktiven) *und* der rezeptiven Sprache, also beim Produzieren *und Verstehen* von Sprache (Amorosa, zitiert in Buschmann und Jooss 2011).

Kinder mit Sprachverständnisschwierigkeiten zeigen triangulären Blickkontakt oft verspätet oder gar nicht und entdecken häufig erst spät, dass ihre Handlungen ein Ergebnis haben. Beide Schwierigkeiten wirken sich direkt auf das Sprachverständnis aus (Zollinger 1995).

Nele ist zweieinhalb Jahre alt. Wenn sie spielt, nimmt sie ein Spielzeug in die Hand, betrachtet es kurz, lässt es dann fallen und wendet sich dem nächsten zu. Die Funktion der Gegenstände hat sie noch nicht begriffen. Da ihr nicht klar ist, dass man mit einem Stift malen kann, nimmt sie auch Stifte nur kurz in die Hand, dreht sie, steckt sie kurz in den Mund und verliert dann das Interesse. Sie interessiert sich auch nicht dafür, was ihre Eltern mit dem Stift machen. Da sie mit den Dingen nichts anzufangen weiß, ist es für sie auch ohne Bedeutung, was andere zu den Gegenständen sagen. Überhaupt achtet Nele wenig auf das, was gesagt wird. Sprache scheint für sie nicht so wichtig zu sein.

Aufforderungen scheint Nele gut zu verstehen. Deshalb sagen ihre Eltern auch: »Sie versteht eigentlich alles.« Aber seitdem ihre Eltern genau darauf achten, merken sie, dass Nele sich stark an der Situation orientiert und nur Aufforderungen versteht, die sie ganz häufig hört, z. B. wenn die Mutter bereits eine Jacke anhat, mit den Autoschlüsseln klimpert, Nele den Anorak überzieht und sagt: »Hol schon mal deine Schuhe!«

Das Problem bei Störungen des Sprachverständnisses besteht darin, dass sie oft nicht auffallen. Viele der Kinder wirken in der Kommunikation zunächst einmal unauffällig. Und viele Eltern sagen deshalb, wenn sie nach den Sprachverständnisleistungen ihres Kindes gefragt werden: »Verstehen kann es alles.« In einer Studie von Möller et al. (2008) zeigten sich bei 97 von insgesamt 298 Kindern mit Sprachentwicklungsstörungen auch Auffälligkeiten im Test zum Sprachverstehen, also bei etwa einem Drittel der Kinder. In der Elternbeurteilung hatten allerdings lediglich 25 Prozent der Eltern dieser Kinder Sprachverständnisschwierigkeiten angegeben.

Häufig bleiben die Sprachverständnisschwierigkeiten deshalb unentdeckt, weil viele Kinder diese im Alltag ganz gut kompensieren können. Sie haben gelernt,

Störungen des Sprachverständnisses fallen oft nicht auf

Informationen aus der Situation und dem Kontext zum Verstehen zu nutzen oder non-verbale Hinweise wie Mimik, Gestik oder Prosodie (vgl. auch Buschmann/Jooss 2011).

Wenn Kinder mit Sprachverständnisstörungen sich sprachlich äußern, gibt es oft eine Diskrepanz zwischen Form und Inhalt. Die Kinder beherrschen gewisse formale Aspekte der Kommunikation, interessieren sich aber kaum für den Inhalt von Äußerungen. Sie kennen möglicherweise eine Reihe von Phrasen und formelhaften Wendungen, mit denen sie die Kommunikationssituationen bestreiten, ohne wirklich etwas zu sagen. Denn mit ihren sprachlichen Äußerungen übermitteln die Kinder nur selten Informationen, eigene Wünsche, Ideen, Absichten oder Gefühle. Viel häufiger kommentieren sie Handlungen, ohne dass ihre Äußerung konkret an eine Person gerichtet ist. Manchmal lässt sich auch beobachten, dass Sätze oder Satzteile des Gegenübers direkt wiederholt werden.

Franziska wird von ihrem Opa begrüßt: »Guten Tag, Franziska.« Sie antwortet prompt: »Guten Tag, Franziska.« Der Opa schlägt vor: »Komm, wir gehen in den Garten.« Schon echot Franziska: »Gehen in den Garten.«

Bleiben Sprachverständnisstörungen unentdeckt, ist das besonders folgenschwer, denn Late Talker, die nicht nur mit dem Produzieren, sondern auch mit dem Verstehen von Sprache Schwierigkeiten haben, haben ein viel größeres Risiko, dass die Sprachdefizite bestehen bleiben, als Kinder mit einer Sprachentwicklungsstörung, die ausschließlich die Sprachproduktion betrifft (a. a. O.).

Komakenfarbe – Störungen des Lexikons

Der fünfjährige Thomas kommt schon seit einiger Zeit zur logopädischen Therapie. Neben seiner Aussprachestörung fällt auf, dass er Schwierigkeiten mit seinem Lexikon hat. Oft fallen ihm Wörter, die er eigentlich kennt, nicht ein. In einer Spielsituation will er die Farbe »Rot« benennen. Er schlägt sich mit der Hand vor die Stirn und sagt: »Oh! Kurkchgegächknich!« (Thomas meint: »Kurzgedächtnis«.) Die Logopädin wartet einen Moment ab und Thomas wiederholt: »Gu weich goch, gach ich ein Kurkchgegächknich hab!« Dann findet er eine Lösung: »Komakenfarbe!« (Tomatenfarbe) Thomas hatte in dieser Situation offensichtlich Schwierigkeiten, das Wort »rot«, das er schon unzählige Male gehört und auch selbst verwendet hat, aus seinem Lexikon wiederzufinden. Er selbst verbalisiert diese Schwierigkeit, indem er auf sein »Kurzgedächtnis« verweist. Thomas hat Probleme mit dem Wortabruf.

Kinder mit lexikalischen Störungen erwerben oft spät erste Wörter. Der Wortschatz erweitert sich nur langsam. Die Kinder haben Schwierigkeiten beim Benennen von Gegenständen, Handlungen, Situationen, Eigenschaften usw. Die Sprache wirkt häufig undifferenziert und unpräzise.

1.) René, fünf Jahre alt, erzählt vom Bauernhofbesuch: »Und dann waren da so Tiere und noch andere Tiere, die wollten essen. Dann hat der Mann so Dinger im Eimer so gemacht. Und dann kam das eine ins Auto und wollte nicht da rein und war laut, so bumm, bumm!« (René stampft mit dem Fuß auf.)

2.) Renés gleichaltriger Freund Peter berichtet von denselben Ereignissen: »Wir waren im Stall bei den Kühen und Pferden. Der Bauer hat den Kühen Futter gebracht. Ein Pferd musste in den Pferdeanhänger und dann hat es dagegengetreten. Das war laut!«

Im Vergleich zu Peter fallen bei René Passe-par-tout-Wörter auf (Dinger, machen, das eine). Außerdem verwendet er Oberbegriffe (Tiere statt Kühe oder Pferde) und nutzt Gesten, um Handlungen (Treten des Pferdes) zu verdeutlichen. Das ist typisch für Kinder mit lexikalischen Störungen. Wenn ihnen in einer Situation das passende Wort fehlt, verwenden sie unterschiedliche Strategien (vgl. Füssenich 1987):

- Einfache Zeigegesten
- Umschreibungen, z.B. durch eine Eigenschaft oder Funktion des Zielwortes (»rund« für Erbse oder »zum Schneiden« für Schere)
- Oberbegriffe (»Tier« statt Kuh oder Pferd) oder nebengeordnete Wörter (wie »Apfel« statt Birne)
- Kinder mit lexikalischen Störungen haben oft das Problem, dass ihnen ein Wort fehlt, wenn sie den Satz bereits begonnen haben; das zeigt sich in Satzabbrüchen und Neuformulierungen (»Ich möchte den – ich brauch was zum Aufmachen«)
- Manchmal äußern sie auch explizit ihre Schwierigkeiten (»Weiß ich nicht«, »Wie heißt das noch mal?«). Außerdem kommen sogenannte Überdehnungen vor. Das heißt, ein Wort wird in seiner Bedeutung ausgedehnt (»wauwau« für alle Tiere, »Auto« für alle Fahrzeuge, auch für Busse, Müllwagen usw.). Diese Überdehnungen, die bei kleineren Kindern durchaus normal sind, werden zu lange beibehalten.

Strategien, wenn ein Wort fehlt

Ein Teil der Kinder mit lexikalischen Störungen scheint, wie René, wirklich zu wenige Einträge im Lexikon zu haben. Das heißt im Vergleich zu Gleichaltrigen kennen sie zu wenige Wörter. Sie haben oft nicht nur Schwierigkeiten bei der Produktion von Wörtern, sondern auch beim Verstehen. Dann sind sie auch beim Zeigen von Objekten und Bildern schlechter als ihre Altersgenossen. Sie müssen auf den situativen und sprachlichen Kontext zurückgreifen, um Bedeutungen zu erschließen.

Andere Kinder aus dieser Gruppe haben vor allem Probleme bei den semantischen Beziehungen innerhalb des mentalen Lexikons. Die Beziehungen zwischen nebengeordneten, über- oder untergeordneten Begriffen wie Obst: Apfel, Birne, Erdbeere scheint ihnen nur unzureichend klar zu sein. Diese Schwierigkeiten zeigen sich dann auch beim Zuordnen und Kategorisieren von Objekten.

In einem Ratespiel hat der sechsjährige Leon eine Bildkarte, die die anderen Kinder nicht sehen. Er wird gefragt: »Ist es ein Tier?« Leon antwortet empört: »Nein, ein Hund!«

Während die Annahme, dass ein Objekt nur einen Namen haben kann, für Kinder zu Beginn des Lexikonerwerbs eine wichtige Lernstrategie darstellt (vgl. Kapitel 1.5), sollten Kindergartenkinder allmählich eine feste Struktur von Wortfeldern mit Oberbegriffen entwickeln. Kinder, die dabei Schwierigkeiten haben, ordnen manchmal auch nach ganz eigenen Kriterien:

Die vierjährige Jessica ist bei ihrem Freund zu Besuch. Am Abend sollen die Kinder aufräumen. In eine Kiste gehören die Legosteine, in eine andere die Stofftiere und in eine dritte das Puppengeschirr. Jessica beginnt, rote Legosteine, rote Tassen, rote Teller in eine Kiste zu räumen.

Ein anderer Teil der Kinder hat zwar genug Einträge im Lexikon, kennt also genug Wörter. Diese können, wie bei Thomas, in der entsprechenden Situation aber nicht abgerufen werden. Thomas weiß, dass er das gesuchte Wort eigentlich kennt. Oft ergeht es ihm wie uns, wenn wir das Gefühl haben, ein Wort, das wir suchen, »liege uns auf der Zunge«.

Bei Kindern mit Wortabrufstörungen sind die Leistungen ganz unterschiedlich. Ein Wort, das ihnen gerade noch zur Verfügung stand, ist plötzlich nicht mehr wiederzufinden. Deshalb sind für diese Kinder Kommentare und Gesten, die die erschwerte Wortfindung anzeigen, typisch: »Äh, äh, wie heißt das noch ...«

»Lei- ä- ä« – Störungen der Aussprache

Störungen der Aussprache werden auch als Dyslalien bezeichnet. Der auch sehr viel verwendete Begriff Artikulationsstörung setzt sich inzwischen mehr und mehr als Bezeichnung für eine Untergruppe der Aussprachestörungen durch. Der früher gebräuchliche Ausdruck »Stammeln« wird zum Glück kaum noch benutzt. Lange Zeit wurde der Schweregrad der Störung aufgrund der Anzahl der betroffenen Laute festgelegt:

- Partielle Dyslalie (ein bis zwei Laute sind betroffen)
- Multiple Dyslalie (mehr als zwei Laute sind betroffen)
- Universelle Dyslalie (fast alle Laute sind betroffen, das Sprechen ist nahezu unverständlich).

Mittlerweile weiß man, dass es bei den Aussprachestörungen verschiedene Untergruppen gibt, die sich sowohl in ihrem Erscheinungsbild als auch in der therapeutischen Herangehensweise voneinander unterscheiden (vgl. Fox 2003):

Phonetische Störung oder Artikulationsstörung

Kinder mit einer phonetischen Störung bilden einen Laut nicht korrekt. Es ist aber trotzdem klar erkennbar, welcher Laut gemeint ist, weil der fehlgebildete Laut keinem anderen Laut der deutschen Sprache entspricht.

1.) Marcel hat einen »Sigmatismus«, er lispelt. Bei jedem /s/ oder /ts/ liegt seine Zunge zwischen den Zähnen.

2.) Michelle hat einen »lateralen Schetismus«. Bei der Bildung des /sch/ entweicht der Luftstrom nicht über die Zungenmitte, sondern seitlich von der Zunge. Dadurch entsteht ein schlürfendes Geräusch.

Phonetische Störungen haben zwei mögliche Ursachen:

- Es liegt eine sogenannte myofunktionelle Störung, also eine Störung des Muskelgleichgewichts mit falscher Zungenruhelage und falschem Schluckmuster vor.
- Das Kind hat für den betroffenen Laut ein falsches Sprechmuster erworben. Dafür kommen als Ursache periphere oder zentrale Hörstörungen infrage.

Phonologische Verzögerung

Kinder mit einer phonologischen Verzögerung zeigen die gleichen phonologischen Prozesse wie Kinder mit einer normalen Sprachentwicklung (vgl. Kapitel 1.6), aber diese Prozesse bleiben mindestens sechs Monate länger bestehen als bei normal entwickelten Kindern.

Lilli ersetzt das /sch/ durch /s/. Dabei verändert sich die Artikulationsart nicht, aber der Laut wird weiter vorn gebildet. Man spricht deshalb auch von einer Vorverlagerung von /sch/ zu /s/. Alle anderen Laute spricht Lilli korrekt. Trotz dieser Veränderung ist es nicht schwierig, sie zu verstehen: »Ich hab das son mal abgesnitten, jetzt muss nur noch die Snur dran!«

Heiko ersetzt jedes /r/ durch /h/: »Dann bin ich von der Hutsche huntergefallen und mein Anohak war voll Matsche.«

Jennifer verlagert /k/ und /g/ vor zu /t/ und /d/: »Im Tinderdaten haben wir heute danz letteren Tuchen dedessen.«

Konsequente phonologische Störung

Kinder mit einer konsequenten phonologischen Störung zeigen nach Fox (2003) mindestens einen phonologischen Prozess, der in der normalen Sprachentwicklung nicht vorkommt. Zum Beispiel werden

- alle Reibelaute (Frikative) zu Plosivlauten: »Denn die Donne teint« für »Wenn die Sonne scheint«
- die Laute /t/, /d/ und /n/ zurückverlagert zu /k/, /g/ und /ng/: »Ger Kangengbaum siehk aber schöng aus mik gen bunkeng Engelng« statt »Der Tannenbaum sieht aber schön aus mit den bunten Engeln«.

Bei den konstanten phonologischen Störungen wird vermutet, dass die Kinder bestimmte Lautkontraste nicht wahrnehmen. Das heißt, dass sie z.B. den Unterschied zwischen Frikativen und Plosiven oder den Unterschied zwischen den verschiedenen Bildungsstellen bei /k/ und /t/ nicht ausreichend erkennen. Wenn viele phonologische Prozesse bestehen, die die Aussprache stark verändern, kann die Verständigung sehr schwierig sein:

»Lei- ä- ä!« Das antwortete der fünfjährige Stefan der Logopädin, die ihn gefragt hatte, als was er zu Karneval verkleidet war. Nachdem sie einige erfolglose Rateversuche unternommen hatte, stand Stefan genervt auf, ging zur Zimmerwand und begann an einem imaginären Netz hochzuklettern. Plötzlich verstand die Logopädin: Spiderman! Viele Kinder mit konstanten phonologischen Störungen haben keine Schwierigkeiten, die einzelnen Laute zu bilden. Sie können sie nur nicht richtig einsetzen. Sein Problem betraf nicht die Bildung der Laute, sondern ihren Gebrauch.

Inkonsequente phonologische Störung

Diese Form der Aussprachestörung ist selten. Die Kinder haben keine festen Muster für die Wörter und keine festen phonologischen Regeln, sondern sprechen das gleiche Wort jedes Mal verschieden aus. Dadurch ist es sehr schwer, die Kinder zu verstehen. Diese Störung betrifft vermutlich die Schnittstelle zwischen Aussprache und Lexikon. Möglicherweise werden gar keine stabilen Wortformen im Lexikon abgespeichert.

»Den Spiel wir auch Hause hab« – Störungen der Grammatik

Störungen im Grammatikerwerb werden auch mit dem Begriff »Dysgrammatismus« bezeichnet. Leider ist auch hier die Begrifflichkeit sehr uneinheitlich, denn der Begriff »Dysgrammatismus« wird einerseits für Störungen auf der Ebene der Grammatik, andererseits aber auch als Oberbegriff für eine komplexere Störung auf mehreren sprachlichen Ebenen ähnlich der spezifischen Sprachentwicklungsstörung verwendet.

Kevin ist acht Jahre alt. Er kommt zum ersten Mal zur Logopädin. Als er vor dem Spielregal steht, bemerkt er: »Den Spiel wir auch Hause hab.«

Zunächst einmal ist festzuhalten, dass Kevin in dieser Situation überhaupt keine Mühe hat, sein kommunikatives Anliegen zu äußern. Er teilt seine Beobachtung mit und eröffnet damit das Gespräch. Trotzdem fallen seine grammatischen Schwierigkeiten auf, z.B. dass die Position des Verbs nicht stimmt. Eigentlich müsste das Verb an die zweite Stelle:

1.	2.	3.	4.	5.
Das Spiel	haben	wir	auch	zu Hause.

Die Verschiebung des Verbs ans Ende des Satzes ist typisch. Möglicherweise haben die Kinder Schwierigkeiten, zwischen finiten und infiniten Verben zu unterscheiden. Finite Verben stehen im Deutschen an zweiter Position im Satz (Ich *gehe* einkaufen; du *isst* ein Brot). Infinite Verben stehen meistens im Infinitiv und befinden sich in aller Regel am Satzende, also an der hinteren Position der Satzklammer (Ich gehe *angeln*; du willst *lesen*). Vielleicht neigen die Kinder auch dazu, bedeutungsmäßig zusammengehörende Einheiten zusammen im Satz zu platzieren: (zu Hause haben) (Grimm 1997).

Kevin verwendet außerdem die falsche Verbform. Da sich das Verb auf das Pronomen »wir« bezieht, müsste es eigentlich heißen: »Wir hab*en*.« Kinder mit Dysgrammatismus kennen oft zwar verschiedene Verbformen (gehe, gehst, geht, gehen), sie verwenden sie aber nicht unbedingt passend zum Nomen oder Pronomen, auf das sie sich beziehen. Deshalb entstehen Fehler wie »du hab«, »ich essen«, »die Kinder lauf«.

In Kevins Satz fehlt außerdem die Präposition. Eigentlich müsste es heißen: »zu Hause«. Typischerweise haben Kinder mit Störungen in der Grammatikentwicklung Schwierigkeiten mit den Präpositionen. Allerdings werden Präpositionen, die eine Bedeutung übermitteln (auf, unter, neben, zwischen), leichter gelernt als Präpositionen, die nicht unbedingt eine Bedeutung haben, aber durch grammatische Regeln gefordert werden. In Kevins Satz ist es für die Bedeutung nicht ausschlaggebend, ob er das »zu« weglässt.

Eine weitere Schwierigkeit in Kevins Satz ist die Form des Artikels (*den* Spiel). Er verwechselt das grammatische Geschlecht (*der* Spiel statt *das* Spiel) und kommt deshalb auch zur falschen Form im Akkusativ (*den* Spiel statt *das* Spiel).

Viele Kinder mit Dysgrammatismus haben außerdem Probleme bei der Pluralbildung, also der Mehrzahl, oder Vergangenheit und Zukunft können nicht in entsprechender Form ausgedrückt werden.

Schwierigkeiten mit der Satzklammer

Der Umgang mit Sprachentwicklungsstörungen im Kindergarten

Professionelle Hilfe sollte auf jeden Fall in Anspruch genommen werden, wenn
- ein Baby wenig Lallgeräusche oder Spiel mit sprachlichen Lauten zeigt
- ein Kleinkind wenig kommunikative Gesten (zeigen, winke-winke …) nutzt
- die Sprachentwicklung stagniert oder die Sprache schlechter wird
- ein Kind nicht auf Geräusche reagiert oder häufig nachfragt
- ein Kind keinen Blickkontakt hält
- ein Kind nur mithilfe von Mimik und Gestik kommunizieren kann, obwohl es älter als zwei Jahre ist
- die Sprachentwicklung mehr als ein halbes Jahr verzögert verläuft
- die Eltern nicht sicher sind, ob die Sprachentwicklung ihres Kindes altersgemäß ist
- ein Kind unreifes Spielverhalten und wenig Interesse an Rollenspielen zeigt
- in der Vorgeschichte Sprachentwicklungsstörungen bei Eltern oder Geschwistern bekannt sind.

Was tun, wenn man ein Kind nicht versteht?

Leon ist vier Jahre alt. Er ist erst seit wenigen Wochen im Kindergarten. Am Anfang hat Leon im Kindergarten kaum gesprochen, aber mittlerweile versucht er häufig, etwas zu sagen. Leider haben die Erzieherinnen große Schwierigkeiten, ihn zu verstehen. Er lässt viele Laute aus oder vertauscht sie mit anderen Lauten und spricht sehr undeutlich. Auch die anderen Kinder verstehen Leon häufig nicht. Es kommt auch vor, dass die anderen Kinder Bemerkungen über Leons Sprechweise machen. Die Erzieherinnen überlegen, wie sie reagieren sollen.

Hilfreiche Empfehlungen, wie man reagieren kann, wenn man ein Kind nicht versteht, lassen sich dem Abschnitt »Schwierigkeiten in der Verständigung« des Kapitels 3.5 entnehmen.

Was tun, wenn ein Kind nicht spricht?
Sollte man bei einem »sprechfaulen« Kind so tun, als würde man es nicht verstehen?

Christian spricht noch nicht viel. Trotzdem bekommt er immer, was er will. Er nimmt seine Erzieherin an der Hand, zieht sie zum Spielregal, deutet auf einen Bagger auf dem obersten Brett und sagt dazu: »Äh äh!« Genauso geht er vor, wenn er zu Hause etwas zu essen haben möchte. Wenn er damit nicht weiterkommt, wird er sehr ärgerlich. Manchmal bekommt er richtige Wutanfälle, wirft sich hin und trommelt mit den Fäusten auf den Fußboden.

Die Erzieherin findet Christians Verhalten langsam untragbar. Er bemüht sich nie, zu sagen, was er haben möchte. Sie überlegt, ob es sinnvoll sein könnte, Christians Wünsche absichtlich nicht zu verstehen, um ihn zum Sprechen zu motivieren.

Es gibt Kinder, die sich sehr effektiv verständlich machen, ohne zu sprechen. Manchmal hört man in solchen Fällen von den Bezugspersonen den Satz: »Er kann eigentlich sprechen. Er ist nur sprechfaul.« Bei näherer Betrachtung ist es aber sehr unwahrscheinlich, dass es wirklich »sprechfaule« Kinder gibt. Die Verwendung von Sprache ermöglicht den Kindern ja, ihre Wünsche und Bedürfnisse sehr viel genauer, differenzierter und nachdrücklicher auszudrücken als das mit nicht-sprachlichen Mitteln möglich ist. Auch eigene Ideen und Vorstellungen im Spiel können mithilfe von Sprache besser und genauer übermittelt werden. Kein Kind würde freiwillig und ohne Grund auf diese Möglichkeiten verzichten. Wahrscheinlicher ist, dass es Gründe dafür gibt, dass ein Kind nicht oder nur wenig spricht. Diese Gründe können sehr unterschiedlich sein:

Gibt es
»sprechfaule« Kinder?

- Das Kind hat Schwierigkeiten beim Sprechen. Es tut sich z.B. schwer mit der richtigen Aussprache oder hat Wortfindungsstörungen, die es ihm unmöglich machen, seine Wünsche sprachlich auszudrücken. (Achtung: Manche Kinder haben kaum Mühe, Wörter nachzusprechen oder einzelne Laute oder Wörter zu bilden. Die gleichen Laute oder Wörter stehen ihnen beim freien Sprechen aber nicht zur Verfügung. Wenn man daraus folgert, dass solche Kinder »es eigentlich können« und nur zu faul zum Sprechen sind, tut man ihnen unrecht. Die Anforderungen beim freien Sprechen sind nicht vergleichbar mit dem Nachsprechen oder mit dem Sprechen von einzelnen Lauten oder Wörtern.)
- Das Kind hat schlechte Erfahrungen mit Kommunikation gemacht. Es hat vielleicht eine Zeitlang versucht, sich sprachlich zu äußern, ist aber nicht verstanden worden oder hat niemanden gefunden, der ihm zugehört hat. Vielleicht wurden seine Bemühungen auch kritisiert.
- Das Sprechen ist zu einem Machtkampf geworden. Vielleicht war das Kind »spät dran« mit seiner Sprachentwicklung und die Eltern haben immer wieder ge-

drängt: »Guck mal, hier ist das Auto. Sag doch mal Auto!« Das Kind hat gemerkt, wie wichtig es den Eltern ist, dass es Wörter spricht. Es hat aber vielleicht bis zu diesem Zeitpunkt noch nicht erfahren, dass sprachliche Kommunikation Spaß macht und enorme Vorteile mit sich bringt.

Wahrscheinlich gibt es auch bei Christian Gründe dafür, dass er auf nicht-sprachliche Verständigungsmöglichkeiten zurückgreift. Gespieltes Nicht-Verstehen würde ihn zusätzlich frustrieren und – zu Recht – ärgerlich machen. Es würde keinesfalls seine Motivation fördern, sich erneut am Sprechen zu versuchen, sondern er würde wahrscheinlich verzweifelt aufgeben. Christian braucht positive Erfahrungen mit Kommunikation. Seine Fähigkeiten, sich mithilfe von Gestik und Mimik verständlich zu machen, zu zeigen, was er will und den Erwachsenen notfalls an die Hand zu nehmen und ihn zu ziehen, verhindern nicht, dass er sprechen lernt, sondern sie sind eine wichtige Ressource. Christian kann damit meistens seine Wünsche erfolgreich übermitteln. Stünde ihm diese Möglichkeit nicht zur Verfügung, wäre er sehr viel häufiger frustriert. Eltern und Erzieherinnen sollten auf seine nicht-sprachlichen Äußerungen also nach Möglichkeit eingehen. Sie sollten seine Wünsche aber immer noch einmal sprachlich ausdrücken (»Ach, jetzt weiß ich, du möchtest Apfelsaft trinken«). Auf diese Weise kann Christian lernen, wie sein Anliegen mithilfe von Sprache übermittelt werden kann.

Nicht-sprachliche Verständigungsmittel sind eine wichtige Ressource

In der Gruppe über die Sprachstörung sprechen?

Kinder mit Sprachentwicklungsstörungen reagieren sehr unterschiedlich auf ihre Schwierigkeiten. Manche gehen ganz selbstverständlich damit um, andere leiden unter einem Störungsbewusstsein und wollen nicht zusätzlich auf ihre Schwierigkeiten hingewiesen werden. Alle haben aber sehr feine Antennen dafür, wenn »etwas mit ihnen nicht stimmt«. Es sollte deshalb unbedingt vermieden werden, dass Eltern und Erzieherinnen *über* das Kind sprechen, wenn es dabei ist. (»Heute im Stuhlkreis haben wir wieder nicht verstanden, was er sagen wollte.«) Manchmal scheint es sinnvoll, *mit* den Kindern über ihre Schwierigkeiten zu reden. Das kann mit dem einzelnen Kind oder in der Gruppe geschehen. Dabei müssen die Schwierigkeiten gar nicht explizit erwähnt werden, sondern das Gespräch kann ganz allgemein gehalten werden. Für die meisten Kinder ist es z.B. entlastend, wenn ihre Schwierigkeiten in den Kontext von »Wachsen« und »Lernen« eingeordnet werden.

Jens hat eine kleine Schwester bekommen. Aus diesem Anlass wird im Stuhlkreis über Babys gesprochen. Jens' Schwester kann noch nicht laufen und noch nicht sprechen. Den Kindern fällt noch vieles ein, was Babys noch nicht können. Sie stellen fest, was jeder einzelne von ihnen schon gelernt hat, seit er ein Baby war. Dabei gibt es Unterschiede: Thomas hat schon gelernt, besonders schnell zu rennen, Nina kann besonders gut puzzeln. Thomas muss das Sprechen noch ein bisschen besser lernen, und Nina wird bestimmt lernen, noch besser zu klettern.

Auf diese Weise können die Kinder das Vertrauen entwickeln, dass ihre Schwierigkeiten nicht für immer bestehen bleiben. Sie vertrauen darauf, dass auch sie das »richtige Sprechen« oder »schnelles Rennen« lernen werden. Je unbeschwerter Eltern und Erzieherinnen mit den Schwierigkeiten der Kinder umgehen können, desto besser. Hilfreich ist außerdem immer, dem betroffenen Kind die Möglichkeit zu geben, sich als kompetent zu erleben. Das kann bei sprachgestörten Kindern dadurch geschehen, dass gute Leistungen auf sprachlichen Ebenen, die nicht oder weniger gestört sind, hervorgehoben werden. (»Du kennst ja vielleicht viele Wörter.«) Es geschieht aber vor allem dadurch, dass man dem Kind zuhört und ihm Zeit gibt, sodass es seinem Sprachentwicklungsstand gemäß erfolgreich seine Wünsche, Ideen oder Bemerkungen übermitteln kann. Jede gelungene Kommunikationssituation wird das Kind ermutigen, es wieder zu versuchen und ihm dadurch wichtige Lernmöglichkeiten bieten.

Wenn ein sprachentwicklungsgestörtes Kind von den anderen Kindern in der Gruppe gehänselt wird, liegt die Ursache oft nicht nur in der Sprachstörung. Ein Kind, das viele Ideen hat, selbstbewusst ist und sich durchsetzen kann, wird nur selten gehänselt. Wenn es einmal wegen seiner Sprachstörung ausgelacht wird, kann es locker damit umgehen. Ein Kind, das dagegen unsicher und ängstlich ist und ein starkes Störungsbewusstsein wegen seiner Sprachstörung hat, wird sehr viel eher gehänselt oder ausgelacht.

Sabine ist ein schüchternes und ängstliches Mädchen. Sie spielt gerne allein oder in Gegenwart ihrer Mutter. Auf andere Kinder geht sie von sich aus selten zu. Wenn sie von einem Kind angesprochen wird, antwortet sie meistens nicht. Sabine hat eigentlich nur eine leichte Aussprachestörung. Obwohl ihre Sprache gut verständlich ist, hat sie große Hemmungen, sich sprachlich zu äußern. Wenn sie es doch einmal versucht, lachen die anderen Kinder über sie und versuchen ihre Fehler nachzuahmen. Den Erzieherinnen tut Sabine in solchen Situationen leid. Sie versuchen, die Hänseleien zu beenden: »Lasst Sabine jetzt endlich mal in Ruhe! Ihr wollt doch auch nicht dauernd auf eure Fehler hingewiesen werden.«

In Konfliktsituationen werden Kinder wie Sabine von Eltern und Erzieherinnen häufig in Schutz genommen. Manchmal werden sie dann zwar kurzfristig in Ruhe gelassen, auf die Dauer wird dadurch aber ihre Position als Unterlegene immer wieder bekräftigt. Sabine erlebt sich selbst als schwach und stellt immer wieder fest, dass sie sich nur mithilfe der Erwachsenen zur Wehr setzen kann. Auch die anderen Kinder in der Gruppe bekommen ihr Bild von Sabine immer wieder bestätigt. Um Sabines Situation zu verändern, ist es ganz wichtig, dass die Erzieherinnen ihr etwas zutrauen und ihre Stärken hervorheben. Nur wenn die Erzieherinnen, Sabine selbst und schließlich auch die anderen Kinder sich die Mühe machen, die Stärken zu suchen, wird sich dauerhaft etwas an ihrer Position ändern.

Ein Kind zum Nachsprechen auffordern oder Fehler korrigieren?
Kinder wollen nicht Sprache lernen. Sie wollen kommunizieren. Das heißt, sie wollen auch keine Rückmeldung, ob ihre sprachliche Äußerung richtig oder falsch war, sondern sie möchten eine inhaltliche Rückmeldung auf ihr Anliegen. Viel sinnvoller als ein Kind zum Nachsprechen aufzufordern oder seine Fehler zu korrigieren ist es deshalb, das sogenannte »korrektive Feedback« anzuwenden (siehe Kapitel 3.5).

Die Eltern auf eine Sprachstörung ihres Kindes aufmerksam machen?
Erzieherinnen können den Entwicklungsstand der Kinder manchmal besser einschätzen als die Eltern. Das liegt vor allem daran, dass die pädagogischen Fachkräfte immer viele Kinder im gleichen Alter sehen, sodass sie gute Vergleichsmöglichkeiten haben. Die Frage, ob Eltern auf eine mögliche Sprachstörung ihres Kindes hingewiesen werden sollten oder nicht, muss im jeweiligen Einzelfall erwogen werden. Manchmal sind Eltern geradezu erleichtert, wenn die unterschwelligen Befürchtungen, die sie schon seit längerem hegen, endlich auf den Punkt gebracht werden – und vor allem, wenn sie eine Möglichkeit sehen, wie sie mit dem Problem umgehen können. Dabei sollte unbedingt vermieden werden, dass Eltern unsicher oder gar ängstlich werden, weil ihr Kind nun den Stempel »sprachgestört« trägt. Im Gespräch sollte den Eltern vielmehr vermittelt werden, dass es Fördermöglichkeiten gibt, die speziell ihr Kind in seiner Entwicklung unterstützen können.

4.2 Myofunktionelle Störungen

Was ist eine myofunktionelle Störung? »Myo« bedeutet Muskel. Eine myofunktionelle Störung ist eine Störung, die die Funktion der Muskeln betrifft, insbesondere der Muskeln im Mund (= oro) und im Gesicht (= fazial). Da diese Muskeln sich nicht wie sonst im Gleichgewicht befinden, spricht man auch von einer »Störung des orofazialen Muskelgleichgewichtes« (Kittel 1997, 2004). Normalerweise dienen alle Muskeln im Mundbereich als Stützmuskeln für die Zähne. Wenn durch einen Muskel oder eine Muskelgruppe zu viel oder zu wenig Kraft aufgebaut wird oder sich die Kraftrichtung ändert, wirkt sich das auf die Zahnstellung und auf das Zusammenspiel aller Muskeln bei Funktionen wie Schlucken oder Aussprache aus.

Was ist das Problem beim falschen Schlucken?
Der Mensch schluckt mehrere hundertmal am Tag. Normalerweise legt sich die Zungenspitze dabei oben hinter die Zähne und die Zungenmitte saugt sich nach oben an den Gaumen. Wenn die Zunge stattdessen nach vorne gegen oder zwischen die Zähne drückt, können Zahnfehlstellungen entstehen und das Kieferwachstum kann ungünstig beeinflusst werden.

Woran eine myofunktionelle Störung erkennen?

In Ruhelage befindet sich die Zunge normalerweise leicht oben an den Gaumen geschmiegt. Die Lippen liegen locker aufeinander und die Zahnreihen befinden sich in »Ruheschwebe«, das heißt die Zähne beißen weder fest aufeinander, noch hängt der Unterkiefer nach unten. Bei einer myofunktionellen Störung fällt häufig ein ständig geöffneter Mund mit schlapp hängendem Unterkiefer auf. Unter Umständen kann man die Zunge zwischen den vorderen Zähnen liegen sehen. Manchmal erkennt man aber eine myofunktionelle Störung erst, wenn das Schlucken genauer untersucht wird. Der Grund für eine solche Untersuchung kann eine Aussprachestörung sein (die Fehlbildung der Laute /sch/ und /s/ tritt häufig in Kombination mit einer myofunktionellen Störung auf) oder eine kieferorthopädische Fragestellung (z. B. Zahnfehlstellung oder Kieferanomalie).

Was können Gründe für myofunktionelle Störungen sein?

Manche Kinder haben generell eine schlaffe Muskelspannung. Manchmal gibt es bekannte Einflüsse während der Schwangerschaft oder Geburt, aber manchmal weiß man auch nicht, was der Grund dafür ist.

Isolierte Beeinträchtigungen der Mundmotorik entstehen häufig durch Lutschgewohnheiten, wenn ein Kind sehr lange am Daumen, am Schnuller oder am Fläschchen nuckelt. Außerdem können Veränderungen im Mund- und Rachenbereich das Zusammenspiel der Muskeln im Mundbereich verändern. Hierzu gehören z. B. vergrößerte Rachenmandeln, sogenannte »Polypen«. Sie können den Luftweg zwischen Mund und Nase verstopfen und damit die Atmung durch die Nase unmöglich machen. Die Kinder fallen durch einen ständig geöffneten Mund auf. Dadurch verändert sich das Muskelgleichgewicht. Häufig liegt dann die Zunge schlaff im Mund. Wenn ein Kind dauerhaft durch den Mund atmet oder nachts extrem schnarcht, sollte es deshalb einem HNO-Arzt vorgestellt werden.

Solange eine myofunktionelle Störung besteht, werden Zahnstellung und Kieferwachstum ungünstig beeinflusst. Auch Zahnspangen können bei bestehender myofunktioneller Störung wenig erreichen. Die Behandlung einer Aussprachestörung stößt oft an Grenzen, wenn noch eine myofunktionelle Störung besteht.

Was können Erzieherinnen tun?

Wenn ein Kind auffällig häufig mit offenem Mund herumläuft, sollten die Eltern darauf aufmerksam gemacht und darum gebeten werden, eine HNO-ärztliche Untersuchung zu veranlassen. In der Elternberatung wird darauf hingewiesen, dass Schnuller mit spätestens zwei bis drei Jahren abgewöhnt und auch bis zu diesem Zeitpunkt nur bei Bedarf benutzt werden sollten. Lutscht ein Kind dauerhaft am Daumen, kann auch hier den Eltern eine Abgewöhnung nahegelegt werden. Hinweise auf Hilfen finden sich im Ratgeber »Myofunktionelle Störungen« von Anita Kittel (2004).

4.3 Stottern

Was ist Stottern? Stottern ist eine Störung des Sprechens, bei der der Redefluss unterbrochen wird, ohne dass der Sprecher dies beabsichtigt und ohne dass er dies kontrollieren kann (Natke 2001). Im Alter zwischen zwei und fünf Jahren zeigen etwa fünf Prozent aller Kinder für einige Zeit *stottertypische* Sprechunflüssigkeiten. Auch normal sprechende Kinder in diesem Alter haben häufig Unflüssigkeiten beim Sprechen. Diese *normalen* oder *funktionellen* Unflüssigkeiten unterscheiden sich aber von den *stottertypischen* Unflüssigkeiten (Sandrieser 2001).

»Normale Unflüssigkeiten«
Zu den normalen Unflüssigkeiten gehören Wiederholungen von Wörtern und Satzteilen, Pausen und Satzabbrüche. Diese Unflüssigkeiten haben eine Funktion. Sie schaffen nämlich Zeit für die Sprechplanung und signalisieren dem Gesprächspartner, dass die Äußerung noch nicht beendet ist.

»Stottertypische Unflüssigkeiten«
Im Gegensatz dazu stehen die stottertypischen Unflüssigkeiten. Sie haben keine Funktion. Sie »passieren« einfach, ohne dass das Kind den geringsten Einfluss darauf hat, und sie irritieren den Gesprächspartner. Zu den stottertypischen Unflüssigkeiten gehören:
- Wiederholungen von Lauten (d-d-d-d-darf ich)
- Wiederholen von Silben (ka-ka-ka-kannst du)
- Wiederholen von einsilbigen Wörtern (ich-ich-ich möchte)
- Dehnungen (wwwwwann kommt die Oma; aaaaaaaaaaber ich will nicht)
- Blockaden oder Blocks (hat sie — angerufen); Blocks unterscheiden sich von Pausen dadurch, dass sie unfreiwillig sind, manchmal an untypischen Stellen auftreten und man die (unhörbare) Artikulationsbewegung manchmal sehen kann (a.a.O.).

Kernsymptome und Begleitsymptome
Wiederholungen von Lauten und Silben, Dehnungen und Blockierungen bilden den Kern des Stotterns. Sie werden deshalb auch als »Kernsymptome« bezeichnet.

Wenn Kinder diese Kernsymptome als unangenehm erleben oder wenn sie zu lange anhalten, versuchen sie, die Symptome zu beenden oder zu vermeiden. Die Kinder sprechen dann lauter oder mit mehr Kraft, setzen neu an oder führen mit dem Arm oder Kopf eine Bewegung aus, die helfen soll, das Stottern zu beenden. Meistens funktioniert das nur für eine kurze Zeit und führt zu einem Teufelskreis. Durch mehr Kraft wird das Stottern auffälliger und »schwerer«, weil z.B. die Lautstärke beim Sprechen zunimmt. Es kann auch sein, dass durch stärkere Anspannung der Sprechmuskulatur Anspannungen im Gesicht oder grimassen-ähnliche Phänomene auftreten. Das Stottern wird dadurch immer auffälliger. Die stotternde Person erlebt ihr Stottern als immer belastender, und nun wird erst recht Kraft aufgewendet, um Stottern zu vermeiden oder zu beenden. So entwickeln sich diese *Begleitsymp-*

tome irgendwann zum festen Bestandteil des Stotterns – und vor allem sie machen schließlich das Stottern so auffällig und für den Zuhörer irritierend (vgl. Natke 2001).

Etwas Ähnliches geschieht, wenn z.B. bestimmte Wörter vermieden werden aus Angst, dass Stottern auftritt. Die Angst vor diesen Wörtern wird größer und das Vermeiden immer wichtiger. Auch beim Vermeiden von Situationen kann es solche Teufelskreise geben: Manche Kinder vermeiden Einkäufe, bei denen sie sprechen müssen. Das erhöht aber gerade ihre Angst vor solchen Sprechsituationen, und dadurch erscheint es ihnen immer unmöglicher, sich solchen Situationen auszusetzen.

Aus dem Versuch, Stottern zu vermeiden, können Begleitsymptome entstehen

Auch bestimmte Gefühle und Einstellungen, die beim Kind im Hinblick auf das Stottern entstehen, werden zu Begleitsymptomen: Ein Kind, das bereits seit einiger Zeit stottert, ist irgendwann nicht mehr unbefangen beim Sprechen. Es erwartet, dass wieder Stottern auftritt und entwickelt Angst vor dem Stottern. Zu den Begleitsymptomen gehören (vgl. Sandrieser 2001):
- Emotionen und Einstellungen (Frust, Scham, Ängste, z.B. vor bestimmten Wörtern oder Sprechsituationen, negatives Selbstbild)
- Situatives Vermeideverhalten (Vermeiden von bestimmten Sprechsituationen)
- Abbruch des Blickkontaktes
- Zeichen von Anstrengung, z.B. Anspannung im Gesicht oder Veränderung von Sprechlautstärke bzw. Sprechtempo
- Sprachliches Vermeideverhalten (Vermeiden bestimmter Wörter oder Laute)
- Mitbewegungen von Kopf, Armen oder Beinen (Schlagen mit dem Arm, Aufstampfen, ruckartige Bewegung des Kopfes), Mitbewegungen im Gesicht (z.B. Grimassieren)
- Auffälligkeiten in der Atmung.

Wann entsteht Stottern?

Stottern entsteht in der frühen Kindheit, meistens im Alter zwischen zwei und fünf Jahren. Etwa fünf Prozent aller Kinder sind davon betroffen – und zwar gleich viele Jungen und Mädchen. Vor allem in den ersten zwei Jahren nach dem Auftreten verlieren viele Kinder das Stottern wieder. Sie zeigen »spontane Remissionen«. Etwa 80 Prozent der Kinder, die eine Zeit lang stottertypische Unflüssigkeiten gezeigt haben, stottern in der Pubertät nicht mehr. Bei den Erwachsenen stottern also etwa ein Prozent. Die Wahrscheinlichkeit, das Stottern wieder zu verlieren, ist für die Mädchen deutlich höher. Im Erwachsenenalter stottern drei bis vier Mal mehr Männer als Frauen (Lattermann 2011). Bisher gibt es wenige Kriterien, um vorherzusagen, bei welchen Kindern eine Remission auftritt und bei welchen das Stottern bestehen bleibt. Anhaltspunkte sind aber in der Forschung zu finden (Lattermann 2011):
- Kinder, deren Stottern früh, also vor dem Ende des dritten Lebensjahres auftritt, haben eine höhere Remissionswahrscheinlichkeit als Kinder, bei denen sich das Stottern nach dem dritten Geburtstag einstellt. Je länger das Stottern besteht, desto geringer ist die Remissionswahrscheinlichkeit. In den ersten sechs bis zwölf Monaten nach Auftreten ist die Remissionswahrscheinlichkeit am größten.

- Mädchen haben eine höhere Remissionswahrscheinlichkeit als Jungen.
- Kinder, in deren Familie schon Stottern aufgetreten ist, haben eine niedrigere Remissionswahrscheinlichkeit.
- Bei zunehmender Stottersymptomatik innerhalb des ersten Jahres ist die Remissionswahrscheinlichkeit geringer als bei Abnahme der Symptomatik.
- Wahrscheinlich haben Kinder, bei denen zusätzlich eine phonologische Verzögerung besteht, eine geringere Remissionswahrscheinlichkeit.
- Sprachliche Fähigkeiten, die über der Altersnorm liegen, machen eine Remission eher unwahrscheinlicher.
- Leidensdruck des Kindes kann dazu führen, dass Angst und Vermeideverhalten entstehen und damit der Aufrechterhaltung des Stotterns dienen.

Welche Kinder verlieren das Stottern wieder?

Was ist Stottern nicht?

Weil das Stottern auf die Zuhörer häufig irritierend wirkt und seine Ursachen weitgehend unbekannt sind, neigen viele Menschen dazu, ihre eigenen Theorien über das Stottern zu bilden. Viele dieser »Stottermythen« können aber durch wissenschaftliche Studien entkräftet werden (vgl. Hansen/Iven 2004):

- Stottern ist kein Erziehungsfehler. Eltern stotternder Kinder unterscheiden sich in ihrem Erziehungsverhalten nicht von Eltern normal sprechender Kinder.
- Stotternde Kinder unterscheiden sich in ihren Persönlichkeitsmerkmalen nicht von nicht-stotternden. Wenn sie ängstlicher, schüchterner oder nervöser wirken, ist das eher die Folge des Stotterns als seine Ursache.
- Stottern ist keine Störung der Atmung. Auch eine auffällige Atmung ist Folge und nicht Ursache des Stotterns.
- Stottern ist kein Zeichen mangelnder Intelligenz. Dieser Mythos wurde vor allem durch das Image der Stotterer in den Medien genährt.

Wie entsteht Stottern?

Manchmal hört man Aussagen wie: »Sein Stottern hat angefangen, als der Opa starb.« »Sie stottert, seit der Hund sie gebissen hat.« Es ist möglich, dass Ereignisse, die das Kind als traumatisch erlebt hat, Auslöser für den Beginn des Stotterns sein können. Die Ursache für das Stottern sind sie nicht.

Trotz jahrzehntelanger Forschung sind die Ursachen für das Stottern noch nicht erforscht. Auch das Stottern entsteht sicher nicht aufgrund einer einzigen Ursache. Stottern tritt familiär gehäuft auf. Daraus hat man gefolgert, dass bei der Entstehung des Stotterns ein genetischer Faktor eine Rolle spielt. Dabei wird jedoch nicht das Stottern selbst vererbt, sondern eine Veranlagung oder Disposition zum Stottern. Worin genau diese Veranlagung besteht, ist bisher nicht bekannt. Da es auch eineiige Zwillinge gibt, von denen der eine stottert und der andere nicht, muss es weitere Faktoren geben, die Einfluss darauf haben, ob sich aus der Veranlagung Stottern entwickelt oder nicht.

Die Forschung hat mittlerweile viele Versuche unternommen, mögliche Ursachen ausfindig zu machen. Dabei ist man auf folgende Befunde gestoßen (vgl. Ochsenkühn/Thiel 2005; Sandrieser/Schneider 2001; Natke 2001):

- Während Sprache und Sprechen normalerweise in der linken Hirnhälfte verarbeitet wird, gibt es bei einigen stotternden Menschen eine erhöhte Hirnaktivität in der rechten Hirnhälfte. Es wird diskutiert, ob es sich dabei um eine Ursache oder vielleicht auch um eine Folge des Stotterns handelt.
- Einige Stotternde zeigen im Vergleich zu Flüssigsprechenden feine Schwierigkeiten in ihrer Sprechmotoriksteuerung und -ausführung. Sie zeigen z. B. langsamere Reaktionszeiten bei sprachlichen Aufgaben.
- Einige stotternde Menschen unterscheiden sich im Hinblick auf die Verarbeitung akustischer Reize von nicht Stotternden.
- Da einige Stotternde in bestimmter Weise auf verzögert dargebotenes Feedback des eigenen Sprechens reagieren, nimmt man an, dass auch das auditive Feedback, also die Kontrolle des eigenen Sprechens über das Hören, beim Stottern eine Rolle spielt.

Obwohl es diese Befunde gibt, ist ihre Bedeutung für das Entstehen von Stottern unklar. Alle Befunde sind auch insofern uneindeutig, als es immer stotternde Versuchspersonen gab, die Befunde von nicht Stotternden zeigten und umgekehrt.

Ein Modell, das hilft, sich die komplexen Wechselwirkungen verschiedener Faktoren vorzustellen, ist das Modell von Anforderungen und Fähigkeiten (Starkweather 1990, zitiert in Sandrieser/Schneider 2001 und Ochsenkühn/Thiel 2005). Nach diesem Modell ist das Stottern der Ausdruck eines Ungleichgewichtes zwischen sprachlichen Fähigkeiten auf der einen Seite und (eigenen und fremden) Anforderungen auf der anderen Seite. Zu den Fähigkeiten gehören Fähigkeiten der Sprechmotorik, sprachliche Fähigkeiten, emotionale Stabilität, kognitive und soziale Fähigkeiten des Kindes. Dem gegenüber stehen motorische, sprachliche, kognitive und emotionale Anforderungen von außen an das Kind und vom Kind an sich selbst. Auch ungünstige Kommunikationsbedingungen werden zu den Anforderungen gezählt.

Stottern als Ungleichgewicht zwischen sprachlichen Fähigkeiten und Anforderungen

Man stellt sich vor, dass flüssiges Sprechen entsteht, wenn zwischen Anforderungen und Fähigkeiten ein Gleichgewicht besteht, ähnlich wie auf einer Wippe oder bei einer Waage. Das Verhältnis von Anforderungen und Fähigkeiten verändert sich dauernd, z.B. dadurch, dass das Kind neue Dinge lernt oder mit steigendem Alter die Anforderungen wachsen. Kommt es zu einem länger andauernden Ungleichgewicht, wird die Entstehung von Stottern begünstigt, wenn das Kind eine Disposition zum Stottern hat.

Welche Faktoren beeinflussen das Stottern?
Stottern tritt häufig situationsabhängig auf und kann starke Schwankungen zeigen. Im Gespräch mit anderen Kindern, mit Haustieren oder Kuscheltieren stottern viele Kinder weniger als im Gespräch mit Erwachsenen. Beim Singen, beim Flüstern, beim Sprechen im Takt verschwindet Stottern häufig.

Marvin hat lange in seinem Zimmer mit den Ritterfiguren gespielt. Seine Mutter hat ganz erstaunt festgestellt, dass alle Ritter flüssig gesprochen haben. Marvin hat kein einziges Mal gestottert! Als er kurz danach erzählt, was er gespielt hat, ist das Stottern plötzlich wieder da.

Nun fragt sich Marvins Mutter, ob er in ihrer Gegenwart vielleicht absichtlich stottert, wenn er doch eigentlich so gut sprechen kann. Für Erwachsene, die mit stotternden Kindern umgehen, ist es ganz wichtig zu wissen, dass das Stottern immer starken Schwankungen unterliegt. Daraus darf man allerdings nicht folgern, dass das Kind, wenn es nur will, flüssig sprechen kann oder gar absichtlich stottert. Ein stotterndes Kind hat keinen Einfluss darauf, wann Stottern auftritt und wann nicht.

Wie kann man mit stotternden Kindern umgehen?
- Wichtig ist zu wissen, dass das Kind sein Stottern nicht bewusst abstellen kann. Im Gegenteil: Wenn es sich besonders bemüht, perfekt und richtig zu sprechen, verstärkt sich in aller Regel das Stottern. Deshalb sind Aufforderungen wie »Sprich langsam« oder »Überleg zuerst, was du sagen willst« überhaupt keine Hilfe.
- Wenn die begonnenen Sätze von Erwachsenen zu Ende gesprochen werden, die (vermeintlich) schon wissen, was das Kind sagen will, fühlt es sich in seiner Mitteilungsabsicht nicht ernst genommen.
- Erwachsene sollten ruhig mit dem Kind über seine Schwierigkeiten sprechen und es trösten, wenn »die Wörter klemmen«. Auch sehr kleine Kinder bemerken es, wenn sich ihr Sprechen verändert. Wenn die Erwachsenen versuchen, das Thema Stottern zu vermeiden, in der Absicht, das Kind zu schonen, können sich erst recht Ängste aufbauen. Bei den Kindern kann der Eindruck entstehen, dass sie sich für ihr Stottern schämen müssen oder Stottern so schrecklich ist, dass man noch nicht einmal darüber reden kann.
- Meistens ist es für das Kind hilfreich, wenn der Gesprächspartner eine ruhige Sprechsituation schafft und signalisiert, dass er Zeit hat, um in Ruhe zuzuhören.
- Aufforderungen zum Sprechen wie »Erzähl doch mal, was wir gestern gemacht haben« setzen die meisten Kinder unter Druck und verringern eher die natürliche Sprechfreude.
- Eine verständliche, aber für das Kind nicht hilfreiche Reaktion ist Mitleid. Wird dem Kind mit Mitleid begegnet, erlebt es sich selbst als schwach, inkompetent und abhängig von der Hilfe anderer. Wo immer möglich, sollte das Kind in seinen Fähigkeiten bestärkt und ihm etwas zugetraut werden. Hierzu gehört natürlich Fingerspitzengefühl, weil gleichzeitig sprachliche Anforderungen, die das Kind unter Druck setzen, verringert werden sollten.

I.) Fabio zeigt seit über einem Jahr deutliche stottertypische Unflüssigkeiten und ist deshalb in logopädischer Behandlung. Im Kindergarten findet nun die erste Runde statt, bei der sich Vorschulkinder aus allen Gruppen treffen. Dabei soll sich jedes Kind kurz mit Namen und Alter vorstellen. Weil Fabio gerne erzählt

149

und bisher keine Anzeichen von Angst- oder Vermeideverhalten gezeigt hat, beschließt die Erzieherin, auch ihm die Vorstellung »zuzumuten«. Nach der Runde ist Fabio stolz und fröhlich und wird nicht müde zu berichten, dass er zu den Vorschulkindern gehört.

2.) Maximilian zeigt ebenfalls stottertypische Unflüssigkeiten. Er versucht ganz offensichtlich Situationen, in denen er vor einer Gruppe etwas erzählen soll, aus dem Weg zu gehen. Wenn er doch einmal vor der ganzen Gruppe spricht, fällt immer auf, wie groß seine Anstrengung ist. Oft dauert es richtig lange, bevor überhaupt das erste Wort »draußen« ist. Die Erzieherin ist sich sicher, dass eine Vorstellungsrunde Maximilian überfordern würde. Sie entscheidet sich deshalb dafür, die Vorstellungsrunde mit einem Lied zu beginnen, in dem alle Namen der Kinder gesungen werden. Auf »Runden«, in denen jedes Kind der Reihe nach etwas erzählt, verzichtet sie. Als kleine Ämter unter den »großen« Kindern verteilt werden, bekommt Maximilian die verantwortungsvolle Aufgabe, jeden Tag für das Frühstück die Milch zu holen. Er liebt sein neues Amt und bewegt sich ganz vorsichtig, um nichts zu verschütten.

Für viele Kinder und ganz besonders für Kinder, die stottern, kann es eine besondere Erfahrung und vielleicht auch eine Entlastung sein, in der Kommunikation einmal auf nicht-sprachliche Wege zu setzen, z.B.: Berufe oder Tiere raten über pantomimische Darstellung. Tierbilder oder Abbildungen von Fahrzeugen, Geräten, Werkzeugen liegen auf dem Tisch, ein Kind macht ein entsprechendes Geräusch, die anderen Kinder suchen das dazu passende Bild (vgl. Hansen/Iven 2004).

Wann sollte man professionelle Hilfe in Anspruch nehmen?

Die meisten Eltern können, ohne dass sie es gelernt haben, stottertypische Unflüssigkeiten bei ihren Kindern erkennen (Sandrieser 2001). Eltern, deren Kinder normale Unflüssigkeiten zeigen, machen sich selten Gedanken. Deshalb sollte man die Sorge der Eltern auf jeden Fall ernst nehmen und sie nicht mit Floskeln wie »Das machen alle Kinder« oder »Er denkt halt schneller, als er sprechen kann« vertrösten.

Unabhängig vom Alter des Kindes sprechen folgende Punkte dafür, professionelle Hilfe in Anspruch zu nehmen:

- Die Sprechunflüssigkeiten bestehen länger als ein Jahr.
- Teile eines Wortes werden häufiger als dreimal wiederholt.
- Blockaden oder Dehnungen treten auf, evtl. begleitet von Veränderungen von Lautstärke bzw. Tonlage oder Zeichen von Anstrengung.
- Das Kind reagiert auf sein unflüssiges Sprechen, z.B. durch Wegschauen, Wut, Weinen oder Rückzug.
- Das Kind spricht nicht mehr so viel und gerne wie früher.
- Die Eltern sind verunsichert oder sehr besorgt und möchten wissen, wie sie mit dem Stottern umgehen können.

Bei Kindern, die stottern, gibt es verschiedene Möglichkeiten der professionellen Hilfe. Das Kind kann logopädisch behandelt werden, oder die Eltern werden beraten. Vor allem bei sehr jungen Kindern oder wenn das Stottern noch nicht lange besteht, ist es zunächst wichtig, den Eltern Informationen über das Stottern zu geben und sie zu beraten, wie sie mit dem Stottern umgehen können (a.a.O.). Manchmal gibt es eine solche Beratung für Gruppen von Eltern. Das hat den großen Vorteil, dass die Eltern sich auch untereinander austauschen und von den Erfahrungen der anderen profitieren können.

Manchmal hören Eltern, die sich wegen des Stotterns ihres Kindes Sorgen machen: »Das verschwindet von ganz allein wieder.« »Das Kind ist sowieso noch zu klein für eine Behandlung.« Es stimmt, dass bei vielen Kindern das Stottern wieder verschwindet. Aber bis jetzt ist nicht genau bekannt, unter welchen Umständen dies passiert. Es gilt aber als sicher, dass die Umgebung dabei eine Rolle spielt. Eltern, die gut über Stottern informiert sind, die wissen, wie sie mit dem Stottern umgehen können und in einer Beratung eigene Ängste und Schuldgefühle abbauen konnten, können dazu beitragen, dass ein Verschwinden des Stotterns wahrscheinlicher wird. Beratungen und viele Informationsbroschüren bietet auch die Bundesvereinigung Stotterer-Selbsthilfe e.V. an.

4.4 Poltern

Beim sogenannten »Poltern« sprechen die Kinder hastig und übereilt. Das Sprechtempo ist zu schnell und oft ungleichmäßig. Häufig steigert es sich innerhalb der Äußerung. Die Aussprache ist insgesamt undeutlich und verwaschen, die Artikulationsbewegungen sind nicht mit der Atmung koordiniert. Es werden Laute, Silben oder manchmal auch ganze Wörter »verschluckt«, wiederholt oder miteinander verschmolzen. Verbindungen aus mehreren Konsonanten werden oft auf einen Konsonanten reduziert (vgl. Sick 2000). Es gibt kaum Pausen zwischen den einzelnen Wörtern. Beim Poltern ist der Sprecher für die Umwelt meist schwer zu verstehen. Im Gegensatz zum Stottern bleibt das Poltern dem Sprecher aber meist unbewusst. Poltern tritt wesentlich seltener auf als Stottern. Für die erste und zweite Schulklasse wird die Häufigkeit mit 0,7 bis 0,8 Prozent angegeben und für alle Altersklassen mit 0,4 Prozent (vgl. Braun 1999). Es gibt auch Mischformen, bei denen Stottern und Poltern gemeinsam auftreten.

4.5 Stimmstörungen

Julian ist ein lebhafter Junge. Er hält sich am liebsten draußen auf. Julian ist oft derjenige, der das Spiel bestimmt. Besonders beim Fußball schreit er oft laut, um sich verständlich zu machen. Seit Wochen ist Julian dauernd heiser. Manchmal kann er abends nur noch flüstern. Dabei ist er gar nicht erkältet.

Julian hat eine Stimmstörung, eine sogenannte »hyperfunktionelle Dysphonie«. Bei Kindern mit Stimmstörungen kann die Stimme

- rau
- heiser
- gepresst
- zu tief oder zu hoch
- schrill
- zu leise
- tonlos oder flüsternd

klingen. Manchmal kann auch eine hörbare Atmung auffallen.

Wie entstehen Stimmstörungen bei Kindern?
Stimmstörungen bei Kindern werden in aller Regel durch ungünstigen Gebrauch der Stimme verursacht. Die Stimmbänder schwingen nicht locker aufeinander, sondern werden zu fest miteinander in Kontakt gebracht (Beushausen 2001). Die Schleimhaut auf den Stimmbändern reagiert durch vermehrte Schleimabsonderung und kann unter Umständen Hornzellen produzieren, die der HNO-Arzt als kleine Verdickungen oder Knötchen auf den Stimmbändern erkennen kann. Diese verhindern ein gleichmäßiges Schwingen der Stimmbänder und lassen die Stimme heiser klingen.

Wann sollte man professionelle Hilfe in Anspruch nehmen?
Professionelle Hilfe in Anspruch zu nehmen empfiehlt sich, wenn

- die Stimme über lange Zeit, also über mehrere Wochen auffällig rau oder heiser ist
- das Kind irgendwann gar keinen Ton mehr herausbekommt
- die Eltern sich Sorgen über die Stimme ihres Kindes machen
- dem Kind selbst Schwierigkeiten in Bezug auf seine Stimme auffallen
- das Kind sich ständig räuspert oder über Schmerzen bzw. Enge im Hals klagt.

Hier sollte unbedingt eine ärztliche Untersuchung eingeleitet werden, um festzustellen, ob es organische Veränderungen im Kehlkopf gibt. Die Untersuchung findet am besten bei einem HNO-Arzt, der auf Stimmstörungen spezialisiert ist, oder bei einem Phoniater (Fachärzte, die besonders auf Sprach-, Sprech- und Stimmstörungen spezialisiert sind) statt.

Was ist im Kindergarten zu tun?
Ein ständiger sehr hoher Geräuschpegel ist eine Belastungsprobe für jede Stimme. Vielleicht lassen sich zeitlich oder räumlich begrenzte »Stille-Inseln« schaffen,

z.B. eine Kuschel- oder Leseecke, oder eine gewisse Zeit bestimmen, in der alle Kinder ruhigen Aktivitäten nachgehen. Erzieherinnen können durch ihr eigenes Verhalten Kindern Vorbild sein, wenn sie z.B. einem Kind nicht durch den ganzen Gruppenraum etwas zurufen, sondern zu ihm gehen und ruhig mit ihm sprechen. Solche Strategien lassen sich manchmal auch mit Kindern erarbeiten:

Der achtjährige Axel ist begeisterter Fußballspieler. Seit einiger Zeit befindet er sich wegen einer Stimmstörung in logopädischer Behandlung. Da er schon über Wochen heiser war und auch mehrfach die Erfahrung machen musste, dass er gar keine Stimme mehr hatte, ist er in der Therapie sehr motiviert. Sehr bald beschreibt er selbst das Fußballspielen und das »Gangsterspielen« auf dem Schulhof als stimmbelastende Situationen. Gemeinsam wird nun überlegt, ob es auf dem Fußballplatz und dem Schulhof andere Strategien gibt, um die Aufmerksamkeit der Mitspieler auf sich zu ziehen. Kurze Zeit später berichtet Axel von einem Fußballspiel, bei dem er seinen Mitspieler durch laute Pfiffe auf sich aufmerksam gemacht und dann mit Gesten zum Passen animiert hatte. Besonders schön für Axel war, dass dieser Pass dazu geführt hat, dass er selbst ein Tor geschossen hat.

4.6 Die Rhinophonie

Zu den Stimmstörungen wird auch das »Näseln«, die sogenannte »Rhinophonie«, gezählt. Beim normalen Sprechen ist auch die Nase als Resonanzraum beteiligt. Bei den Lauten /m/, /n/ und /ng/ strömt die Luft nicht durch den Mund, sondern durch die Nase. Bei einem »offenen Näseln« (Rhinophonia aperta) strömt nicht nur bei diesen sogenannten »Nasalen«, sondern bei vielen Lauten Luft durch die Nase. Ein offenes Näseln kommt z.B. bei Kindern mit Lippen-Kiefer-Gaumenspalten vor. Die durch eine Fehlentwicklung in der frühen Schwangerschaft entstandenen Spalten befinden sich im Bereich von Lippen, Kiefer und/oder Gaumen. Eltern, die ein Kind mit einer Lippenspalte oder Lippenkieferspalte bekommen haben, müssen sich zuerst vor allem mit der Reaktion der Umwelt auf das Aussehen des Babys auseinandersetzen. Bei Kindern mit Gaumenspalten besteht eine Verbindung zwischen Mund- und Nasenraum. Diese Kinder haben zunächst unter Umständen Schwierigkeiten mit dem Trinken, weil Nahrung durch die Nase entweichen kann.

Kinder mit Lippen-, Kiefer- und/oder Gaumenspalten müssen immer operiert werden. In der Regel sind mehrere Operationen notwendig. Die Spalten werden verschlossen, die Funktionen im Mundbereich werden – so gut es geht – wiederhergestellt, das Aussehen soll verbessert werden. Die Operationstechniken sind mittlerweile so gut, dass in vielen Fällen nur noch winzige Narben zu sehen sind, und auch das Sprechen und der Stimmklang sind oft nahezu unauffällig. Manchmal bleibt das Gaumensegel allerdings schlaff. Das Gaumensegel (oder weicher

Gaumen) ist die muskuläre Wand, die mit dem Zäpfchen endet. Es schließt beim Sprechen den Nasenrachen und die Mundhöhle gegeneinander ab. Man kann es sehen, wenn man den Mund weit öffnet. Wenn man ein /a/ spricht, kann man normalerweise gut sehen, wie sich das Gaumensegel hebt und dadurch den Mundraum gegen den Nasenrachen abschließt. Ist das Gaumensegel in Folge einer Spalte oder durch eine Lähmung schlaff, kann dieser Abschluss nicht gebildet werden und die Sprache klingt nasal. Da das Gaumensegel ein Muskel ist, kann man es trainieren. Wenn das Gaumensegel in einer logopädischen Therapie gekräftigt wird, verändert sich auch der Stimmklang. Da bei Kindern mit Gaumenspalten die Tubenfunktion, die Belüftung des Mittelohrs, häufig nicht ausreichend funktioniert, haben sie oft zusätzlich Hörstörungen.

Beim geschlossenen Näseln (Rhinophonia clausa) kommt gar keine Luft durch die Nase. Die Stimme klingt kloßig und gedämpft. Ein geschlossenes Näseln kommt z. B. vor, wenn sogenannte Adenoide (im Volksmund »Polypen«) den Luftweg im Rachenraum blockieren.

4.7 Der Weg zur Logopädin/Sprachtherapeutin

Wenn der Verdacht besteht, dass ein Kind Schwierigkeiten mit der Sprache oder dem Sprechen hat, gibt es verschiedene Wege zu professioneller Hilfe. Meist ist die erste Anlaufstelle der behandelnde Kinderarzt. Es ist jedoch auch möglich, dass sich Eltern an einen HNO-Arzt oder einen Phoniater wenden.

Der Arzt wird in jedem Falle einen Hörtest veranlassen und eventuell eine kleine Sprachprüfung durchführen. Damit das Kind bei einer niedergelassenen Logopädin oder Sprachtherapeutin vorgestellt werden kann, muss der behandelnde Arzt eine Verordnung ausstellen. Logopäden sind sogenannte »Heilmittelerbringer«, das heißt sie unterliegen den Heilmittelrichtlinien. Die Verordnung enthält Angaben über die Diagnose und die Leitsymptomatik. Außerdem macht der Arzt in der Verordnung Angaben zur Therapiedauer pro Sitzung (i.d.R. 30 oder 45 Minuten), zur Therapiefrequenz (meist ein- oder zweimal wöchentlich) und zur Verordnungsmenge. Die Behandlung von Kindern ist eine Leistung des Gesundheitswesens. Sie ist in der Regel frei von Zuzahlungen. Die Kinder müssen natürlich in einer Krankenkasse versichert sein.

In sogenannten »Sozialpädiatrischen Zentren«, die es häufig an Unikliniken oder bei den Gesundheitsämtern gibt, arbeiten Mediziner, Psychologen und Therapeuten unterschiedlicher Disziplinen eng zusammen. Der Entwicklungsstand eines Kindes in den unterschiedlichen Bereichen kann dort festgestellt werden, und alle beteiligten Personen entscheiden gemeinsam über den Therapieplan. Diese Möglichkeit ist vor allem für Kinder sinnvoll, bei denen in mehreren Bereichen Behandlungsbedarf besteht.

Was passiert in einer logopädischen oder sprachtherapeutischen Diagnostik/Behandlung?

Sprachdiagnostik kann in logopädischen oder sprachtherapeutischen Praxen stattfinden, in sozialpädiatrischen oder phoniatrischen Abteilungen der Kliniken. Die Logopädin wird in aller Regel zunächst ein Gespräch mit den Eltern führen. Dabei wird sie sich die Schwierigkeiten und Fähigkeiten des Kindes schildern lassen, aber auch Fragen zu Schwangerschaft, Geburt und bisherigen Entwicklung stellen. Dann wird sie sich selbst mithilfe bestimmter Test- oder Diagnostikverfahren einen Eindruck vom Kind und seinem sprachlichen Entwicklungsstand, von seinen Ressourcen und Schwierigkeiten verschaffen. Wenn es um die Aussprache geht, schaut sie sich mit dem Kind Bilder an, die im Hinblick auf das Vorkommen bestimmter Laute ausgewählt sind. Vielleicht überprüft sie das Sprachverständnis, indem sie das Kind bestimmte Bilder zu Nomen, Verben, Adjektiven, Präpositionen, aber auch zu ganzen Sätzen, die sich zum Teil nur in Teilaspekten unterscheiden, zeigen lässt. Vielleicht beurteilt sie die Grammatik, indem sie mit dem Kind spielt und die Äußerungen auf Kassette oder Video aufnimmt und nach der Stunde genau analysiert.

Hat sie herausgefunden, wo die Schwierigkeiten, aber auch die Stärken des Kindes liegen, wird sie den Eltern ihre Ergebnisse mitteilen und mit ihnen das weitere Vorgehen besprechen. Wenn eine Therapie sinnvoll ist, wird das Kind dann auf der entsprechenden sprachlichen Ebene gezielt gefördert. Das geschieht in aller Regel in spielerischer Form, sodass die meisten Kinder ausgesprochen gerne zur Behandlung kommen.

Adressen von Therapeuten findet man über das Telefonbuch oder Branchenverzeichnis oder über die Berufsverbände. Die Berufsverbände haben auch Informationsbroschüren zur Sprachentwicklung und zu einzelnen Störungsgebieten entwickelt:

**Deutscher Bundesverband
für Logopädie e.V. (dbl)**
Augustinusstr. 11a
50226 Frechen
Tel: 02234/37953-0
Fax: 02234/37953-13
www.dbl-ev.de

**Deutsche Gesellschaft
für Sprachheilpädagogik e.V. (dgs)**
Goldammerstraße 34
12351 Berlin
Tel: 030/661-6004
Fax: 030/661-6024
www.dgs-ev.de

**Deutscher Bundesverband
der akademischen Sprachtherapeuten e.V. (dbs)**
Goethestraße 16
47441 Moers
Tel:02841/998191-0
Fax: 02841/998191-30
www.dbs-ev.de

Bei der Suche nach Therapeuten, die sich mit Stottern auskennen, hilft die Stotterer-Selbsthilfe. Hier kann man auch viele Broschüren und Informationsblätter speziell für Eltern, Lehrkräfte und Erzieherinnen beziehen:

Bundesvereinigung Stotterer-Selbsthilfe e.V.
Informations- und Beratungsstelle/Geschäftsstelle
Zülpicher Str. 58
50674 Köln
Tel: 0221/139-1106 oder 139-1107
Fax: 0221/139-1370
www.bvss.de

Literatur

Aitchison, Jean (1994): Words in the Mind. Oxford, Cambridge, Mass.: Blackwell.

Albers, Timm (2010): Sprachdiagnostik im Kindergarten. Zur Bedeutung interdisziplinärer Zugänge bei der Bestimmung sprachlicher Kompetenzen von Kindern im Vorschulalter. In: Forum Logopädie 5, S. 26–31.

Bensel, Joachim; Haug-Schnabel, Gabriele (2005): kindergarten heute spezial: Kinder beobachten und ihre Entwicklung dokumentieren.

Beushausen, Ulla (2001): Kindliche Stimmstörungen. Ein Ratgeber für Eltern und pädagogische Berufe. Idstein: Schulz-Kirchner.

Bloom, Lois; Lahey, Margaret (1978): Language Development and Language Disorders. New York: John Wiley and Sons.

Braun, Otto (1999): Sprachstörungen bei Kindern und Jugendlichen. Stuttgart: Kohlhammer.

Bruner, Jerôme S. (1977): Wie das Kind lernt, sich sprachlich zu verständigen. In: Zeitschrift für Pädagogik 23, S. 831-845.

Bung, Uta (1997): Erwerb des Lexikons: Überlegungen zur logopädischen Diagnostik. Unveröffentl. Diplomarbeit, RWTH Aachen.

Bunse, Sabine; Hoffschildt, Christiane (2008): Sprachentwicklung und Sprachförderung im Elementarbereich. München: Olzog.

Buschmann, Anke (2009): Heidelberger Elterntraining zur frühen Sprachförderung. Trainermanual. München: Urban und Fischer.

Buschmann, Anke; Jooss, Bettina; Simon, Stephanie; Sachse, Steffi (2010): Alltagsintegrierte Sprachförderung in Krippe und Kindergarten. Das »Heidelberger Trainingsprogramm«. Ein sprachbasiertes Interaktionstraining für den Frühbereich. In: LOGOS Interdisziplinär 18, S. 84-95.

Buschmann, Anke; Jooss, Bettina (2011): Frühdiagnostik bei Sprachverständnisstörungen. In: Forum Logopädie 25, S. 20-27.

Carey, Susan; Bartlett, Elsa (1978): Acquiring a single new word. In: Papers and Reports on Child Language Development 15, pp. 17-29.

Chilla, Solveig (2011): Bilingualer Spracherwerb. In: J. Siegmüller; H. Bartels (Hrsg.): Leitfaden Sprache – Sprechen – Stimme – Schlucken. München: Urban und Fischer.

Chomsky, Noam (1995): Language and nature. In: Mind 104 (413), pp. 1-61.

Clahsen, Harald (1986): Die Profilanalyse. Berlin: Marhold.

Clark, Eve (1993): The Lexicon in Acquisition. Cambridge: Cambridge University Press.

Dannenbauer, Friedrich Michael (1997): Mentales Lexikon und Wortfindungsprobleme bei Kindern. In: Die Sprachheilarbeit 42, S. 4-21.

Einert, Kerstin (2001): Unterstützte Kommunikation in der Prävention und frühen Therapie. In: Forum Logopädie 6, S. 7-18.

Fellinger, Johannes (2011): Hörstörungen. In: J. Siegmüller; H. Bartels (Hrsg.): Leitfaden Sprache – Sprechen – Stimme – Schlucken. München: Urban und Fischer.

Flehmig, Inge (1996): Normale Entwicklung des Säuglings und ihre Abweichungen. Früherkennung und Frühbehandlung. Stuttgart, New York: Thieme.

Föllner, Sinikka (2011): Evaluation der Erzieherinnen-Fortbildung Sprachreich©. Logopädisch orientierte Sprachförderung im Alltag – ein Konzept des Deutschen Bundesverbandes für Logopädie e.V. (dbl).

Fox, Annette (2003): Kindliche Aussprachestörungen. Idstein: Schulz-Kirchner-Verlag.

Fox, Annette; Dodd, Barbara (1999): Der Erwerb des phonologischen Systems in der deutschen Sprache. In: Sprache-Stimme-Gehör 23, S. 183-191.

Fox, Annette; Groos, Inula; Schauß-Golecki, Kerstin (2005): Kindliche Aussprachestörungen. Ein Ratgeber für Eltern, Erzieher, Therapeuten und Ärzte. Idstein: Schulz-Kirchner-Verlag.

Fricke, Silke (2007): Phonologische Bewusstheitsfähigkeiten deutschsprachiger Vorschulkinder – eine Pilotstudie. In: Forum Logopädie 21, S. 14-19.

Fried, Lilian (2004): Expertise zu Sprachstandserhebungen für Kindergartenkinder und Schulanfänger. Eine kritische Betrachtung. München: Deutsches Jugendinstitut (DJI).

Funk, Claudia; Meyer, Katrin; Rausch, Monika (2010): Sprachreich. Logopädisch orientierte Sprachförderung im Alltag. Basiswissen 1. Herausgegeben vom Deutschen Bundesverband für Logopädie e.V. (dbl).

Füssenich, Iris (1987): Semantische Fähigkeiten sprachentwicklungsgestörter Kinder. In: Gestörte Kindersprache aus interaktionistischer Sicht. Fragestellungen, methodische Überlegungen und pädagogische Konsequenzen. Heidelberg: Edition Schindele, S. 253-270.

Geisler, Kathrin (2003): Kritische Anmerkungen zum Würzburger Trainingsprogramm. In: Forum Logopädie 2 (17), S. 26-30.

Gleitman, Lila (1990): The structural sources of verb meaning. In: Language Acquisition 1, pp. 3-55.

Glück, Christian Wolfgang (2000): Kindliche Wortfindungsstörungen. Frankfurt a. M.: Peter Lang.

Goldfield, Beverly A.; Reznick, J. Steven (1990): Early lexical acquisition: rate, content, and the vocabulary spurt. In: Journal of Child Language 17, pp. 171-183.

Grimm, Angelika; Schwalbach, Joachim (2010): Sprachreich. Logopädisch orientierte Sprachförderung im Alltag. Basiswissen II: Sprachentwicklung und Sprachförderung bei mehrsprachigen Kindern. Herausgegeben vom Deutschen Bundesverband für Logopädie e.V. (dbl).

Grimm, Hannelore (1995): Sprachentwicklung – allgemeintheoretisch und differentiell betrachtet. In: R. Oerter; L. Montada (Hrsg.): Entwicklungspsychologie. Weinheim: Psychologie Verlags-Union, S. 705-757.

Grimm, Hannelore (1997): Kognition – Grammatik – Interaktion: Entwicklungspsychologische Interpretationen der Entwicklungsdysphasie. In: M. Grohnfeldt (Hrsg.): Erhebungen zum altersspezifischen Lautbestand bei drei- bis sechsjährigen Kindern. In: Die Sprachheilarbeit 5, S. 169-177.

Grimm, Hannelore; Doil, Hildegard (2000): Elternfragebögen für die Früherkennung von Risikokindern. Göttingen: Hogrefe.

Grimm, Hannelore; Aktas, Maren; Kießig, Uwe (2003): Sprachscreening für das Vorschulalter SSV. Kurzform des SETK 3-5. Göttingen: Hogrefe.

Hansen, Bernd; Iven, Claudia (2004): Stottern bei Kindern. Ein Ratgeber für Eltern und pädagogische Berufe. Idstein: Schulz-Kirchner-Verlag.

Höhle, Barbara (2012): Die Rolle der Prosodie im normalen und gestörten Spracherwerb. Vortrag auf dem 13. wissenschaftlichen Symposium des dbs am 27./28.01.2012 in Marburg.

Hollenweger, Judith; Schneider, Hansjakob (Hrsg.) (1994): Sprachverstehen beim Kind. Beiträge zu Grundlagen, Diagnose und Therapie. Luzern: Edition SZH.

Interdisziplinäre Leitlinie, Diagnostik von Sprachentwicklungsstörungen (SES) unter Berücksichtigung umschriebener Sprachentwicklungsstörungen (USES) unter: www.awmf.org/leitlinien/detail/II/049-006.html

Jampert, Karin; Zehnbauer, Anne; Best, Petra; Sens, Andrea; Leuckefeld, Kerstin; Laier, Mechthild (Hrsg.) (2009): Kindersprache stärken! Band 1: Wie kommt das Kind zur Sprache? DJI. Weimar, Berlin: verlag das netz.

Jampert, Karin; Thanner, Verena; Schattel, Diana (2011): Die Sprache der Jüngsten entdecken und begleiten. DJI. Weimar, Berlin: verlag das netz.

Kany, Werner; Schöler, Hermann (2010): Fokus Sprachdiagnostik. Leitfaden zur Sprachstandsbestimmung im Kindergarten. Berlin: Cornelsen Scriptor.

Kauschke, Christina (2011): Lexikalische Störungen. In: J. Siegmüller; H. Bartels (Hrsg.): Leitfaden Sprache – Sprechen – Stimme – Schlucken. München: Urban und Fischer.

Kauschke, Christina (2012): Die Schnittstelle Prosodie – Morphologie und ihre Bedeutung für Kinder mit Sprachentwicklungsstörungen. Vortrag auf dem 13. Wissenschaftlichen Symposium des dbs am 27./28.01.2012 in Marburg.

Kittel, Anita M. (1997): Myofunktionelle Therapie. Idstein: Schulz-Kirchner-Verlag.

Kittel, Anita M. (2004): Myofunktionelle Störungen. Ein Ratgeber für Eltern und erwachsene Betroffene. Idstein: Schulz-Kirchner-Verlag.

Kölliker-Funk, Meja (2011): Schnittstellen zwischen sprachlichen Ebenen. In: J. Siegmüller; H. Bartels (Hrsg.): Leitfaden Sprache – Sprechen – Stimme – Schlucken. München: Urban und Fischer.

Küspert, Petra; Schneider, Wolfgang (2003): Hören, Lauschen, Lernen. Würzburger Trainingsprogramm zur Vorbereitung auf den Erwerb der Schriftsprache. Göttingen: Vandenhoeck & Ruprecht.

Lattermann, Christina (2011): Frühkindliches Stottern: Abwarten oder sofort behandeln? Indikatoren für den Therapiebeginn auf der Basis von aktuellen Forschungsergebnissen. In: Forum Logopädie 2, S. 6-11.

Lauer, Norina (1999): Zentral-auditive Verarbeitungsstörungen im Kindesalter. Grundlagen – Klinik – Diagnostik – Therapie. Stuttgart, New York: Thieme.

Lauer, Norina (2011): Zentral-auditive Verarbeitungsstörungen. In: J. Siegmüller; H. Bartels (Hrsg.): Leitfaden Sprache – Sprechen – Stimme – Schlucken. München: Urban und Fischer.

Leu, Hans Rudolf; Friederich, Tina; Diller, Angelika (2011): Sprachliche Bildung. Grundlagen für die kompetenzorientierte Weiterbildung. Weiterbildungsinitiative Frühpädagogische Fachkräfte (WiFF) Deutsches Jugendinstitut e.V.: www.weiterbildungsinitiative.de

Levelt, Willem Johannes Maria (1993): The Architecture of normal spoken language use. In: G. Blanken; J. Dittmann; H. Grimm: J.C. Marshall; C.W. Wallesch (Hrsg.): Linguistic Disorders and Pathologies. An international Handbook. Berlin, New York: de Gruyter.

Limbach, Jutta (Hrsg.) (2005): Das schönste deutsche Wort. Ismaning: Max Hueber.

Lisker, Andrea (2011): Additive Maßnahmen zur vorschulischen Sprachförderung in den Bundesländern. Expertise im Auftrag des Deutschen Jugendinstituts. München: Deutsches Jugendinstitut (DJI).

Markman, Ellen M. (1989): Categorization and Naming in Children: Problems of Induction. Cambridge, Mass.: MIT Press.

Miller, George A. (1993): Wörter. Streifzüge durch die Psycholinguistik. Heidelberg, Berlin, New York: Spektrum.

Miller, George A.; Gildea, Patricia M. (1987): How Children learn Words. In: Scientific American 7.

Möller, Delia; Furche, Gabriele; Slabon-Lieberz, Siegrid; Gaumert, Gerid; Breitfuss, Achim; Licht, A.K. (2008): Blickdiagnose Sprachverständnisstörungen. Die diagnostische Güte von Experten- und Elternurteilen. In: Sprache-Stimme-Gehör 32, S. 129-135.

Natke, Ulrich (2001): Erkenntnisse über das Stottern? In: Kommunikation zwischen Partnern. Hilfe für Behinderte, Band 205 Stottern. Herausgegeben von der Bundesarbeitsgemeinschaft für Behinderte e.V.

Nelson, Katherine; Rescorla, Leslie; Gruendel, Janice; Benedict, Helen (1978): Early Lexicons: What do they mean? In: Child Development 49, pp. 960-968.

Nierhaus, Imke (2010): Alles im Blick?! Kindertherapien im Spannungsfeld zwischen ganzheitlichen und sprachspezifischen Ansätzen. In: Forum Logopädie 5, S. 20-25.

Nonn, Kerstin (2011): Unterstützte Kommunikation in der Logopädie. Stuttgart: Thieme.

Ochsenkühn, Claudia; Thiel, Monika (2005): Stottern bei Kindern und Jugendlichen. Praxiswissen Logopädie. Heidelberg: Springer.

Papoušek, Mechthild (1994): Vom ersten Schrei zum ersten Wort. Anfänge der Sprachentwicklung in der vorsprachlichen Kommunikation. Bern: Hans Huber.

Penner, Zvi (2006): Sehr frühe Förderung als Chance. Aus Silben werden Sätze. Troisdorf: Bildungsverlag Eins.

Rauh, Hellgard (1995): Frühe Kindheit. In: R. Oerter; L. Montada (Hrsg.): Entwicklungspsychologie. Weinheim: Psychologie Verlags-Union, S. 167-245.

Rausch, Monika (2003): Linguistische Gesprächsanalyse in der Diagnostik des Sprachverstehens von Kindern am Beginn der expressiven Sprachentwicklung. Idstein: Schulz-Kirchner-Verlag.

Reich, Hans H.; Roth, Hans-Joachim (2002): Spracherwerb zweisprachig aufwachsender Kinder und Jugendlicher. Ein Überblick über den Stand der nationalen und internationalen Forschung. Amt für Schule, Behörde für Bildung und Sport der freien und Hansestadt Hamburg.

Reichert-Garschhammer, Eva; Kieferle, Christa (Hrsg.) (2011): Sprachliche Bildung in Kindertageseinrichtungen. Freiburg: Herder.

Romonath, Roswitha (1991): Phonologische Prozesse an sprachauffälligen Kindern. Berlin: Marhold.

Rosch, Eleanor (1973): On the internal structure of perceptual and semantic categories. In: T.E. Moore (Hrsg.): Cognitive Development and the Acquisition of Language. New York, London: Academic Press, pp. 111-144.

Rosenfeld, Jochen; Horn, Denise (2011): Genetische Faktoren bei spezifischer Sprachentwicklungsstörung. In: Sprache-Stimme-Gehör 35, S. 84-90.

Sachse, Stefanie; Suchodoletz, Waldemar von (2009): Prognose und Möglichkeiten der Vorhersage der Sprachentwicklung bei Late Talkers. In: Kinderärztliche Praxis 80, S. 318-328.

Sander, Rita; Spanier, Rita (2005): kindergarten heute spezial: Sprachentwicklung und Sprachförderung - Grundlagen für die pädagogische Praxis. Freiburg: Herder.

Sandrieser, Patricia (2001): Die Behandlung stotternder Kinder. In: Kommunikation zwischen Partnern. Hilfe für Behinderte, Band 205 Stottern. Herausgegeben von der Bundesarbeitsgemeinschaft für Behinderte e.V.

Sandrieser, Patricia; Schneider, Peter (2001/2003): Stottern im Kindesalter. Forum Logopädie. Stuttgart: Thieme.

Saussure, Ferdinand de (2001): Grundfragen der allgemeinen Sprachwissenschaft. Berlin: de Gruyter.

Scharff-Rethfeld, Wiebke (2005): Das »Bilinguale Patientenprofil« als Basis einer logopädischen Intervention. In: Forum Logopädie, Heft 3 (19), S. 6-11.

Schöler, Hermann; Dalbert, Claudia; Schäle, Heike (1997): Neuere Forschungsergebnisse zum kindlichen Dysgrammatismus. In: M. Grohnfeldt (Hrsg.): Störungen der Grammatik. Handbuch der Sprachtherapie, Band 4. Berlin: Marhold.

Schöler, Hermann; Brunner, M. (2008): HASE – Heidelberger Auditives Screening in der Einschulungsdiagnostik. Wertingen: Westra.

Sick, Ulrike (2000): Spontansprache bei Poltern. In: Forum Logopädie 4, S. 7-16.

Siegmüller, Julia (2011a): Syntaxerwerb ab dem zweiten Lebensjahr. In: J. Siegmüller; H. Bartels (Hrsg.): Leitfaden Sprache – Sprechen – Stimme – Schlucken. München: Urban und Fischer.

Siegmüller, Julia (2011b): Sprachentwicklungsstörungen. In: J. Siegmüller; H. Bartels (Hrsg.): Leitfaden Sprache – Sprechen – Stimme – Schlucken. München: Urban und Fischer.

Siegmüller, Julia (2011c): Genetische Syndrome. In: J. Siegmüller; H. Bartels (Hrsg.): Leitfaden Sprache – Sprechen – Stimme – Schlucken. München: Urban und Fischer.

Siegmüller, Julia; Fröhling, Astrid; Gies, Jeannine; Herrmann, Heike; Konopatsch, Saskia; Pötter, Gitta (2007): Sprachförderung als grundsätzliches Begleitelement im Kindergartenalltag. Das Modellprojekt PräSES als Beispiel. In: LOGOS Interdisziplinär 15, S. 84-96.

Skowronek, Helmut; Marx, Harald (1989): Die Bielefelder Längsschnittstudie zur Früherkennung von Risiken der Lese-Rechtschreibschwäche: Theoretischer Hintergrund und erste Befunde. In: Heilpädagogische Forschung 15, S. 38-49.

Sprachentwicklung mit Hindernissen (2004): Ein Beitrag der Logopädie zur Diskussion und Gestaltung von Sprachförderung im Vorschulalter: www.dbl-ev.de

Stengel, Ingeburg; von der Hude, Lieselotte (1997): Sprachschwierigkeiten bei Kindern. Wie Eltern helfen können. Stuttgart: Klett-Cotta.

Szagun, Gisela (1996): Sprachentwicklung beim Kind. Eine Einführung. Weinheim: Beltz.

Szagun, Gisela (2007): Langsam gleich gestört? Variabilität und Normalität im frühen Spracherwerb. In: Forum Logopädie 21. S. 20-25.

Szagun, Gisela (2010): Sprachentwicklung beim Kind. Weinheim: Beltz.

Szagun, Gisela; Stumper, B.; Schramm, A.S. (2009): FRAKIS. Fragebogen zur Erfassung der frühkindlichen Sprachentwicklung. Frankfurt/M.: Pearson Assessment.

Tomasello, Michael (2009): Die Ursprünge der menschlichen Kommunikation. Frankfurt/M.: Suhrkamp.

Tracy, Rosemarie (2003): Zweisprachigkeit: Chancen und Herausforderungen aus sprachwissenschaftlicher Perspektive. Vortrag beim 32. Jahreskongress des dbl in Karlsruhe.

Tracy, Rosemarie (2008): Wie Kinder Sprachen lernen. Und wie wir sie dabei unterstützen können. Tübingen: Narr Francke Attempto Verlag.

Ulich, Michaela (2003): Literacy. Sprachliche Bildung im Elementarbereich. In: kindergarten heute, Heft 3.

Van Minnen, Susanne (2011): Morphologieerwerb ab dem zweiten Lebensjahr. In: J. Siegmüller; H. Bartels (Hrsg.): Leitfaden Sprache – Sprechen – Stimme – Schlucken. München: Urban und Fischer.

Wendlandt, Wolfgang (1992/2011): Sprachstörungen im Kindesalter. Materialien zur Früherkennung und Beratung. Stuttgart, New York: Thieme.

Wilkening, Friedrich; Krist, Horst (1995): Entwicklung der Wahrnehmung und Psychomotorik. In: R. Oerter; L. Montada (Hrsg.): Entwicklungspsychologie. Weinheim: Psychologie Verlags-Union, S. 487-508.

Wintruff, Yara; Orlando, Achiropita; Gumpert, Maike (2011): Diagnostische Praxis bei mehrsprachigen Kindern. In: Forum Logopädie 25, S. 6-13.

Zollinger, Barbara (1995): Die Entdeckung der Sprache. Beiträge zur Heil- und Sonderpädagogik. Bern: Paul Haupt.